Eine grüne Revolution

W0012751

Michael Soder

Eine grüne Revolution

Eine neue Wirtschaftspolitik in Zeiten der Klimakrise

ÖGB VERLAG

Verlag des Österreichischen Gewerkschaftsbundes GmbH
Johann-Böhm-Platz 1
1020 Wien
Tel. Nr.: 01/662 32 96-0
Fax Nr.: 01/662 32 96-39793
E-Mail: office@oegbverlag.at
Web: www.oegbverlag.at

Medieninhaber: Verlag des ÖGB GmbH, Wien
© 2024 by Verlag des Österreichischen
Gewerkschaftsbundes GmbH, Wien
Hersteller: Verlag des ÖGB GmbH, Wien

Verlags- und Herstellungsort: Wien
Druck: CPI Druckdienstleistungen GmbH,
Ferdinand-Jühlke-Straße 7, 99095 Erfurt

ISBN 978-3-99046-679-7

Noah und Birgit

Inhalt

VORWORT

Das Anthropozän muss zu Ende gehen.
Ich bin mir sicher: Darwin wär' entzückt.
Los komm, wir sterben endlich aus.
Vielleicht kommen die Dinosaurier dann zurück.

„Abschied" – Die Ärzte

Calling all economic rebels:
humanity's future depends on you.
Yes, really. Because, unless we transform
the economic and public debate,
we stand very little chance indeed
of thriving in this century.[1]

„A new economics" – Kate Raworth, britische Ökonomin

Oh nein, nicht schon wieder ein Klimabuch! Wirft man diese Tage einen Blick in die Buchhandlungen, stapeln sich die Bücher und Magazine, die sich mit der Klimakrise beschäftigen. Zum Glück! Ist doch die Klimakrise eine der größten Herausforderungen, vor denen die Menschheit jemals stand. Mit einem grenzenlosen Selbstvertrauen, Selbstbezogenheit, einer unstillbaren Neugierde nach Neuem und dem Wunsch zu unterwerfen haben wir uns in eine Situation gebracht, die ein großes Fragezeichen hinter unsere weitere Existenz setzen kann. Der deutsche Philosoph Peter Sloterdijk bezeichnete das als die „Reue des Prometheus".[2] In der griechischen Mythologie überbringt der Titan Prometheus uns Menschen gegen den Willen des Göttervaters Zeus die Gabe des Feuers. Doch was haben wir mit dieser Gabe getan? Nach Sloterdijk gingen wir damit viel zu leichtfertig um. Unser Weg führte zur globalen Brandstiftung. Das Bild, das Sloterdijk zeichnet, ist kein abwegiges. Wenn wir Feuer mit fossilen Energien und Prometheus mit unserem Erfindungsgeist gleichsetzen, wird es sogar noch klarer. Ein vollumfassender gesellschaftlicher, wirtschaftlicher und politischer Wandel steht deshalb vor der Tür, um zu retten, was noch zu retten ist. Ein Wandel, den die Menschheit in diesem Ausmaß bisher kaum erlebt hat. Der Wissenschaftliche Beirat für Umweltfragen der deutschen Bundesregierung (WBGU) spricht davon, dass die durch die Klimakrise notwendig gewordene Veränderung nur mit der Sesshaftwerdung in der Jungsteinzeit und der industriellen Revolution vergleichbar ist.[3]

Im Angesicht der rasanten Entwicklungen, die Naturwissenschaftler:innen Tag für Tag beobachten, wird deutlich, wie sehr die Klimakrise unserer Existenz bedroht. In der Wissenschaftskommunikation und den Medien türmen sich die zahlreicher werdenden naturwissenschaftlichen Dystopien: Artensterben, Dürren, Überschwemmungen, Hitzetote. Verharren wir weiter im Nichts-Tun, sind sie erst die Vorboten von dem, was noch kommt. Die Wissenschaft lernt gerade, ganz gegen ihr Selbstverständnis, immer drastischere Worte für die Präsentation ihrer Forschungsergebnisse zu finden. So fordern Forscher:innen rund um den Globus immer lauter, endlich beherzt etwas gegen die Klimakrise zu unternehmen. Zivilgesellschaftlicher Protest organisiert sich und wird in der Ausdrucksform aufrüttelnder – von Freitagsdemonstrationen bis zum zivilgesellschaftlichen Ungehorsam auf den Straßen. Und allmählich schleicht sich eine vage Befürchtung in unser Unterbewusstsein: So weiter wie bisher, das funktioniert nicht mehr.

Doch was sind die Alternativen? Welchen Weg sollen wir gehen und was bedeuten die damit verbundenen Veränderungen für unser aller Leben? Fragen, die plötzlich drängend werden und in ihrem Ausmaß individuell überfordern. Die Psychologin Verena Knast und der Psychiater Johann Cullberg stellten aus psychologischer Perspektive vier Phasen des Umgangs mit Krisen vor: Leugnung, Verunsicherung, Bearbeitung und Neuorientierung. Als soziale Wesen, die sich in einem Geflecht aus sozialen Beziehungen bewegen, können diese Phasen auch im Umgang mit und der Verarbeitung der Klimakrise eine große Rolle spielen. So begegnen uns in Medien, in der Politik und auf der Straße Menschen, die sich in den verschiedenen Stadien dieser Krisenphasen befinden: Von der Klimawandelleugnung über die Angst, die sich in Wut gegen Klimaaktivist:innen oder die nicht handelnde Politik entlädt, bis hin zu Ohnmacht und Hoffnung.

Die deutsche Klimawissenschaftlerin Gotelind Alber erklärt dazu, dass die Klimakrise zuallererst ein naturwissenschaftliches Phänomen ist. Forscher:innen rund um den Globus beobachten, untersuchen und vermessen dieses Phänomen mit technischen Methoden. Sie messen zum Beispiel die Konzentration von Treibhausgasen in der Atmosphäre, beobachten und zählen den Verlust von Arten, berechnen die Geschwindigkeit von Stürmen und erfassen die Regenmengen. Ein naturwissenschaftlich-technischer Blick als Ausgangspunkt für die Problemanalyse ist daher logisch. Dieser Blickwinkel veranlasst aber auch zur Annahme, dass wir die Herausforderungen rein technisch lösen können.[4] Die Klimakrise muss aber auch als soziale und psychologische Herausforderung verstanden werden. Daher reicht es für die Transformation nicht aus, nur auf Technologien zu hoffen. Unsere Gesellschaften sind komplexe soziale Systeme – historisch gewachsen und geprägt durch vielfältigste Ungleichheiten, kulturelle und soziale Traditionen, Ideen und Idealbilder. Selbst Technologien und ihre Anwendung werden dadurch beeinflusst. In der Sozialwissenschaft wird unter anderem das Zusammenspiel von Menschen und Technologien als soziotechnische Systeme bezeichnet. In der Reaktion auf die Klimakrise, der Gestaltung der Transformation der Wirtschaft und der bewussten Einleitung einer grünen industriellen Revolution spielt deshalb das Soziale und Gesellschaftliche eine große Rolle, auch wenn diese Dimensionen in den Diskussionen rund um die Klimakrise leider oft nur Nebensache bleiben.

Nehmen wir die Transformation zur Klimaneutralität ernst, müssen wir Strukturen ändern. Seien es die sozialen Strukturen, die wirtschaftlichen oder die technischen. Denn in ihnen leben, arbeiten, konsumieren und bewegen wir uns. Wir müssen sie aktiv umgestalten, sodass sie eine nachhaltige Zukunft erlauben. Der Spezialbericht „Strukturen für ein klimafreundliches Leben" des Austrian Panels on Climate Change, kurz APCC, hält gleich zu Beginn fest: „Derzeit ist es schwierig, in Österreich klimafreundlich zu leben".[5] Dies trifft selbstverständlich nicht nur auf Österreich, sondern auch auf viele andere Staaten der Welt zu. Laut den herausgebenden Autor:innen war es eine bewusst gewählte Entscheidung, diesen Satz an den Anfang des Berichts zu setzen. Strukturen fördern oder erschweren klimafreundliches oder klimaschädliches Verhalten – je nachdem, wie sie von uns ausgestaltet werden. Die Verantwortung, die Strukturen zu verändern, ruht jedoch nicht auf den Schultern der Einzelnen. Dies ist eine Aufgabe für uns alle, als Schicksalsgemeinschaft. Damit wird die Transformation zu einer zutiefst politischen Frage.

Dabei ist es ungemein schwieriger, über Strukturen und deren Wirkung auf unser alltägliches Verhalten zu sprechen. Viel leichter fällt es uns, über bewusste individuelle Handlungen zu diskutieren. Emotional wie auch moralisch können wir trefflich über das richtige Verhalten der Einzelnen streiten und urteilen. Den Strukturen, die unser Verhalten prägen, sind diese Diskussionen jedoch egal. Diese Strukturen sind unbewusst, aber gleichzeitig wirkmächtig. Sie wirken auf unser aller Leben direkt und indirekt ein, beeinflussen unser Verhalten und formen im Stillen Barrieren und Potenziale. Als Einzelne bewegen wir uns in ihnen und werden von ihnen geleitet und zurückgehalten. Aber auch wir können sie beeinflussen. Als Einzelne oder als Gesellschaft. Mal etwas rascher und manchmal auch sehr langsam. Strukturen können auch unterschiedlichste Formen annehmen. Sie können materiell in Form von Infrastrukturen wie Straßen, Gebäuden, Strom-, Kanal- und Bahnnetzen auftreten. Strukturen können aber auch Organisationseinheiten mit ihren Entscheidungsstrukturen, Fähigkeiten, Produktionsanlagen, Material- und Produktflüssen sein. Manchmal existieren sie sogar nur in unseren Vorstellungen und Vorlieben. Man bezeichnet sie in diesem Fall als mentale Infrastrukturen; sie tragen zu dem bei, was wir als Normalität erachten.[6]

Die Wirkungen, die Strukturen auf uns haben, sind abstrakt und oft nur unterbewusst. Damit wird es für uns schwerer, allgemeinverständlich über sie und darüber, wie sie auf uns wirken, zu sprechen. Ganz im Gegenteil wird es dadurch oft erst richtig kompliziert. Denn die unterschiedlichen Strukturen sind nicht voneinander losgelöst, sondern mit- und ineinander verwoben. Weit weg von unserer bewussten alltäglichen Wahrnehmung sind Strukturen als Thema abseits von Fachkreisen kaum zugänglich. Oder wer spricht schon beim Abendessen in netter Runde über die Auswirkungen der neuen Raumplanungsordnung auf den täglichen Pendelweg und die daraus strukturell erwachsenden klimapolitischen Konsequenzen?

Doch der Schlüssel zu einem erfolgreichen Kampf gegen die menschenverursachte Klimakrise liegt nun einmal in einer Veränderung dieser Strukturen. Der österreichische Ökonom Kurt Rothschild hat einmal gesagt, dass man die Wirtschaft ändern muss, um die Welt zu verändern. Das heißt die Voraussetzungen und Strukturen, in denen wir als Gesellschaft leben, wirtschaften, arbeiten, produzieren und konsumieren, und vor allem auch, zu welchen Bedingungen wir dies tun.

Da die Klimakrise in ihrer Konsequenz unsere aktuellen westlichen Lebensentwürfe und unsere Wirtschaftsweise in einer grundlegenden Art in Frage stellt, ergibt sich auch eine Vielfalt an potenziellen Perspektiven und Lösungswegen. Für die einen ist die Klimakrise bzw. die dadurch notwendig gewordene politische Reaktion eine außerordentliche Bedrohung für ihr Geschäftsmodell. Es gibt viel zu verlieren! Macht, Einfluss, Geld, und deshalb investieren diese Menschen möglichst viel in die Abwehr ernsthafter klimapolitischer Maßnahmen. Aus den Konsequenzen wird man sich dann schon irgendwie rauskaufen können, und wenn es die umzäunte Gemeinschaft oder der Bunker am anderen Ende der Welt sein wird. Andere wittern mit der existenziellen Bedrohung durch die Klimakrise die Chance, die Systemfrage neu zu stellen. Verträgt der Planet den Kapitalismus, und wie verteilen wir den Besitz an Produktionsmitteln ökosozial neu? Die Klassenfrage wird neu belebt und politisiert.[7,8] Ungleichheiten und Ungerechtigkeiten des Kapitalismus rücken ins Zentrum, nach dem Motto: Wir müssen das System endlich überwinden.[9] Andere sehen die Lösung der Klimakrise wiederum ausschließlich im kapitalistischen Markt. Innovation und technologischer Fortschritt eröffnen in ihren Augen neue grüne und nachhaltige Geschäftsmodelle.[10] Sie wittern eine Goldgräberstimmung in den Green Tech Clustern dieser Welt – ein Hoffen auf raschen technologischen Fortschritt, in dessen Sog es viel Geld zu verdienen gilt. Kurzum: Die existenzielle Bedrohung durch die menschenverursachte Klimakrise ist auch die Zeit für Utopist:innen, Pessimist:innen, Träumer:innen und Untergangspro-phet:innen. Frei nach Antonio Gramsci ein Zeitalter, in dem das Alte stirbt, aber das Neue noch nicht klar erkennbar ist.

Es gäbe und gibt viel zu diskutieren und zu streiten, aber es gilt, gemeinsam nach Lösungen zu suchen. Die Klimakrise wird sich weder durch Nichtstun noch durch Systemsturz bewältigen lassen. Für beides fehlt einfach die Zeit und die Herausforderung ist zu groß, um sie in einem polarisierten Geplänkel zwischen Utopist:in-nen und „Free-Market"-Apologet:innen untergehen zu lassen. Die Zeit drängt. Wir haben nur noch wenige Jahre, um das Ruder he-rumzureißen. Auf der Titanic müssen wir runter vom Promenaden-deck, auf dem wir uns in Diskussionen das Gute und Wahre zwi-schen Freien Märkten und Degrowth-Kommunismus gegenseitig ausrichten. Stattdessen müssen wir in die Hände spucken und end-lich ins Tun kommen. Wir müssen alles tun, um abzubremsen und auszuweichen. Wir müssen so fest und schnell am Steuerrad dre-hen, wie wir es bisher noch nie gemacht haben. Wir müssen rudern. Wir müssen paddeln. Gleichzeitig müssen wir den alten Dampfer neu erfinden. Die Maschinen tauschen und die rauchenden Schlote durch naturverträgliche Alternativen ersetzen.

Wir werden nicht von heute auf morgen „das System" stürzen, aber wir dürfen uns auch nicht von einem Weiter-Wie-Bisher an-leiten lassen. Im Gegensatz zum neo-konservativen Motto TINA („There Is No Alternative") brauchen wir TAMARA („There Are Many And Real Alternatives"): unzählige kleine Veränderungen, die wir rasch vorantreiben und umsetzen müssen. Die dahinterliegende Hoffnung ist, dass, wenn wir an genügend vielen Stellen gleichzeitig drehen, das System in einen neuen Zustand gebracht wird, und das rascher, als wenn wir auf den großen Umbruch warten. Auf einer Veranstaltung sprach ein Energieraumplaner vom „radikalen Inkre-mentalismus": dem radikalen Drehen an vielen kleinen Rädchen mit dem Ziel, die notwendige Transformation und eine grüne in-dustrielle Revolution anzustoßen. Was wir dazu aus meiner Sicht benötigen, ist eine neue Wirtschaftspolitik: fit für die Gestaltung der grünen Wende. Mein Ziel ist, mit diesem Buch entsprechend dem Ansatz eines „radikalen Inkrementalismus" und in einem progressiv-pragmatischen Sinn zur Diskussion des konkreten „Wie" der Transformation beizutragen.

Die in diesem Buch diskutierten Maßnahmen, Vorschläge und Ideen werden für die einen viel zu wenig weitreichend und revolutionär erscheinen, während sie für andere viel zu stark in den freien Markt eingreifen. Der Anspruch dieses Buches ist es, Teile und Versatzstücke einer neuen Wirtschaftspolitik für das Zeitalter der Klimakrise zu formulieren, und das, ohne einen Anspruch auf Vollständigkeit zu erheben. Die in diesem Buch diskutierten Aspekte einer solchen Wirtschaftspolitik setzen am aktuellen Status quo an. Ein für einige bereits kritisierbarer Ausgangspunkt, wohnt ihm doch in ihren Augen zu wenig utopisches Potenzial inne. Mein Ziel ist aber ein gänzlich anderes als das Entwickeln von Visionen oder Utopien. In diesem Buch soll es vor allem um das Nachdenken über konkrete Umsetzungsschritte, wirtschaftspolitische Maßnahmen und Instrumente gehen. Und vor allem darum, wie wir sie nutzen können, um den Prozess der Transformation zu gestalten.

Wenn wir die Klimakrise bewältigen wollen, brauchen wir eine Diskussion darüber, welche Wirtschaftspolitik wir für die grüne Wende brauchen und wie wir diese in der kurzen Zeit hinbekommen. Wir müssen hinunter auf die konkrete Maßnahmenebene mit dem Ziel, die Strukturen, in denen wir leben, radikal zu verändern. Gelingen wird uns dies in vielen kleinen Schritten, mit denen wir in Summe einen weiten Weg zurücklegen werden. Diese Schritte müssen wir auch in einem gemeinsamen Kontext der Transformation sehen, denn nur in ihrer Summe werden sie uns dabei helfen, die Klimakrise zu bewältigen. Die Praxis lehrt uns, dass es oft nicht die großen abstrakten Systemfragen sind, die der Transformation im Wege stehen, sondern dass das kleinteilig Konkrete politische Konflikte und Widersprüchlichkeiten erzeugt. Es sind oft kleine Dinge, die sich zu handfesten Barrieren für die Transformation auswachsen. Wir können zwar weiterhin trefflich über Utopien und Systemfragen diskutieren, ob uns die Transformation in der uns verbliebenen Zeit gelingt, wird aber meiner Ansicht nach von anderen Aspekten entschieden – zum Beispiel von der nächsten Mietrechtsreform, dem organisatorischen Aufwand beim Heizsystemtausch, administrativen Änderungen der Grenzwerte in der Bauordnung oder der nächsten Novelle des Fördersystems von Photovoltaikanlagen. Im Detail schön langweilig, aber gleichzeitig wirkmächtig in der realen Umsetzung.

Das, was es braucht, ist ein wirtschaftspolitisches Programm, ein Bündel an Maßnahmen, zur Gestaltung einer grünen industriellen Revolution. Im Sinne eines „radikalen Inkrementalismus" muss uns bewusst sein, dass einzelne losgelöste Maßnahmen niemals den vielfältigen Notwendigkeiten in der sozialökologischen Transformation Rechnung tragen können. Voneinander losgelöste Maßnahmen, wie wir sie leider in den medial-öffentlichen Debatten diskutieren. In den Kommentarspalten und der politischen Berichterstattung stilisieren wir jede einzelne Maßnahme als einzig wahre Lösung der Klimakrise hoch. Tempo 100 wird uns retten oder doch eher die CO_2-Bepreisung? Gerade wegen der Komplexität des Unterfangens werden Einzelmaßnahmen nicht die Rettung sein. Stattdessen brauchen wir eine Vielzahl an Maßnahmen, welche die strukturellen Ursachen der Klimakrise angreifen und gleichzeitig gezielt negative soziale Auswirkungen der Transformation, Ungleichheiten und nicht beabsichtigte soziale Nebeneffekte reduzieren. Dazu möchte ich mit diesem Buch einen kleinen Beitrag leisten.

Meine Kollegin Elisabeth Lechner gab mir im Prozess des Entstehens dieses Buchs einen wertvollen Tipp mit auf den Weg: Auch bei einem Sachbuch achte immer auf die Dramaturgie! Diesen Ratschlag habe ich versucht zu beherzigen. Deshalb gliedert sich dieses Buch über eine neue Wirtschaftspolitik der grünen Revolution nicht wie üblich entlang von Themenfeldern. Ich behandle nicht Energie-,

Mobilitäts- und Wärmewende in jeweils eigenen Kapiteln. Ebenso wenig wiederhole ich die naturwissenschaftlichen Erkenntnisse zur Klimakrise. Ganz im Gegenteil stellt das Buch die soziale und wirtschaftliche Dimension der Klimakrise sowie deren prozesshaften Charakter ins Zentrum. Eine neue Wirtschaftspolitik der Transformation kann dazu beitragen, den Prozess der Veränderung aktiv, gezielt und sozial gerecht zu gestalten. Der wirtschaftspolitische Instrumentenkoffer ist dazu gut gefüllt. Für jede Phase der Krisenbewältigung – Angst, Verzweiflung und Neuorientierung – gibt es wirtschaftspolitische Möglichkeiten und Mittel, um die mit den Phasen verbundenen Herausforderungen anzugehen und zu lösen. Das Buch gliedert sich daher grob nach diesen Phasen in drei Teile.

Der erste Teil beschäftigt sich mit einer Welt im Umbruch, einer Welt der Leugnung und Wut, die Angst macht. Und das sollte sie auch. Angst zu haben hat uns evolutionär betrachtet schon so manches Mal gerettet. Zum Beispiel hat uns die Angst vor Säbelzahntigern oft davor bewahrt, gefressen zu werden. Angst bewegt uns zum Handeln. Und ins Handeln müssen wir auch in der Klimakrise kommen. Die Wirtschaftspolitik kann in die Entwicklungen eingreifen und Ängste nehmen. Den Verlust von Einkommen abfedern, Perspektiven für Alternativen aufzeigen und den Weg dorthin ebnen. Die Klimakrise muss nicht zwangsläufig bestehende Ungleichheiten vertiefen oder gar neue schaffen. Eine klug gemachte Wirtschaftspolitik kann Leugnung, Wut und Angst zu den ersten Schritten in eine nachhaltige Zukunft werden lassen.

Der zweite Teil des Buches widmet sich der Phase der Verzweiflung und Verunsicherung. Wir wissen, die Veränderung passiert bereits, nur wir wissen noch nicht, wie wir damit umgehen sollen. Doch wir sind den Veränderungen nicht schutzlos ausgeliefert, auch wenn die Entwicklungen unsicher und unklar sind. Die Wirtschaftspolitik kann hier Hilfestellung geben, indem sie in Phasen großer Unsicherheit Stabilität gewährleistet, Sicherheit gibt und Kooperation und Austausch fördert. Sie kann helfen, dass wir neue

Qualifikationen erwerben, die in einer klimaneutralen Wirtschaft nachgefragt werden, sie kann Technologieklarheit schaffen, indem sie klare Vorgaben macht und Infrastrukturen entwickelt, und sie kann die finanziellen Mittel bereitstellen, die es braucht, um die Umstellung von Produktionsanlagen und Infrastrukturen zu finanzieren. Und damit kann sie ein wenig Sicherheit in einer sehr unsicheren Welt der Veränderung geben. Denn erst, wenn wir diese Sicherheit haben, können wir die Krise auch bearbeiten, uns neu orientieren und wieder Hoffnung wagen.

Der dritte Teil des Buches versucht aufbauend auf den vorigen Abschnitten, den Kontext für eine neue Wirtschaftspolitik einer grünen Revolution zu skizzieren und gleichzeitig Konzepte und Leitlinien der Gestaltung einer solchen Wirtschaftspolitik vorzustellen. Auch hier gilt: All das Geschriebene wird sicherlich nicht der Weisheit letzter Schluss sein. Doch was jedenfalls klar ist: In stürmischen Zeiten brauchen wir eine neue Wirtschaftspolitik, die ganz im Sinne der Ökonomen Markus Marterbauer und Martin Schürz Hoffnung gibt.[11] Hoffnung, mittels dieser Wirtschaftspolitik den Prozess der Veränderung rasch, sozial gerecht und gemeinsam zu bewältigen. Doch lasst uns nicht nur hoffen, sondern arbeiten wir gemeinsam an einer sozial gerechten grünen Revolution unserer wirtschaftlichen Strukturen! Ein paar Vorschläge dazu finden sich auf den folgenden Seiten.

Da es bekanntlich schwer ist, über abstrakte Strukturen zu sprechen und deren Auswirkungen auf unser tägliches Leben zu verstehen, dasselbe gilt im Übrigen auch oft für wirtschaftspolitische Maßnahmen, bediene ich mich in den einzelnen Kapiteln auch eines Tricks. Den einzelnen Kapiteln sind jeweils mehrere fiktive Biografien vorangestellt: Personen, die vom Prozess des Wandels direkt oder indirekt betroffen sind. Am Ende jedes Kapitels werde ich anhand dieser Beispiele zeigen, wie wirtschaftspolitische Maßnahmen auf die Gestaltung des Veränderungsprozesses wirken können und was dies für die Personen bedeuten kann. Ich hoffe, damit den Zugang zu strukturellen und wirtschaftspolitischen Maßnahmen in ihren Wirkzusammenhängen ein bisschen leichter verständlich zu machen.

Michael Soder, Anfang Juni 2024

TEIL EINS

DER WEG IN DEN UNTERGANG: VON SYSTEMEN UND KIPPPUNKTEN

WOHER WIR KOMMEN ...

ALINA lebt in einem idyllischen Dorf in einem Tal in den Alpen. In den letzten Jahren wurde die Dorfgemeinschaft immer wieder aufs Tiefste erschüttert. Durch die Zunahme von Extremwetterereignissen trat der Fluss, der durch das Tal fließt, immer häufiger über die Ufer. Die Überflutungen, die als Jahrhunderthochwasser bezeichnet werden, kommen nun gefühlt alle paar Jahre wieder. Gleichzeitig kam es immer wieder zu Hangrutschungen. Die Zerstörungen im Dorf und die damit einhergehende Verzweiflung sind groß. Die ehrenamtlichen Helfer:innen taten bei jedem Ereignis ihr Bestes, um die Schäden zu beseitigen. Anfänglich berichteten die Medien auch ausführlich über die Schäden und Schicksale. Hilfe strömte aus allen Teilen des Landes ins Dorf. Auch die Politik half mit Geldern aus dem Katastrophenfonds.

JOHANNES sorgt sich um die Zukunft seiner Kinder und Enkelkinder, sobald er die neusten Horrormeldungen aus aller Welt über Feuersbrünste und der zunehmende Zerstörungskraft von sintflutartigen Regengüssen in der Tageszeitung liest. Die Politik sollte handeln! Doch sie setzt auf ein Weiter-Wie-Bisher. Zu sehr sind Johannes' Meinung nach die Interessen aus Wirtschaft und Politik verflochten. Erst neulich hat er einen Bericht über die Gefahr des Auftretens des „Wet-Bulb"- bzw. des Kühlgrenztemperatur-Effekts in Indien gelesen. Johannes hat dabei erfahren, dass dieser Effekt die Obergrenze aus der Kombination von Luftfeuchtigkeit und Temperatur beschreibt, ab der die Fähigkeit des Menschen zur Körpertemperaturregelung über das Schwitzen nicht mehr funktioniert. Die Folge: Hitzeschock und Tod. Die Konsequenzen der Klimakrise sind bereits spürbar. Hitze, Hunger und Todesgefahren führen dazu, dass die Menschen ihre Heimat verlassen müssen. Klimamigration wird zum internationalen Thema und die Berichterstattung immer hektischer. Johannes ertappt sich neuerdings immer öfter beim Grübeln darüber, wie die Zukunft seiner Kinder und Enkelkinder aussehen wird.

Das System kippt! Wirft man einen Blick in aktuelle Zeitungen und Magazine oder zappt sich durch die neusten Berichte und Reportagen, wird einem recht schnell klar: Irgendetwas ist faul. Etwas verändert sich. Rasch und doch so undeutlich, dass man nicht genau benennen kann, was sich eigentlich genau verändert. Auch die Appelle aus der Wissenschaft werden immer flehentlicher. Wir sind gerade drauf und dran, unser Klima- und Ökosystem zu stürzen. Unklar ist nur noch, wohin es fällt. Erfahrungen mit dem neuen ökologischen Zustand, auf den wir uns rasend schnell zubewegen, haben wir nicht. Wie der renommierte Klimaforscher Hans Joachim Schellnhuber, Direktor des International Institute for Applied Systems Analysis (IIASA), nicht müde wird zu betonen, laufen wir

Gefahr, die Lebens- und Entwicklungsbedingungen unserer Zivilisation zu verändern.[12] Und zwar in einem Ausmaß, das wir nicht wirklich in seinen Konsequenzen abschätzen können. Klar ist nur: Nichts bleibt so, wie wir es seit rund 11.000 Jahren kennen. Von der Sesshaftwerdung über das antike Griechenland und Rom bis zur Erfindung der Dampfmaschinen und zur Industrialisierung und schließlich bis zum Hier und Jetzt: All dies hat sich in einer stabilen klimatischen Epoche entwickelt. Nun sind wir dabei, uns selbst und mit uns den ganzen Planeten in ein neues klimatisches Zeitalter zu befördern. Kein Wunder, dass die Naturwissenschaftler:innen rund um den Globus in hellste Aufregung verfallen, wenn sie die neusten Messergebnisse analysieren und die Dramatik der Situation immer deutlicher wird.

In ihrer normalerweise doch recht zurückhaltenden und nüchternen Art zu kommunizieren werden die Bilder, welche die Forscher:innen malen, immer dramatischer. Hungersnöte, Hitzetote, Seuchen und Pandemien, Kriege um Ressourcen und sauberes Wasser, Artensterben und ein drohender Kollaps der Zivilisation sind ein Ausschnitt aus den Szenarien, die durch den ungebremsten Klimawandel immer wahrscheinlicher werden. Man könnte fast in Versuchung kommen, in den Konsequenzen der Klimakrise das alte biblische Bild der vier apokalyptischen Reiter wiederzufinden: Krieg, Hunger, Krankheit und Tod. Ein dystopisches Zukunftsbild, das vor allem eines macht: Angst!

Im Volksmund gilt Angst als gemeinhin schlechter Ratgeber. Doch Angst ist eines der evolutionär in uns tief verankerten Gefühle mit einem bestimmten Zweck. Angst warnt uns vor Situationen, die für uns gefährlich sind, und Angst hält uns auch davon ab, unverantwortliche Risiken einzugehen. Gleichzeitig mobilisiert Angst in uns Kräfte für Flucht oder Abwehr – ein evolutionärer Mechanismus, der uns in grauer Vorzeit sicher oft im Angesicht des Säbelzahntigers das Leben gerettet hat. Doch was tun, wenn die Angst unspezifisch ist? Ein vages Gefühl von etwas Bedrohlichem, das wir noch nicht sehen oder spüren können, uns nicht direkt betrifft oder noch in einer ferneren Zukunft liegt. Angst vor etwas, an dessen Ursache wir auch nicht individuell etwas ändern können. Flucht gelingt hier genauso wenig wie eine gezielte individuelle Abwehr. Schließlich sind wir weder individuell Verursacher:innen noch in der Lage, eine Lösung herbeizuführen. Sowohl Ursache als auch Konsequenzen sind systemisch.

TEILE EINES GROSSEN GANZEN AM RANDE DES KOLLAPSES

Wir sind Teil von Systemen. Im Großen wie auch im Kleinen. Von der Galaxie bis in den Mikrokosmos mit den Atomen. Systeme können die unterschiedlichsten Formen und Grade der Komplexität annehmen. Systeme sind Ansammlungen von Dingen wie Sterne, Menschen, Zellen oder Moleküle, die miteinander in Beziehung stehen – ein Netz aus Punkten und Verbindungen, welche die Strukturen bilden, aus denen ein System besteht. So sind zum Beispiel Ökosysteme ein komplexes Geflecht aus Pflanzen und anderen Lebewesen (Knoten), die zueinander in Beziehung (Verbindungen) stehen. Man kennt dieses Zusammenspiel aus den Naturdokumentationen im Abendprogramm. Gemeinsam bilden sie den Stoffkreislauf aus Pflanzen als Produzenten, pflanzenfressenden und fleischfressenden Tieren als Konsumenten und Bakterien, Pilzen, Insekten und Würmern als Destruenten, die zur Bodenneubildung durch das Zersetzen organischer Substanzen beitragen.

So wie Pflanzen und Tiere wichtige Teile von Ökosystemen sind, sind auch wir Menschen Teil dieser Systeme. Darüber hinaus haben wir eigene soziale, kulturelle und technische Systeme geschaffen, auch wenn wir uns dessen im Alltag oft nicht bewusst sind. Das Bilden komplexer sozialer Beziehungen, die Fähigkeit abstrakt zu denken, kooperatives Verhalten innerhalb der eigenen Gruppe und Erfahrungen vermitteln und weitergeben zu können sind Teil unserer evolutionären Erfolgsgeschichte. So ist auch unsere Sprache ein System aus Wörtern (Knoten), die in Beziehung (Sätze) zueinander gebracht werden. Der Satzbau und die Grammatik unserer Sprachen sind die Struktur des Sprachsystems.

Aber nicht nur unsere sozialen Beziehungen und unsere Kultur sind Systeme. Wir haben durch unseren Erfindungsgeist auch selbst Systeme erfunden. Technik, die wir entwickeln und anwenden, ist ebenso eine Ansammlung von Teilen, die in mechanischen oder elektronischen Systemen zusammenwirken und einen für uns nützlichen Effekt erzielen – vom Rad bis zum autonom fahrenden Auto, vom Rauchzeichen bis zum Smartphone oder von der Feuerstelle bis zum Atomreaktor. Mit unserem Erfindungsgeist haben wir immer komplexere technische Systeme entwickelt, die in letzter Konsequenz die Klimakrise verursacht haben. Wie Goethes Zauberlehrling haben wir mit dem Verbrennen fossiler Energien und dem Raubbau an unseren Ökosystemen Kräfte entfesselt, die eine Bedrohung für uns selbst geworden sind. Wir hantieren in komplexen Ökosystemen, ohne über die Wirkmechanismen und Konsequenzen Bescheid zu wissen. Wir haben uns selbstverschuldet in eine Situation gebracht, in der unser Lebensraum als System zu kollabieren droht – Stoff, den wir bisher nur aus dystopischen Science-Fiction-Romanen oder den neusten Hollywood-Blockbustern kannten.

KIPPPUNKTE UND ATTRAKTOREN: EIN KLEINER AUSFLUG IN KOMPLEXE SYSTEME

Wir haben bereits die grundsätzlichen Bausteine von Systemen kennengelernt: Knoten und ihre Verbindungen. Demnach können wir uns Systemstrukturen als Wirkmechanismen oder komplexe Netzwerke vorstellen. Ein physikalisches System kann in einer sehr einfachen Form zum Beispiel ein Pendel sein: ein Gewicht und eine Feder, die durch einen Anstoß eine Bewegung ausführen. Ein komplizierteres technisches System wäre zum Beispiel ein Fahrrad. Das Fahrrad besteht aus unterschiedlichen Bauteilen wie Speichen, Rädern, Pedalen und einem Sattel. Sie bilden in Summe das System Fahrrad, das im Zusammenspiel der einzelnen Bausteile und mit je-

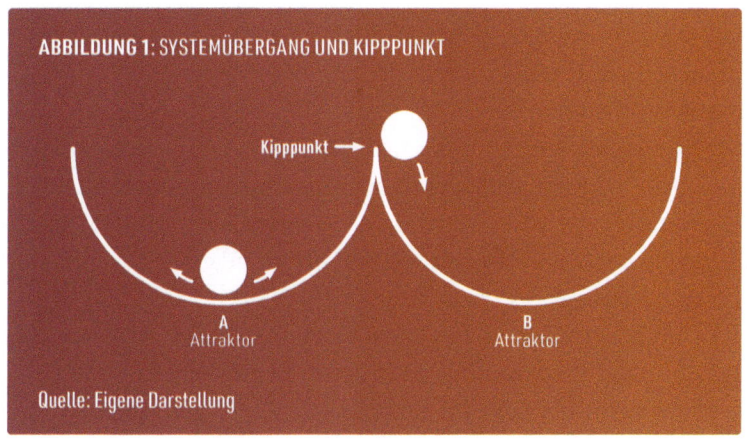

ABBILDUNG 1: SYSTEMÜBERGANG UND KIPPPUNKT

Kipppunkt

A
Attraktor

B
Attraktor

Quelle: Eigene Darstellung

manden, der in die Pedale tritt, zur Fortbewegung führt. Autonom fahrende Elektroautos sind noch beachtlich komplexere technische Systeme. Mikrochips, Software, Sensoren, Speicher und alles, was man für Fahrzeuge braucht, stehen in einem weitaus komplizierteren Geflecht aus Beziehungen. Jedoch ist das alles in seiner Komplexität nichts im Vergleich zu Ökosystemen, unserem Universum oder den sozialen Systemen. Obwohl es in den unterschiedlichen Wissenschaften – egal, ob es sich um die Natur-, Technik-, Geistes- oder Sozialwissenschaften handelt, – in den letzten Jahrhunderten unglaubliche Fortschritte gab, verstehen wir komplexe Systeme immer noch äußerst schlecht.

Doch ein paar grundlegende Dinge konnte die Wissenschaft bereits über komplexe Systeme und die Wirkmechanismen, die in ihnen wirken, herausfinden. Das System, die Ansammlung von Dingen, die miteinander verknüpft sind, kann durch äußere Einwirkungen angeregt, eingeschränkt oder hin- und hergeworfen werden. Jedes System reagiert auf seine eigene charakteristische Art auf Einwirkungen von außen und folgt dabei den in ihm angelegten Wirkmechanismen entlang seiner Strukturen. In komplexen Systemen ist die Reaktion selten von einfacher Art und oft schwer oder kaum zu durchschauen. Offene und dynamische Systeme haben einen Attraktor – einen Punkt, zu dem sich das System hinbewegt. Das System „tanzt" um diesen Punkt. In der Fachsprache bezeichnet man dieses Phänomen als „Homöostase". Beispiele dafür sind die Schwankungen des Blutzuckerspiegels oder des Blutdrucks im Tagesverlauf, der pH-Gehalt von Gewässern oder, seit den ersten menschlichen Zivilisationen, die langfristigen mittleren globalen Temperaturen.

Durch externe Einflüsse kann es nun passieren, dass sich das System vom Attraktor deutlich entfernt. In einer solchen Situation kann es passieren, dass ein Kipppunkt erreicht wird. Das System gerät in den Einflussbereich eines anderen Attraktors und kippt! In der Physik bezeichnet man dieses Phänomen als „Phasenübergang".

PLANETARE KIPPPUNKTE

Klimatische Kipppunkte sind entscheidende Schwellen im Erdsystem, deren Überschreiten zu unumkehrbaren Veränderungen führen kann. Beispiele sind das Abschmelzen der arktischen Eisdecke und die Veränderungen im Amazonasregenwald. Kipppunkte können einen dominoartigen Effekt auslösen, der das Klima dramatisch verändert. Der Verlust von Permafrost kann Methan freisetzen, ein besonders potentes Treibhausgas. Veränderungen von Ozeanströmungen können das Klima regional beeinflussen. Die Überwachung und Vermeidung dieser Kipppunkte sind entscheidend, um katastrophale Auswirkungen des Klimawandels zu begrenzen und den Planeten für uns lebensfreundlich zu erhalten.

Wir alle kennen solche physikalischen Phasenübergänge und haben sie schon oft beobachtet. Je nach Temperatur (äußere Einwirkung) ist Wasser beispielsweise fest, flüssig oder gasförmig. Auch in unserer Betrachtung von Systemen, zum Beispiel von Ökosystemen, kennen wir solche Kipppunkte und Phasenübergänge. Hobbygärtner:innen können ein leidgeprüftes Lied davon singen, wie schwierig es sein kann, ihre kleinen Teichökosysteme gesund zu halten. Diese Ökosysteme im Kleinen können durch verschiedenste Ursachen aus dem Gleichgewicht geraten und „kippen". Übermäßiges Algenwachstum, Temperaturänderungen,

Schadstoffe, Chemikalien und Abfälle und vieles mehr können das Ökosystem in ernsthafte Gefahr bringen. Das Überschreiten von Kipppunkten ist immer ein Alarmzeichen für eine ernsthafte Störung des ökologischen Gleichgewichts, und die Folgen können verheerend sein. Trübes Wasser ist dabei noch das kleinste Übel, das Massensterben von tierischen Bewohnern und Pflanzen und der Kollaps beziehungsweise Zusammenbruch des Ökosystems dann dramatischer Endpunkt.

Ausschlaggebend dafür, ob ein System einen Kipppunkt überschreitet oder nicht, sind Rückkopplungseffekte. Sie sind ein weiteres zentrales Charakteristikum von komplexen Systemen und gleichzeitig auch daran schuld, dass wir Systemdynamiken oft nur sehr schwer durchschauen können. Im Fachjargon spricht man von „Nichtlinearitäten". Ein Anstoß von außen führt durch Rückkopplungseffekte nicht zu einer gleichmäßigen Reaktion innerhalb des Systems. Ganz im Gegenteil können bereits kleine Systemreize zu großen Abweichungen, Sprüngen oder Wirkungen führen. Rückkopplungen können aber auch dämpfend auf Reize von außen wirken. Wenn Rückkopplungseffekte eine Störung von außen verstärken, spricht man von sich selbst verstärkenden oder positiven Rückkopplungen, bei der gegenteiligen Reaktion des Dämpfens von Störfaktoren von stabilisierenden oder negativen Rückkopplungen. Gerade die negativen Rückkopplungen sind es auch, die zur Widerstandsfähigkeit oder Resilienz eines Systems beitragen. Sie sind der Ausdruck der Fähigkeit eines Systems, auf Störungen von außen zu reagieren, ohne dass das System zu kollabieren droht und in einen neuen Systemzustand übergeht.

Die Wissenschaft, die sich mit Systemen, ihrer Funktionsweise und den Effekten auseinandersetzt, bezeichnet man als Systemwissenschaft. Sie untersucht mittels Komplexitätstheorien ökologische, ökonomische und soziale Phänomene in einem oder mehreren komplexen System(en). Mithilfe dieser Theorien, gesammelter Daten und eines eigenen Vokabulars versucht die Systemwissenschaft, sich unterschiedlichen komplexen Problemen zu nähern. Das Zustandekommen von Börsencrashs, Pandemieausbrüchen und Umweltveränderungen, aber auch von Verkehrstaus und politischen Konflikten, ist für die Systemwissenschaft Gegenstände ihrer Untersuchungen. Wir setzen heute Methoden der Systemwissenschaften in den verschiedensten Bereichen ein, um ein besseres Verständnis des Verhaltens von komplexen sozialen, wirtschaftlichen und biologischen Systemen, in denen Rückkopplungsschleifen wirken, zu bekommen. So zeigt beispielsweise der Komplexitätsforscher Peter Turchin, Projektleiter am Complexity Science Hub Vienna, in seinen Arbeiten den historisch immer wiederkehrenden sozialen Zerfall und Zusammenbruch der politischen Ordnung von Gesellschaften. Mithilfe von Komplexitätstheorien und einer Datenbank, die historische politische Krisen und Konflikte enthält, beleuchtet er, wie es immer wieder zum Untergang von Gesellschaften und Herrscherhäusern kam. Einkommensungleichheit und ein unverhältnismäßiger Wohlstand der Eliten führten oft in eine Spirale des gesellschaftlichen Zerfalls. Mithilfe der Methoden und Analysen der Systemwissenschaften versucht Turchin daraus Lehren zu ziehen, wie wir es schaffen, solche wiederkehrenden Untergänge zu verhindern.[13] Die Systemwissenschaft lehrt uns, die Bausteine des Systems und ihre Wirkzusammenhänge besser zu verstehen. Im Kontext der Klimakrise wissen wir bereits, dass unsere derzeitige Art zu wirtschaften die planetaren Grenzen sprengt. Deshalb müssen wir der Frage auf den Grund gehen, warum das System „Wirtschaft" dazu führt.

WIE DAS ÖKOSYSTEM „WIRTSCHAFT" DIE PLANETAREN GRENZEN SPRENGT

Wenn man die Tageszeitungen aufschlägt, liest man oft vom Befinden und der Gefühlswelt des Markts oder von den Interessen „der Wirtschaft". Der Markt zeigt sich nervös, ist verunsichert oder jubiliert. Die Wirtschaft wünscht sich neue Förderprogramme oder eine Senkung der Steuern. All dies sind Phrasen, die wir in unseren alltäglichen Sprachgebrauch übernommen haben. Und sie haben alle etwas gemeinsam: Sie sind grundlegend falsch.

Weder ist der Markt ein fühlendes oder selbstständig agierendes Wesen, noch ist die Wirtschaft einheitlich. Die Wirtschaft besteht nicht nur aus Unternehmen, sondern aus einer Vielzahl von Akteuren. Der Markt ist einer der Koordinationsmechanismen dafür, wie diese Akteure wirtschaftlich handeln und agieren. Dabei ist die Wirtschaft auch mehr als eine Ansammlung von Unternehmensinteressen. Zwar spielen Unternehmen eine wichtige Rolle im Wirtschaftsprozess, doch ebenso auch Arbeitnehmer:innen, Konsument:innen, der Staat, Vereine und Verbände sowie Non-Profit-Organisationen. Sie alle sind Teil unserer Wirtschaft und bilden mit ihrem Geflecht aus Beziehungen und wechselseitigen Pflichten und Rechten unser Wirtschaftssystem. Märkte haben eine tragende Rolle darin, aber eben keine ausschließliche. Unsere Ökonomien sind Mischwirtschaften. Darin spielen unterschiedlichste wirtschaftliche Logiken, auch abseits der Profitmaximierung und der Preise, eine wichtige Rolle. Die österreichische Ökonomin Luise Gubitzer beleuchtete die unterschiedlichen Perspektiven, die in einer Mischwirtschaft zum Tragen kommen. Haushalte, Privatwirtschaft, Staat, Non-Profit-Sektor und illegaler Sektor unterscheiden sich bezüglich der in ihnen vorherrschenden Menschenbilder und Zielsetzungen des Wirtschaftens. Während die Privatwirtschaft einer Logik der Profitmaximierung folgt, hat der Staat auch das Ziel der Versorgungssicherheit oder das der Umverteilung. Im Haushaltssektor herrscht die Rationalität der Sorge und der gegenseitigen Unterstützung. Der illegale Sektor wiederum ist von Gewinnmaximierungs- und Herrschaftsansprüchen geprägt.[14]

Das System Wirtschaft ist deshalb kein monolithischer Block, sondern durch Vielfalt und unterschiedlichste Konstellationen geprägt – ein Netzwerk aus Akteuren (Knoten), die zueinander in wechselseitigen Beziehungen (Verbindungen) stehen. Man erkennt aus dieser Konstellation bereits die Elemente eines komplexen verflochtenen Systems, die in ihrem Zusammenwirken Wertschöpfung und Beschäftigung schaffen.

In der neuen ökonomischen Literatur spricht man von „wirtschaftlichen" oder „industriellen Ökosystemen". Dahinter steckt jedoch nicht eine naturromantische Verklärung wirtschaftlicher Prozesse oder gar der Versuch einer Technokratisierung der Natur. Ganz im Gegenteil nimmt man bewusst Anleihen an biologischen Prozessen und Organismen in einem natürlichen Ökosystem. Kommend aus der Innovationsforschung betont das Konzept der wirtschaftlichen Ökosysteme die Wechselwirkungen zwischen Unternehmen, Lieferant:innen, Konsument:innen, dem öffentlichen Sektor, Infrastrukturen, Regulierungsbehörden und Forschungseinrichtungen entlang von Wertschöpfungsketten. Die Interaktionen zwischen den vielfältigen Akteuren können dazu beitragen, Effizienz, Innovation sowie die regionale Wirtschaftsentwicklung zu fördern.

Das unterscheidet auch die Perspektive auf „wirtschaftliche Ökosysteme" von der ansonsten üblichen Darstellungsform. Bisher sprach man im wirtschaftspolitischen Diskurs immer über die Entwicklung ganzer Wirtschaftssektoren – mehrere abstrakte Ebenen über jenem der Ökosysteme. Man unterscheidet hierbei zwischen der Urproduktion oder dem Primärsektor, wie der Landwirtschaft, der industriellen Produktion oder dem Sekundärsektor und dem Dienstleistungssektor oder Tertiärsektor. Die Diskussionen um die Entwicklung der Wirtschaftssektoren ist auch eine, die immer wieder breit medial-öffentlich geführt wird. Häufig liest man in der Zeitung davon, dass wir uns in Richtung einer Dienstleistungs- oder Wissensgesellschaft wirtschaftlich entwickeln. Dies meint, dass sich das Verhältnis zwischen den Sektoren verschiebt. Die landwirtschaftliche Produktion im Primärsektor und der produzierende Bereich verlieren im Verhältnis zu den Dienstleistungen in unseren westlichen Wirtschaften immer mehr an Bedeutung. Der Dienstleistungssektor wächst.

Doch die Betrachtung wirtschaftlicher Entwicklung anhand ganzer Sektoren ist eine grobe. Aussagen über die Entwicklung von einzelnen Produktionsbereichen lässt diese Betrachtung nicht zu. Deshalb verwenden wir die Einteilung nach Branchen. Als Branchen bezeichnet man alle Unternehmen, die ähnliche Produkte und Dienstleistungen herstellen. Bekannte Beispiele dafür sind die Automobil-, Pharma- oder Elektronikbranche. Da in der Branchenzuordnung alle Unternehmen ähnliche Dinge herstellen oder anbieten und daher auf einem ähnlichen Markt agieren, führen Gewerkschaften und Unternehmen Tarif- oder Kollektivvertragsverhandlungen auf der Branchenebene.

Ob wir wirtschaftliche Strukturen und deren Entwicklungen in Sektoren, Branchen oder Ökosystemen betrachten, macht einen großen Unterschied dafür, wie wir die Funktionsweise der Wirtschaft verstehen. Während die Sektoren nur die großen Entwicklungen nachzeichnen, erlaubt die Branchenbetrachtung einen Blick auf die gesamthafte Entwicklung von Unternehmen, die ähnliche Dinge produzieren oder ähnliche Dienstleistungen auf den Märkten anbieten. Der Ökosystemansatz wiederum setzt an einem anderen Punkt an und beleuchtet Wertschöpfungsnetzwerke, an deren Ende ein Gut oder eine Dienstleistung steht, und fragt, was es alles braucht, um dieses Gut oder die Dienstleistung schlussendlich anbieten zu können. Die Wirtschaft verstanden als komplexes System aus unterschiedlichen Akteuren, die in einem Geflecht aus Rechten und Pflichten zueinanderstehen und wechselseitig Funktionen erfüllen, ist ein komplexes System. Damit wirken auch in den wirtschaftlichen Ökosystemen und im System Wirtschaft als Ganzes Dynamiken und Wirkmechanismen, wie wir sie schon aus der Systemwissenschaft kennen. Die Betrachtung der Wirtschaft als wirtschaftliche oder industrielle Ökosysteme erlaubt die Analyse der komplexen Dynamiken, die durch externe Reize auf und im System wirken.

Die Klimakrise als ein massiver externer Reiz wird große Veränderungen in unserem Wirtschaftssystem hervorrufen. Sowohl im Szenario, in dem wir aktiv die wirtschaftlichen Strukturen in Richtung Klimaneutralität umgestalten, als auch im Szenario, in dem wir alle ökologischen Kipppunkte überschreiten. Doch bisher deutet leider alles darauf hin, dass wir uns eher in Richtung des zweiten Szenarios entwickeln und nicht schnell genug und im ausreichenden Maße die Veränderung der Strukturen betreiben. Was wir dazu bräuchten, wäre ein bunter Mix an wirtschaftspolitischen Maßnahmen und eine Weiterentwicklung des Zusammenspiels der vielfältigen Akteure zur Herstellung von Produkten und Dienstleistungen. Unternehmen, Beschäftigte, der öffentliche Sektor, Forschungseinrichtungen, Verwaltungen, Vereine und Verbände sind im gleichen Maße gefordert, aus ihren unterschiedlichen Blickwinkeln den notwendigen Strukturwandel voranzutreiben. Eine enorme Koordinierungsaufgabe, die auch mit Interessens- und Zielkonflikten zwischen den Akteuren umgehen muss. Darüber hinaus gibt es systemische und strukturelle Abhängigkeiten, welche die Aufgabe der aktiven Gestaltung der klimagerechten Transformation zusätzlich erschweren.

GEFANGEN IN SYSTEMISCHEN ABHÄNGIGKEITSSTRUKTUREN

Der deutsche Soziologe Jens Beckert, Direktor am Max-Planck-Institut für Gesellschaftsforschung, argumentiert in seinem Buch „Verkaufte Zukunft: Warum der Kampf gegen den Klimawandel zu scheitern droht",[15] dass unsere Systemarchitektur gar nicht die Möglichkeiten und Mittel bereitstellt, um der Klimakrise effektiv entgegenzutreten. Er zeigt anschaulich, dass Veränderung grundsätzlich handlungsmächtige und handlungswillige Akteure braucht, die nicht nur über die entsprechenden Ressourcen zur Gestaltung verfügen, sondern auch die Umgestaltung realpolitisch durchsetzen können. Das Feld, in dem sie dies tun, ist politisch umkämpft und durch eine Vielzahl von unterschiedlichen Interessen und Zielen geprägt. Klimaschutz und Transformation können Ziele dieser Akteure sein, müssen es aber nicht. Darüber hinaus ist eine Umgestaltung des Systems eine schwierige Aufgabe. Die Akteure unseres Wirtschaftssystems, seien es Unternehmen, die Politik oder die Bevölkerung, stehen in wechselseitigen Abhängigkeiten zueinander – Abhängigkeiten, die Strukturen eher bewahren, als sie über Bord zu werfen und neue zu entwickeln. So sind Unternehmen auf ein wirtschaftliches Umfeld angewiesen, das ihr Gewinnstreben befördert. Der Staat möchte dieses Umfeld herstellen, da er dadurch Beschäftigung, Wertschöpfung und Steuereinnahmen generieren kann. Dafür erhalten er und die Unternehmen die Legitimation der Bevölkerung, welche die Produkte und Dienstleistungen der Unternehmen bezieht und gleichzeitig in den Unternehmen Einkommen durch ihren Arbeitsplatz erzielt. Die politischen und wirtschaftspolitischen Diskussionen drehen sich in dieser Spielaufstellung nun um die Ausgestaltung und Deutungshoheiten innerhalb dieser Dreieckskonstellation aus gegenseitiger Abhängigkeit, stellen aber diese im Kern nicht in Frage. Das Durchbrechen der hier wirkenden Logiken ist durch die wechselseitigen Abhängigkeiten erheblich erschwert und führt dazu, dass keiner der Akteure, abseits von kosmetischen Veränderungen, tatsächlich den Wunsch nach Abkehr von der fossilen Basis unserer Wirtschaft formuliert.

Einen etwas anderen, aber doch auch ähnlichen Blick auf die systemischen Wirkmechanismen wirft der britische Ökonom Tim Jackson, Direktor des Centre for the Understanding of Sustainable Prosperity (CUSP). Er beschreibt das Zusammenspiel aus unternehmerischem Gewinnstreben und der Nachfrage nach Produkten und Dienstleistungen der Konsument:innen als „eisernen Käfig des Konsumismus".[16] Auf der Seite der unternehmerischen Dynamiken nimmt Jackson Anleihen am Konzept der „schöpferischen Zerstörung", das auf den österreichischen Ökonomen Joseph Schumpeter zurückgeht. Nach Schumpeter zwingt der marktwirtschaftliche Wettbewerb Unternehmen zu technischen und organisatorischen

Innovationen. Um am Markt zu bestehen, müssen sie diese immer weiter vorantreiben. Innovation führt wiederum zu Produktivitätssteigerungen. Diese erlauben, höherwertigere, komplexere oder billigere Produkte und Dienstleistungen herzustellen. Doch das allein würde noch nicht reichen, damit sich die Wachstumsspirale weiterdreht. Die von den Unternehmen hergestellten Produkte und Dienstleistungen müssen auch Absatz finden, also von den Konsument:innen nachgefragt werden.

Für Jackson liegt hier eine der Besonderheiten der ökonomischen Analyse, da sie den psychologischen und sozialen Kontext, in dem Konsum stattfindet, überwiegend ausblendet. Abseits allgemeiner Aussagen über Konsumvorlieben der Konsument:innen bleibt die Verbrauchernachfrage in ihrer Komplexität unterbeleuchtet und wird eher in den Aufgabenbereichen der Psychologie, Soziologie und Kulturanthropologie verortet. Unser Konsum ist in unseren hochindividualisierten Marktgesellschaften eben nicht nur Mittel, um grundlegende Bedürfnisse wie Hunger, Schlaf, Wohnraum und vieles mehr zu befriedigen, sondern auch eines zur sozialen Abgrenzung und Identitätsbildung. Genau darin liegt für Tim Jackson die Ursache, warum Konsum nicht endgültig zu befriedigen ist. Ein Mehr, Schneller und Besser ist aus individueller Sicht immer möglich. Hinzu kommt noch, dass eine wachsende Ungleichheit von Vermögen und Einkommen zu einem wachsenden Statuskonsum führt. In Gesellschaften gewinnt damit soziale Abgrenzung mit wachsender Ungleichheit an Bedeutung. Profitstreben und eine wachsende Nachfrage nach Gütern und Dienstleistungen reichen sich am Weg in die systemische Überforderung die Hand. Und die Spirale aus Gewinnstreben und Nachfrage dreht sich immer weiter.

In Konsequenz bedeuten die systemischen Abhängigkeiten, die Jens Beckert ins Treffen führt, und der „eiserne Käfig des Konsumismus" nach Jackson, dass die klima- und transformationspolitischen Maßnahmen unzureichend ausfallen müssen. Zwar werden wir es schaffen, die Klimakrise zu bremsen und abzumildern, aber gleichzeitig werden wir die Pariser Klimaziele verfehlen – mit Ungewissheit darüber, wie stark unsere Systeme dadurch verändert werden und was dies in Konsequenz für uns heißen wird. Damit ist der erste Schritt in den Untergang getan.

MIT ANLAUF IN DEN UNTERGANG: DAS SYSTEM KIPPT

Dass Veränderungen nicht leichtfallen und sie oft bedeuten, bisher Bekanntes und Gewohntes hinter sich zu lassen, ist uns allen bewusst. Doch ist es nicht nur unser Wunsch nach Stabilität, der zu unzureichenden Reaktionen auf die Klimakrise führt. Die Logiken, die in unseren komplexen Gesellschaften wirken, haben reale und mentale Konsequenzen. Sie treiben uns über die Kipppunkte, wenn wir es nicht schaffen, sie rechtzeitig zu verändern. Sobald wir die Kipppunkte überschreiten, sehen wir uns mit einer gänzlich neuen Situation konfrontiert – Entwicklungen, die wir im globalen Ausmaß weder gänzlich verstehen noch kontrollieren können. Unsere komplexen Systeme, natürliche wie künstlich geschaffene, werden in der derzeitigen Form fragil.

Wie wir gesehen haben, haben komplexe dynamische Systeme die Eigenschaft, sich im Laufe der Zeit durch interne oder externe Einflüsse zu verändern. Die Dynamiken, die sich in dem System entwickeln oder verstärken, erzeugen Druck, Veränderung und Anpassung. Als Widerstandsfähigkeit oder Resilienz bezeichnet man die Fähigkeit des Systems, auf solche Störungen zu reagieren, und zwar ohne zusammenzubrechen. Sind jedoch bereits Kipppunkte überschritten, bewegt sich das System in einen neuen Zustand. Das Zusammenspiel von Einflussfaktoren und Rückkopplungsschleifen bringt das System zum Kollabieren. Es kommt zu einer fundamentalen Transformation des Bestehenden. Der Kollaps des Systems ist jedoch kein Defekt oder lässt auf eine grobe Störung schließen. Er ist lediglich eine Eigenschaft, um auf veränderte Bedingungen zu reagieren. Um Platz für Neues zu schaffen und das Alte zu beseitigen. In manchen Ökosystemen ist der Kollaps sogar Teil der langfristigen Überlebensstrategie, zum Beispiel regelmäßige Waldbrände als Instrument, um regelmäßig Nährstoffe in den Böden anzureichern, oder Fauna und Flora in Überflutungsgebieten, die auf die Wassermassen und die mit ihnen eingehende Zerstörung angewiesen sind. In manchen Situationen mag es sogar sinnvoll sein, den Zusammenbruch überholter Strukturen zu steuern, um den Wandel zu erleichtern, der ohnehin unvermeidbar ist.

Das untergehende Alte birgt damit bereits die Saat für das Neue in sich. Auch aus einer Perspektive der Geschichts-, Wirtschafts- und Sozialwissenschaften sind uns Zusammenbrüche von Zivilisationen und Untergänge bestens vertraut. Unsere Gesellschaften sind komplexe Systeme, in denen verstärkende oder bremsende Rückkopplungseffekte auftreten und auch Kipppunkte existieren. Ein Blick zurück in die Geschichte der Menschheit lässt uns die komplexen Zusammenhänge erahnen, die im Aufbau und im Untergang von Gesellschaften wirken – ein weites und breites Forschungsfeld für Historiker:innen, die der Frage nachspüren, warum Zivilisationen und Weltreiche untergehen. Werfen wir einen Blick tausende Jahre in unsere Vergangenheit.

Der US-amerikanische Archäologe und Historiker Eric H. Cline vom Institut für Anthropologie der George-Washington-Universität in Washington, D.C., untersuchte in seinen Arbeiten den Untergang der europäischen Bronzekultur. Nach Cline führte ein systemisches Versagen im Zusammenspiel mit Rückkopplungseffekten zum Zusammenbruch der Bronzekultur. Ein Versagen, von dem sich selbst ein globalisiertes, internationales, lebendiges und gesellschafts- übergreifendes Netzwerk wie jenes in der Bronzezeit nicht mehr erholen konnte. Daher folgte ein Zusammenbruch der damaligen Zivilisation, die sich von Griechenland bis nach Mesopotamien erstreckte. Der Kollaps ging nicht nur mit enormen sozialen Kosten, Kriegen, Hunger und Not einher, sondern führte auch dazu, dass viele zivilisatorische Fortschritte verloren gingen und eine Epoche des Übergangs eingeläutet wurde.

Ein anderes historisches Beispiel ist der Untergang des Römischen Reichs. Ugo Bardi, italienischer Chemiker von der Universität Florenz und Autor des Buches „Der Seneca-Effekt: Warum Systeme kollabieren und wie wir damit umgehen können", führt den römischen Gelehrten Seneca ins Feld. Seneca soll als einer der Ersten verstanden haben, dass die Zerstörung gesellschaftlicher und natürlicher Systeme anderen Regeln gehorcht als ihr Aufbau. Der Kollaps ist drastisch, komplex und damit oft unvorhersehbar. Das Römische Reich, so argumentiert Bardi, wurde der Sage nach im Jahr 753 v. Chr gegründet und erreichte im 2. Jahrhundert n. Chr. den Höhepunkt seiner Macht. Ein fast tausend Jahre dauernder Aufstieg Roms zur dominierenden wirtschaftlichen, militärischen und kulturellen Weltmacht, die in nur zwei bis drei Jahrhunderten unterging.[17] Kyle Harper, US-amerikanischer Althistoriker von der Universität in Oklahoma, legte in seinen Arbeiten über den Untergang des Römischen Reichs einen Fokus auf den Beitrag des Klimawandels und anderer Umweltfaktoren. Für ihn waren klimatische Veränderungen, die zu Ernteausfällen, Bevölkerungsmigration und Pandemien führten, ebenso Ursachen für den Untergang wie kriegerische Auseinandersetzungen und politische Instabilität.[18]

Die Archäologie versucht heute, mit den neuesten Methoden der Systemwissenschaften die Ursachen für die Zusammenbrüche zu rekonstruieren, und entwickelt unterschiedlichste Theorien darüber, wie es zu den Untergängen kam. Nicht einzelne und losgelöste Ursachen führten zum Kollaps. Wahrscheinlich ist ein Zusammenspiel der unterschiedlichsten Ereignisse, die in Summe den Zusammenbruch einleiteten. Systemzusammenbrüche sind Kettenreaktionen aus externen Einflussfaktoren, Rückkopplungsschleifen und Kipppunkten. Unvorhersehbar und unkontrollierbar, sobald sie einmal in Gang gesetzt wurden. Turchin führt die Rolle von Einkommens- und Vermögensungleichheit sowie einen unverhältnismäßigen Wohlstand der Eliten als Ursache des gesellschaftlichen Zerfalls ins Feld. Cline, Bardi und Harper sehen eine Kombination aus vielen natürlichen und gesellschaftlichen Faktoren als komplexe Ursachen des Systemkollapses. Dürren, Hunger, Migration, Pandemien, politische Instabilität und vieles mehr sind Puzzlestücke des Untergangs, die in ihrer Kombination zum Zusammenbruch der sozialen Ordnung führen.

Aber der Kollaps ist kein Rücksetzen des Systems auf Werkseinstellung, so wie wir es heutzutage als die grobe Lösung von Computerproblemen kennen. Im Gegenteil ist es eher vergleichbar mit einem Reboot des Systems in einen neuen Zustand. Der Kollaps ist nicht nur Bruch, sondern umfasst auch gleichzeitig Kontinuität. Im sozialen Kontext sind es kulturelle, wirtschaftliche oder soziale Elemente, die in das neue System übernommen werden, wie zum Beispiel Aspekte des Römischen Reichs, die auch weit ins Mittelalter und darüber hinaus hineinwirkten. So bleiben oftmals Gesetze, Traditionen und Gebräuche auch nach einem zivilisatorischen Zusammenbruch erhalten, wie sowohl Bardi als auch Harper feststellen. Beide argumentieren jedoch auch, dass wir im Angesicht des Zusammenbruchs der Gesellschaft aktive Möglichkeiten zur Gestaltung haben. Die Saat des Neuen existiert schlussendlich bereits im Bestehenden.

Doch wir sind, berechtigt oder auch nicht, zu zögerlich, die Veränderung aktiv zu betreiben. Und auch das hat eine sehr lange Tradition in unserer Geschichte. Cline zeigt anhand von Texten und archäologischen Befunden, dass bereits in der Bronzezeit die Herrscher nur die Symptome der Instabilität als Vorboten des Zusammenbruchs behandelten und nicht die Ursachen. So ist der Untergang vieler Reiche in manchen Fällen auch Konsequenz einer mangelnden Weitsicht der Herrschenden.

Der aktuelle politische Umgang mit der Dringlichkeit und dem Ausmaß der Klimakrise sowohl gesellschaftlich und politisch als auch medial lässt dahingehend nichts Positives erwarten. Es entsteht manchmal der Eindruck, dass man den Versuch bereits aufgegeben hat, aktiver Teil der Veränderung zu sein. Stattdessen greift man zu Parolen und Versprechungen der „Rückkehr zur Normalität" und in frühere Zeiten. Zurück ins Goldene Zeitalter der Nachkriegsjahre, „Make America Great Again" und die Rückkehr des britischen Empires. Eine politische Zuflucht in die Nostalgie der bekannten Vergangenheit als Kontrapunkt zum drängenden Ruf nach Veränderung mit der Klimakrise als Ausrufezeichen.

RÜCKKOPPLUNGSSCHLEIFEN DER ANGST UND HOFFNUNG

Systeme sind komplex und die Zusammenhänge, die in ihnen wirken, für uns nicht leicht nachzuvollziehen. Doch unsere Systeme sind für uns nicht gänzlich undurchschaubar. Die unterschiedlichen Disziplinen der Wissenschaft geben uns immer wieder Einblicke in die Dynamiken und Wirkmechanismen, die in sozialen wie natürlichen Systemen am Werk sind. Gerade wenn wir im Angesicht der drohenden klimatischen Katastrophe aktiv die Veränderung gestalten möchten, müssen wir die sozialen Dynamiken besser verstehen, die in unseren Gesellschaften wirken. Denn diese Dynamiken sind höchst relevant, wenn wir den Prozess der Transformation hin zur Klimaneutralität und auch Anpassung an die neuen Bedingungen gezielt vorantreiben möchten.

Frances Moore von der Abteilung für Umweltwissenschaft und -politik der Universität von Kalifornien hat gemeinsam mit Kolleg:innen die Rückkopplungsschleifen in unseren gesellschaftlichen Systemen untersucht.[19] Wie bei der Systemwissenschaft geschildert, kennen wir auch hier verschiedene Formen der Rückkopplungen: verstärkende und bremsende. So können Rückkopplungen die Klimakrise oder die Transformation zur Klimaneutralität verstärken und vice versa die Konsequenzen der klimatischen Veränderungen eindämmen oder aber Bemühungen zur Transformation behindern. Die Forscher:innen rund um Moore identifizieren sieben gesellschaftliche Rückkopplungsschleifen, die im Kontext der Klimakrise sowohl negativ als auch positiv relevant erscheinen: soziale Kon-

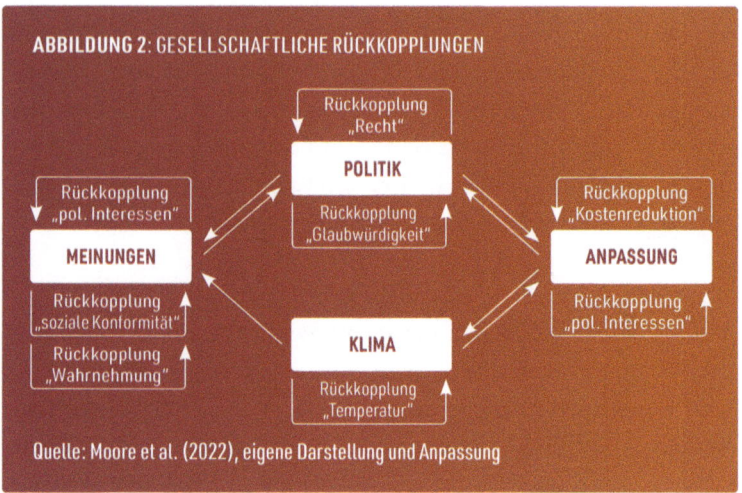

ABBILDUNG 2: GESELLSCHAFTLICHE RÜCKKOPPLUNGEN

Rückkopplung „Recht"

POLITIK

Rückkopplung „pol. Interessen"

Rückkopplung „Kostenreduktion"

Rückkopplung „Glaubwürdigkeit"

MEINUNGEN

ANPASSUNG

Rückkopplung „soziale Konformität"

Rückkopplung „pol. Interessen"

Rückkopplung „Wahrnehmung"

KLIMA

Rückkopplung „Temperatur"

Quelle: Moore et al. (2022), eigene Darstellung und Anpassung

formität, Wahrnehmung, politische Interessen, Glaubwürdigkeit, die Ausdruckskraft des Rechts, Kostenreduktionen, Temperaturen.

Die Rückkopplung der sozialen Konformität hat viel damit zu tun, was wir als „Normalität" wahrnehmen. Die bestehende Norm prägt unser Verhalten. Doch Normen sind über die Zeit nicht stabil, sondern unterliegen einer stetigen Veränderung. Wohin sich die Norm entwickelt, hängt von einer Vielzahl sozialer und psychologischer Faktoren ab und wird in unseren heutigen Marktgesellschaften auch gezielt beeinflusst, zum Beispiel durch Werbung. Der SUV in den Innenstädten dieser Welt ist kein Grundbedürfnis, aber auch nicht mehr nur als Unikat anzutreffen. Er ist nicht nur Fortbewegungsmittel, sondern auch ein durch Werbung emotional und psychologisch aufgeladenes und befeuertes Statussymbol und Mittel zur sozialen Abgrenzung. Ähnliches gilt für Modetrends. „Wer nicht mit der Mode geht, muss gehen", lautet ein Sprichwort. Um „dazuzugehören" und nicht in der sozialen Gruppe als Sonderling oder gar unmodern zu gelten, muss man mit dem Trend gehen. Aber es geht auch andersrum. Elektroautos sind nicht mehr nur ein Hobby für Technikfreaks und die PV-Anlage am Dach nicht nur etwas für

Tüftler:innen. Der wesentliche Punkt zur Verschiebung von Normen ist das Erreichen einer kritischen Masse. Wie neuere Studien zeigen, kann bereits eine Minderheit von rund zehn bis fünfundzwanzig Prozent der Bevölkerung einen sozialen Kipppunkt erzeugen und die Einstellung der Mehrheit zur Norm verändern.[20] Belege für solche sozialen Kipppunkte finden sich in der Forschung einige. So zeigen die norwegische Ökonomin Karine Nyborg und ihre Kolleg:innen, dass sich soziale Kipppunkte in den Daten und Modellen der öffentlichen Meinung, in sozialen Normen und auch in Investitionsentscheidungen auf den Finanzmärkten wiederfinden lassen.[21]

Aber nicht nur unsere Bezugsgruppen oder eine kritische Masse beeinflussen unsere Einstellungen und Motivationen. Viel direkter beeinflusst unsere bewusste Wahrnehmung unser Verhalten und unsere Entscheidungen – eine weitere Rückkopplungsschleife. Zum Beispiel: Je bewusster und direkter wir die veränderten lokalen Wetterbedingungen wahrnehmen, desto eher sind wir bereit, Klimaschutzmaßnahmen zu fordern und mit Nachdruck durchzuset-

SOZIALE KIPPPUNKTE UND EINE KRITISCHE MASSE

Als kritische Masse bezeichnet man eine ausreichende Anzahl von Menschen in einer Gesellschaft, die einen bedeutenden Einfluss auf die Gesamtkultur ausübt. Ist eine kritische Masse überschritten, wird der Veränderungsdruck auf Normen und das soziale Gefüge groß. Das ist dann ein sozialer Kipppunkt, der die Gesellschaft nachhaltig verändert. Eine kritische Masse hat dadurch das Potenzial, den sozialen Wandel zu fördern, da der Druck und Einfluss, den sie ausübt, in der Lage ist, bestehende Strukturen zu beeinflussen oder sogar zu transformieren.

Ab wann eine kritische Masse erreicht ist und systemische Veränderungen im sozialen Gefüge anstößt, hängt von vielen verschiedenen Faktoren ab. Die Größe der Gesellschaft, die Vehemenz der Unterstützung oder die Art der Veränderung spielen dabei eine wesentliche Rolle. Eine kritische Masse und die Veränderungen, die sie anstoßen kann, sind ein dynamischer sozialer Prozess in Wechselwirkung zwischen sozialen, kulturellen und politischen Einflüssen.

zen. Wenn in meiner direkten Umgebung das Jahrhunderthochwasser alle paar Jahre auftritt und in seiner Intensität immer bedrohlicher wird, ist klar, dass sich politische Forderungen nach Maßnahmen, zumindest auf lokaler Ebene, formieren. In welche Richtung sich die Wahrnehmung entwickelt, ist aber nicht immer eindeutig und gleich. Unterschiedliche Interpretationen über Entwicklungen und deren Ursachen sind ausschlaggebend für die daraus erwachsenden Reaktionen. Ebenso können mit verstreichender Zeit Gewöhnungseffekte auftreten, sodass die Wahrnehmung von Ereignissen wieder in den Hintergrund tritt. Wieder am Beispiel der Klimakrise könnten Gewöhnungseffekte bei der Wahrnehmung des für unser individuelles Empfinden langsam stattfindenden Anstiegs der durchschnittlichen Temperatur eintreten.

Doch wenn es um unsere Wahrnehmung geht, spielen auch politische Interpretationen und die Durchsetzung von Interessen eine große Rolle – eine weitere soziale Rückkopplung. Politische Interessen handlungswirksamer Akteure können systemische Dynamiken entwickeln, wenn das politische System die individuelle Unterstützung oder Ablehnung von Maßnahmen in kollektives Handeln übersetzt. So versucht die fossile Lobby mit gezielten Maßnahmen zu verhindern, zu bremsen, abzulenken und Verunsicherung zu säen. Selbst innerhalb der Gruppe der privaten Unternehmen werden die Interessensgegensätze deutlich. Auf der einen Seite stehen Unternehmen, die Profite aus der Nutzung fossiler Energien ziehen, und auf der anderen jene Unternehmen, die ihre Geschäftsmodelle auf grüne und nachhaltige Märkte ausgerichtet haben. Die daraus entstehenden Dynamiken wirken nicht geradlinig und unterliegen den politisch-ökonomischen Zwängen beziehungsweise Handlungslogiken, wie weiter vorne im Kapitel beschrieben.

Der Volksmund sagt: „Glaubwürdigkeit ist eine harte Währung" – damit zu einer weiteren sozialen Rückkopplungsschleife: Obwohl individuelle Verhaltensänderungen die Treibhausgasemissionen nur geringfügig senken, kann eine glaubwürdige Verhaltensänderung über soziale Beziehungen deutlich verstärkt werden. Die Vorbildfunktion wirkt im sozialen Umfeld als Verstärker und führt dazu, dass individuelle Verhaltensänderungen weit über das eigene Verhalten hinauswirken. Ist die Glaubwürdigkeit jedoch beschädigt, kann der gegenteilige Effekt eintreten.

Auch das Recht drückt gesellschaftlich erwünschtes Verhalten und gemeinsam geteilte Werte aus. Signale, die vom Recht ausgehen, wirken auch auf die sozialen Normen in unserer Gesellschaft und werden damit zu einer weiteren Rückkopplung im System. Die inzwischen häufig gewordenen Klimaklagen gegen Staaten oder Unternehmen sind nur eines der Beispiele. Klagen, Prozesse und Urteile können nicht nur Rechtssicherheit schaffen, sondern auch gesellschaftlich normenbildend wirken.

„China flutet den europäischen Automobilmarkt mit billigen elektrischen Kleinwägen", steht heutzutage drohend in vielen Tageszeitungen. Abseits der Debatte um staatliche Subventionen und unfairen Wettbewerb führen steigende Produktionsmengen bei neuen Technologien zu einem Sinken der Kosten. Auch wenn nur ein Teil dieser gesunkenen Kosten über die Preise weitergegeben wird, werden die Produkte über die Zeit billiger. Fördert man als Gesellschaft gezielt Pilotprojekte, die ersten kleinen Serien und unterstützt die Schaffung von Absatzmärkten, kann die Verbreitung der neuen Technologien in der Gesellschaft beschleunigt werden. Aktuell sehen wir dies neben den Elektrofahrzeugen in den Bereichen der Batterietechnologien oder der Photovoltaik sehr deutlich.

Die letzte Rückkopplungsschleife, die Moore und Kolleg:innen ins Feld führen, ist der Effekt der Temperaturen und Emissionen beziehungsweise die daraus resultierenden Belastungen auf die (Arbeits-)Produktivität. Arbeitsunfälle, Erkrankungen und Aggression nehmen durch Hitzebelastungen in der Klimakrise zu, während gleichzeitig die Konzentrationsfähigkeit und Stresstoleranz abnimmt. In Summe können diese Auswirkungen die Produktivität senken und damit sogar zu einer Reduktion zukünftiger Emissionen beitragen. Ein Zustand, den man auf diese Weise gesellschaftlich nicht erreichen möchte. Auf der anderen Seite steigt der Bedarf an Arbeitskraft durch den Wiederaufbau, verursacht von der rapiden Zunahme von Extremwetterereignissen und Zerstörung. Gut für das Bruttoinlandsprodukt, schlecht für das Leben der Menschen.

Wie man an diesen Rückkopplungen sehen kann, können sie sowohl verstärkend als auch bremsend auf die Transformation wirken. Sie können die Konsequenzen der Klimakrise eindämmen oder verschlimmern und sie können über Kipppunkte führen. Wir laufen derzeit Gefahr, ökologische Kipppunkte zu überschreiten und damit in einen neuen, uns gänzlich unbekannten Systemzustand zu kippen. Die notwendigen Veränderungen sowohl zur Begrenzung der Klimakrise als auch zur Anpassung an sich bereits heute verändernde klimatische Bedingungen bedürfen grundlegend veränderter wirtschaftlicher, politischer und gesellschaftlicher Strukturen. Die Beschäftigung mit den Dynamiken und Mechanismen komplexer sozialer Systeme erlaubt es uns vielleicht, diese rasch genug zu nützen, um die notwendigen Veränderungen einzuleiten. Jedoch braucht es neben der Erkenntnis auch die Um- und Durchsetzung von Maßnahmen durch handlungsmächtige und handlungswillige Akteure. Akteure, die über Ressourcen verfügen und die Veränderung in einem politisch umkämpften Feld, bevölkert von einer Vielzahl von anderen Akteuren mit unterschiedlichsten Interessen und Zielen, durchsetzen. Denn ohne Akzeptanz von Maßnahmen sind auch die ehrenhaftesten Ziele realpolitisch irrelevant. Wie Jens Beckert etwas dystopisch schreibt, ist für ihn ein solcher tiefgreifender Wandel unserer Strukturen derzeit überhaupt nicht in Sicht und wenn, wäre er ohnehin nur in einem längeren Zeitraum zu bewerkstelligen.[22] Der Weg über die Kipppunkte in den Untergang wäre damit geebnet, und das macht berechtigte Angst.

WOHIN WIR GEHEN ...

ALINAS Familie hat schlechte Nachrichten erhalten. Ihr Dorf wurde als Gefahrenzone eingestuft, die Versicherungen verlangen nun unglaublich hohe Versicherungsprämien oder weigern sich, überhaupt noch gegen Katastrophen zu versichern. Gleichzeitig tritt in der Öffentlichkeit ein gewisses Maß an Gewöhnung ein. Die Extremwetterereignisse werden schließlich häufiger und treten an vielen Orten auf. Das Medieninteresse am Ort flacht immer mehr ab und damit auch die Aufmerksamkeit und Hilfe, die Alinas Dorf in den letzten Jahren immer wieder aus allen Teilen des Landes zugeflossen ist. Es bleibt der Dorfgemeinschaft nichts mehr übrig, als irgendwann doch noch ihren Heimatort zu verlassen und ihre Elternhäuser aufzugeben.

JOHANNES' Sorgen werden real. Nach mehreren extremen Hitzeperioden mit Dürren und Bränden in bisher unbekanntem Ausmaß droht eine große Hungersnot. Sie wird die schon zuvor politisch instabilen Regionen weiter destabilisieren. Erste größere Auseinandersetzungen mit einer großen Migrationsbewegung in den Norden kündigen sich an. Die Politik hat sich nun militärische Sicherheit als oberstes Ziel gesetzt und investiert in die Abschottung der Grenzen. Auf der anderen Seite der Welt führen Tornados und Überflutungen zu immenser Zerstörung. Die Kosten für den Wiederaufbau steigen und steigen und das menschliche Leid ist enorm. Es wirkt, als hätte sich die internationale Politik endgültig aufgegeben und würde zum Masseverwalter im Untergang. Das System kippt und wir treten in ein neues Zeitalter ein.

KAPITEL 2

DIE OHNMACHT DER EINZELNEN

WOHER WIR KOMMEN ...

ROSA, 18, liebt es, in der Stadt zu leben, und studiert Bioressourcenmanagement an einer renommierten Universität. Seit Jahren beschäftigt sie sich mit Ökosystemen. Die Vielfältigkeit des Lebens fasziniert sie jeden Tag aufs Neue. Die Meldungen aus der Wissenschaft und die Berichte aus diversen Naturdokumentationen haben sie aufgerüttelt. In ihr reifte der Entschluss: Ich werde aktiv! Also schloss sie sich bereits in der Gründungsphase den Freitagsdemonstrationen an. Auch das ist nun schon ein paar Jahre her und in ihr wächst Resignation. Zwar war anfänglich die Aufmerksamkeit für die Demonstrationen da, doch mit der Zeit überlagerten andere Themen die Berichterstattung. Auch die Emissionen wachsen immer weiter und weiter an und mit ihnen Rosas Verzweiflung. Rosa reicht es. Fahnen zu schwenken und Sprüche zu skandieren reicht einfach nicht mehr. Sie schließt sich deshalb einer radikaleren Klimabewegung an. Für sie ist klar, dass die Zeit reif ist für radikaleres Vorgehen. Die ersten Klebeaktionen sind schon geplant.

HERBERT, 58, stand kürzlich in einem langen Stau.
Klimaktivist:innen hatten die Straßen blockiert und die Polizei
rückte mit einem Großaufgebot an. Er kam zu spät zu seiner Schicht
und musste die fehlende Zeit später am Abend wieder einarbeiten.
Den lang geplanten Abend mit Freunden musste er endgültig absagen.
Immer häufiger werden die Aktionen der Klimaaktivist:innen,
wie er den Zeitungsberichten entnimmt.
Auch für die kommende Woche sind Aktionen geplant.
Gerade an dem Wochenende, an dem er mit seiner Familie
den seit Jahren geplanten Fernurlaub antreten wollte.
In ihm kocht die Wut! Ihn trifft schließlich keine Schuld an
der Umweltzerstörung. Seit Jahren bemüht er sich redlich,
isst kaum noch Fleisch, achtet beim Einkaufen darauf,
regionale Bioprodukte zu kaufen, und nutzt das Auto nur dann,
wenn es unbedingt notwendig ist.

Das System droht in einem gigantischen Kollaps zu enden. Auslöser sind wir Menschen mit unserem ungezügelten Drang nach Mehr und nach Neuem. Die Infrastrukturen, Organisationsprozesse und Verhaltensweisen, die wir aufgrund unseres cleveren Verstandes entwickelt haben, überfordern die natürlichen Kapazitäten unseres Lebensraumes. Und damit bedroht unser eigenes Verhalten unsere eigene Zukunft. Der springende Punkt ist jedoch, dass unser individuelles Verhalten den Weg zum Untergang ebnet, gleichzeitig der individuelle Beitrag aber nahe an der Irrelevanz liegt. Um die Klimakrise in den Griff zu bekommen, müssen wir nicht nur uns selbst verändern, sondern vor allem die Strukturen, die wir die letzten 150 Jahre im Zuge der Ausbeutung fossiler Energien und natürlicher Ressourcen geschaffen haben. Der entscheidende Hebel dafür, ob uns der Kampf gegen die Klimakrise gelingt, liegt nicht im Fahrrad oder dem veganen Bio-Joghurt, sondern im Politischen.

Die Wirkmächtigkeit der von uns geschaffenen fossilen Strukturen, materiell wie ideell, wiegt schwer in der Transformation. Unser unzureichendes Handeln liegt nicht an mangelndem Wissen um die Ursachen und Folgen unseres Tuns und nicht an fehlenden Ideen zur Lösung unseres Problems, sondern an den Beharrungstendenzen der fossilen Strukturen in Wirtschaft und Gesellschaft. Sie sind es auch, die wir umorganisieren müssen. Keine einfache Aufgabe, da wir seit Generationen ja auch gar nichts anderes kennen.

Der aktuelle Zeitgeist, der das Heil im Individuum sucht, stößt bei systemisch bedingten Herausforderungen an seine Grenzen. Lebensstilfragen und individuelle Handlungen können politische Gestaltung niemals ersetzen oder bleiben ohne politische Steuerung wirkungslos, wie Jonas Schaible in seinem Buch „Demokratie im Feuer" schreibt. Wenn wir die Klimakrise zur Lebensstilfrage erklären, kann dies sogar ihre Bewältigung behindern. Die strukturellen Ursachen werden dadurch ausgeblendet und die Einzelnen in ihrem ökologischen Verhalten moralisch überhöht. Ersteres ist eine Form der Strategie zur politischen Interessensdurchsetzung und Zweiteres ein Mittel zur sozialen Abgrenzung in ungleichen Gruppen.

Das heißt nicht, dass individuelles Verhalten gänzlich wirkungslos ist. Aber es ist nicht der Weisheit letzter Schluss. Individuelle Verhaltensänderungen können immer wieder wichtige Initialzündungen für die Einleitung und Durchsetzung notwendiger Veränderung sein. Experimentierfreude und der Spaß am Neuen kann Vorbildwirkung haben und zeigen, dass etwas auch anders funktioniert. So hat der Nachbar mit dem neuen elektrischen Kleinwagen eine Wirkung auf sein unmittelbares Umfeld. Er lebt Alternativen in der Praxis vor. Oder der vegane Lebensstil des Sohnes überzeugt schlussendlich seine Familie, weniger Fleisch zu essen. Doch das allein führt noch nicht zu Veränderungen im großen Stil. Diese kommen erst, wenn politische Steuerung und individuelle Verhaltensänderungen Hand in Hand gehen. Damit wir uns an Regeln und Vorschriften freiwillig und ohne Kontrolle durch Dritte halten, müssen sie für uns vernünftig und nachvollziehbar sein. So ist zum Beispiel die Pflicht, sich beim Autofahren anzuschnallen, eine Vorschrift der Verkehrssicherheit und erscheint auch für jede:n individuell logisch. Nicht nur im Sinne der Verkehrssicherheit im Allgemeinen, sondern auch im Sinne der eigenen Gesundheit. Klarheit und Glaubwürdigkeit bestimmen die Wirkmächtigkeit der Maßnahme. Fehlen sie, wird das Ziel der Regelungen nur unter enormem Kontrollaufwand und unter der Androhung von hohen Strafen erreicht.

In der Klimapolitik oder bei wirtschaftspolitischen Maßnahmen, die zur Gestaltung der Transformation beitragen sollen, sind jedoch die Wirkzusammenhänge aufgrund der Komplexität schwer nachvollziehbar. Darunter leidet die Klarheit der Maßnahmen. Auch steht in individuellen Fällen die Glaubwürdigkeit immer wieder in Frage – einerseits hinsichtlich der Wirksamkeit des eigenen Beitrags und andererseits dahingehend, ob sich alle Personen auch tatsächlich in ihrem Verhalten daran orientieren. Die Verkürzung der klimapolitischen Debatten auf die Ebene des Individuums ist daher gleich mehrfach falsch. Die Verschiebung der Verantwortung weg von der Politik und der Gestaltung der Strukturen hin zum Individuum entpolitisiert die klimapolitischen Debatten und erklärt sie zu Fragen des Lebensstils. Die Komplexität klimapolitischer Maßnahmen erschwert die Nachvollziehbarkeit. Und schlussendlich müssen Verhaltensänderungen auch glaubwürdig sein, um wirkmächtig zu werden. Doch wir alle entscheiden nicht völlig losgelöst vom sozialen Umfeld und den Strukturen, in denen wir uns bewegen. Wir sind nicht so souverän wie oftmals unterstellt.

DIE KONSUMENT:INNEN ALS SOUVERÄN?
Die individuellen Entscheidungen über unseren Konsum, die Infrastrukturen und die Technologien, die wir jeden Tag aufs Neue nut-

zen, unterscheiden sich im Einzelfall stark. Gemeinsam ist ihnen, dass Produktion, Konsum und Freizeitgestaltung Ressourcen verbrauchen und Emissionen erzeugen. Die Klimawissenschafterin Gotelind Alber meint dazu, dass jede Alltagsroutine als klimarelevant zu betrachten ist und in Richtung der Treibhausgasminimierung verändert werden muss.[23]

Die ökonomische Standardlehre geht davon aus, dass wir alle durch unsere täglichen Kaufentscheidungen mitentscheiden, was zu welchen Bedingungen wo produziert wird. Über das Geld in unseren Börsen, unsere Kaufkraft, entscheiden wir nach unseren Neigungen und Wünschen. Wir entscheiden uns für die kompostierbaren Kaffeekapseln oder doch jene aus Plastik. Wir entscheiden uns für das Fahrradfahren oder den SUV im Innenstadtbezirk. Wir entscheiden uns für erneuerbaren Strom oder den Strom aus der Verbrennung von Kohle, Öl und Gas. Individuelle Entscheidungen über unzählige Kaufoptionen, die wir versuchen, für uns optimal zu treffen. Wenn wir Klima und Nachhaltigkeit als wichtig erachten, entscheiden wir uns für nachhaltige Produkte. Dadurch entscheiden wir mit unserer Kaufentscheidung indirekt darüber, was und wie Unternehmen produzieren. Wir müssen es nur wollen! Die Konsument:innen sind der Souverän des Marktes. Wie in einer Demokratie die Vielen mit ihren Stimmen über die Regierungen entscheiden, so entscheiden die Konsument:innen mit ihrem Geld über die Produktion und ihre Bedingungen.

In der ökonomischen Theorie bezeichnet man diesen Zusammenhang als das Prinzip der Konsument:innensouveränität. Wie bei jeder Theorie ist auch in diesem Prinzip ein Fünkchen Wahrheit enthalten. Aber die Realität ist komplexer, als uns die Theorie sagt. Theorien sind für uns nur Krücken, um die Realität erklärbar zu machen. Das gilt auch für das Konzept der Konsument:innensouveränität. Eine seiner wichtigsten Annahmen ist das Vorhandensein von und der Zugang zu umfassender Information über Produkte und Dienstleistungen und deren Produktionsbedingungen. Jedoch wissen wir über viele Produkte gar nicht im Detail Bescheid. Die Produktionsbedingungen bleiben oft in einem Dickicht von Zulieferbeziehungen verborgen. Eine Entscheidung entsprechend unserer Vorlieben, Neigungen, Überzeugungen und Ideale ist damit schon viel schwerer zu treffen. Also müssen wir uns als Konsument:innen die Information beschaffen. Welche Inhaltsstoffe sind verarbeitet, wie sehen die Tierhaltungs- oder Arbeitsbedingungen in den Betrieben aus, welche Maßnahmen setzt das Unternehmen zur Mitbestimmung und zur Vermeidung von Schäden an der Natur? Eine Fülle von individuell nicht zu überprüfenden Angaben.

Als Rettung in der Not gelten deshalb Gütesiegel – für Umwelt, Soziales oder Nachhaltigkeit, für faire Arbeitsbedingungen und Geschlechtergerechtigkeit. Es existiert eine fast unüberschaubare Anzahl an unterschiedlichen Siegeln. Sie sollen es den einzelnen Konsument:innen ermöglichen, einen einfachen Überblick über die Qualität des Produkts und seine Produktionsbedingungen zu bekommen. Doch auch an diesen Siegeln wird immer wieder Kritik laut. So stellte die Umwelt-NGO Greenpeace[24] fest, dass nicht alle Gütezeichen und Gütesiegel tatsächlich auch vertrauenswürdig sind. Denn die Industrie schläft nicht. Sie hat erkannt, dass Siegel und Zertifikate verkaufsfördernd wirken, indem sie helfen, ein schönes Bild über die Herkunft und die Herstellung der Produkte zu zeichnen. Aus Sicht der Unternehmen am besten auf Basis von selbstgewählten Kriterien. Statt Verlässlichkeit und Orientierung zu schaffen, trägt diese Praxis schon aufgrund der großen Anzahl an unterschiedlichen Gütesiegeln eher zu zusätzlicher Verwirrung anstatt zu Transparenz und Orientierung bei. Selbst das deutsche Bundesministerium für Umwelt, Naturschutz, nukleare Sicherheit und Verbraucherschutz (BMUV) weist auf das immer stärker wachsende Dickicht an Gütesiegeln und Zertifikaten hin.[25] An die Stelle von nicht nachvollziehbaren Produktionsbedingungen trat ein Dickicht aus Gütesiegeln. Damit wir uns in unseren Einkaufsentscheidungen durch dieses Dickicht kämpfen können, entstanden wiederum Apps und Webseiten. Sie sollen den Durchblick beim Einkauf erleichtern und den Konsument:innen als Machete dienen, sich durch das Dickicht des Greenwashings zu kämpfen. Aber auch offizielle staatliche Zertifizierungen sind kein Garant für zuverlässige Informationen. Ihre Qualität hängt von der Ernsthaftigkeit und der Häufigkeit von Kontrollen ab. Fehlendes Personal und Budget tragen nicht zur Vertrauensbildung bei. Wer hat sie denn nicht noch in Erinnerung, die Gammelfleisch-, Analogkäse-, Erntehelfer- und Dieselskandale?

KAUFKRAFT UND POLITISCHE MACHT

Doch auch wenn uns Konsument:innen einfach überprüfbare Informationen rasch zur Verfügung stehen würden, hätten wir tatsächlich die Macht, über unsere Kaufentscheidung die Produktion zu beeinflussen? Es sind nicht nur die Informationen, die unsere Kaufentscheidung beeinflussen. Schon lange vor der tatsächlichen Kaufentscheidung werden unsere Aufmerksamkeit, Wünsche und Neigungen angestachelt, geformt und gelenkt.

Geoffrey Supran von der Universität Miami hat mit seinen Kolleg:innen im Auftrag von Greenpeace in einer 2022 erschienenen Studie einen Blick auf die digitalen Werbeaktivitäten großer fossiler Unternehmen geworfen. Die Ergebnisse der Analysen sind so erschreckend wie eindeutig. Einer der zentralen Befunde der Studie ist, dass die Unternehmen über die eigene Verantwortung in der Klimakrise schweigen. Gleichzeitig wird Greenwashing oder eine übertriebene Darstellung von Naturnähe betrieben, um die eigene Tätigkeit in einem besseren umweltpolitischen Licht darzustellen. Darüber hinaus versuchen viele Unternehmen, durch gezielte Werbeaktivitäten und Lobbying von den Auswirkungen ihrer Geschäftsmodelle gezielt abzulenken.[26] All diese Bemühungen haben zum Ziel, die eigenen Geschäftsmodelle nicht verändern zu müssen und die Verantwortung von sich wegzuschieben – im „Idealfall" auf die Konsument:innen, die ja, souverän wie sie sind, nur nachhaltigere

Konsumentscheidungen treffen müssen. Transparenz über die Produkte selbst oder gar die Produktionsbedingungen wird jedenfalls nicht hergestellt und ist auch nicht das Ziel. Doch nur unter transparenten und wahrheitsgetreuen Informationen sind die Konsument:innen überhaupt in der Lage, eine informierte Entscheidung zu treffen. Offenbar ist der enorme Aufwand für Ablenkung und Vernebelung für viele Unternehmen derzeit noch vorteilhafter als Transparenz über die eigenen Produktionsbedingungen.

KONSUMENT:INNEN, GÜTESIEGEL UND GREENWASHING

Gütesiegel sind Zertifikate oder Auszeichnungen, die als Orientierungshilfe für Verbraucher:innen dienen, die nach umweltfreundlichen oder ethisch hergestellten Produkten suchen. Gütesiegel können von Regierungsbehörden, unabhängigen Organisationen oder Branchenverbänden vergeben werden.

Doch kommt es auch regelmäßig zu „Green-" oder „Social Washing". Beides bezeichnet irreführende Werbung, bei der Unternehmen den Eindruck erwecken, umweltfreundlicher oder sozialer zu sein, als sie es tatsächlich sind. Unternehmen versuchen, damit ihr Image aufzupolieren oder den Absatz von Produkten zu steigern. Das Green- oder Social Washing kann unterschiedliche Formen annehmen:

- **Schwache Kriterien:** Ist die Kontrolle von Zertifizierungen lückenhaft oder unzureichend, wird es Unternehmen ermöglicht, ein Siegel zu erhalten, ohne tatsächlich in angebrachter Art und Weise Maßnahmen umzusetzen.

- **Teilwahrheiten:** Unternehmen können Produkte oder Teile ihrer Geschäftstätigkeit in den Vordergrund rücken, die als umweltfreundlich oder sozial gelten, während andere kritischere Bereiche ausgespart bleiben.

- **Fehlende Transparenz:** Unternehmen können Informationen zurückhalten oder verschleiern.

- **Selbstzertifizierung:** Selbstzertifizierungen ohne Kontrolle durch unabhängige Stellen können den Eindruck von Nachhaltigkeit oder sozialem Engagement erwecken. Gleichzeitig sind sie nicht überprüfbar.

Die Wirkmächtigkeit von Gütesiegeln und Zertifikaten hängt von der Glaubwürdigkeit des Siegels oder der zertifizierenden Stelle ab. Ist keine qualitätvolle Kontrolle der Kriterien beziehungsweise deren Einhaltung aufgrund schlechter personeller und finanzieller Ausstattung oder fehlender Unabhängigkeit gegeben, kann die Qualität der Kontrolle in Frage gestellt sein.

Doch finanzstarke fossile Unternehmen haben noch weitere Möglichkeiten, um nicht nur Kaufentscheidungen, sondern auch politische Entscheidungen zu ihren Gunsten zu beeinflussen. Der US-amerikanische Wirtschaftswissenschaftler James Boyce von der Universität Amherst, Massachusetts, beleuchtet in einigen seiner Arbeiten die verteilungspolitischen Auswirkungen von Umweltschäden.[27] Die pure Finanzkraft fossiler Unternehmen, wie zum Beispiel jene der Erdöl- oder Erdgas-Industrie, stattet sie mit vielfältigen Möglichkeiten aus, um den öffentlichen und politischen Diskurs direkt und indirekt zu beeinflussen. Gezieltes Lobbying und Werbeaktivitäten sind nur eine der bekannteren Möglichkeiten, um Einfluss zu nehmen. Über die Gestaltung von Veranstaltungen, Sponsoring, Medienpartnerschaften oder Forschungsförderung können sie mitbestimmen, welche Themen Aufmerksamkeit erhalten und welche Themen auf die politische Agenda gelangen. Sie können direkt über Investitionen, Personal und die Verwendung von Budgetmitteln in ihrem Unternehmen oder potenziell darüber hinaus entscheiden. Als Teil der medial-öffentlichen, politischen oder ökonomischen Elite können sie auch über ihre Vorbildfunktion wirken. Und sie haben Ereignismacht, da ihre Entscheidungen direkt oder indirekt Ereignisse herbeiführen können. Events und Kampagnen prägen Image und Wahrnehmung, und Investitionen, die hier oder angedroht woanders getätigt werden, erzeugen politischen Druck.

Wie sich die Machtformen Tag für Tag in Politik, Medien und Öffentlichkeit entfalten, sieht man an ganz unterschiedlichen Beispielen. Ein heiß umfehdetes Feld der letzten Jahre war die Entwicklung einer zukünftigen Wasserstoffwirtschaft. Grüner Wasserstoff, der aus erneuerbarem Strom aus Wind, Wasser oder Sonne erzeugt wird, dient als wichtiger Energieträger für eine klimaneutrale Energieversorgung. Als Speichermedium, als Treibstoff oder für energieintensive Industrieprozesse kann er Anwendung finden. Kein Wunder, dass es um Wasserstoff als Energieträger und als lukratives Geschäftsmodell ein politisches Gerangel gibt. Aktuell gibt es noch wenig Wasserstoff und die Transport- und Speichermöglichkeiten sind begrenzt. Dies soll sich aber in den nächsten Jahren drastisch ändern. Die ungleiche Lobbying-Macht sieht man an diesem Beispiel deutlich. Interessensgruppen der Erzeuger:innen fossiler Energien und der Verband Hydrogen Europe waren gleich in mehreren EU-Gremien zu Wasserstoff als zentrale Stakeholder vertreten und hatten zwischen Dezember 2019 und Mai 2022, während einer heißen Phase der politischen Verhandlungen zum Thema Wasserstoff, jeweils 32 und 31 Treffen mit Mitgliedern der Europäischen Kommission. Produzent:innen erneuerbarer Energien und NGOs hatten hingegen nur 12 und 13 Treffen.[28]

Ein ähnliches Bild zeigt sich bei den Diskussionen um die Corporate Sustainability Due Diligence Directive (CSDDD), besser bekannt als EU-Lieferkettengesetz.[29] Die europäische Richtlinie betont die soziale und ökologische Verantwortung europäischer Unternehmen, nicht nur für ihre eigene Produktion, sondern auch entlang ihrer Zulieferbeziehungen. Unternehmen sollen durch die Richtlinie negative Auswirkungen ihrer Tätigkeit ermitteln und dafür Rechenschaft ablegen. Als negative Effekte gelten alle Verstöße gegen die in der Richtlinie aufgelisteten Menschenrechts- und Umweltschutzübereinkommen. Medien berichteten im Vorfeld zur Abstimmung zur Richtlinie im Europäischen Parlament über massives Lobbying von Unternehmen und Unternehmensverbänden. Ziel des Lobbyings war, die Richtlinie zu torpedieren und ein Inkrafttreten zu verhindern. Jedoch setzten sie sich trotz der enormen Bemühungen in dieser Frage nicht durch und das Europäische Parlament nahm die Richtlinie mit 366 zu 225 Stimmen an.[30]

DIE STRUKTUREN ENTSCHEIDEN MIT

Doch nicht nur die Qualität der Informationen über die Produkte, die wir kaufen, oder unsere Kaufkraft beeinflussen unsere Kaufentscheidungen. Vielfach sind es Strukturen, die unsere Entscheidungen maßgeblich beeinflussen. Ob ein attraktives Angebot an öffentlichen Verkehrsmitteln zu leistbaren Preisen existiert oder eben nicht, beeinflusst zum Beispiel unsere Entscheidung, den Bus oder die Bahn zu nehmen. Dort, wo kein flächendeckendes Angebot oder hohe Ticketpreise den Alltag der Reisenden bestimmen, stellt sich erst oft gar nicht die Frage „Öffis oder Auto?". Zeitlicher oder finanzieller Mehraufwand können funktionelle Hürden für den Umstieg werden. So bezeichnet die Klimapsychologin Katharina van Bronswijk Hürden, die die Wahlmöglichkeiten praktisch einschränken, auch wenn diese theoretisch existieren.[31] Komplexe Mobilitätsanforderungen durch komplizierte Streckenverläufe sind weitere funktionelle Hürden. Gerade in ländlichen Regionen, in denen die Wege zwischen Wohnort, Arbeit, Kindergärten, Schulen, Arztpraxen und Supermärkten oft weiter auseinanderliegen und keine direkten Verbindungen bestehen, sind Alternativen zum Auto beschränkt.[32] Doch nicht nur das! Auch der Umstieg auf das Elektroauto kann zum Opfer einer funktionellen Hürde werden. Zum Beispiel dann, wenn das neue E-Auto um ein Vielfaches teurer in der Anschaffung ist als der Verbrenner, es keine ausreichende Ladeinfrastruktur gibt oder das Laden aufgrund der unterschiedlichen Tarife und Abrechnungsmodelle ein undurchsichtiges Wirrwarr wird.[33] All das sind funktionelle Hürden, die sich zu kaum zu überwindenden Hindernissen auswachsen können.

Ähnliches gilt auch in anderen Bereichen des täglichen Lebens, zum Beispiel beim Beheizen der eigenen vier Wände. Der Tausch fossiler Heizsysteme ist je nach Wohnbedingungen mit mehr oder weniger hohen Investitionskosten verbunden. Wohnt man zur Miete, kann man auch gar nicht selbst über die Heizung entscheiden. Sowohl die Investitionskosten eines neuen Heizsystems als auch fehlende Anreize für Vermieter:innen zum Tausch alter Heizsysteme sind strukturelle Hindernisse am Weg zur Klimaneutralität. Sind die vier Wände im eigenen Besitz und das Einkommen gering, kann sich ein verordneter Ausstieg aus fossilen Heizsystemen rasch zu einem finanziellen Problem auswachsen. In solchen Fällen hilft dann oft nur ein öffentliches Fördersystem, das den Ausstieg aus der fossilen Heizung vollständig übernimmt. Um die Wärmewende Realität werden zu lassen und auch einkommensschwache Haushalte am Weg in die Klimaneutralität mitzunehmen, beschloss das österreichische Bundesministerium für Klimaschutz im Jahr 2022 genau eine solche Förderung. Mit der Förderung „Sauber Heizen für Alle" übernimmt das Ministerium für einkommensschwache Haushalte die Kosten des Heizkesseltausches.[34]

Für Mieter:innen ergeben sich deutlich andere Herausforderungen in der Wärmewende, denn sie entscheiden nicht selbst über ihr Heizsystem.[35] Wird das Heizen mit fossilen Energieträgern wie zum Beispiel Erdgas aufgrund steigender CO_2-Preise teurer, tragen sie die Kosten. Für die Vermieter:innen ergibt sich weder durch die Energiekosten noch durch einen steigenden CO_2-Preis ein Anreiz, das Heizsystem zu tauschen. Schließlich tragen sie die steigenden Kosten nicht selbst. Hingegen würden für sie die Investitionskosten für ein neues Heizsystem anfallen, von dem wiederum eher die Mieter:innen profitieren. Die Motivation zum Tausch des fossilen Heizsystems ist demnach gering. Doch auch wenn man Vermieter:innen durch Regelungen zum Tausch drängt, kann dies teuer für die Mieter:innen werden. Um die Investitionen wieder hereinzubekommen, könnten die Vermieter:innen die Mieten entsprechend der angefallenen Investitionskosten erhöhen. In einem solchen Fall spricht man von einem „Trade-off", einem Abtausch – in diesem besagten Fall einem Abtausch zwischen sozial- und klimapolitischen Zielen. Einerseits möchte man möglichst rasch aus fossilen Heizsystemen aussteigen und andererseits möchte man sozialpolitisch ausreichend leistbaren Wohnraum gewährleisten. Das direkte Überwälzen der Investitionskosten würde das zweite Ziel gefährden. In solchen Fällen braucht es ein kluges Design der Maßnahmen, zum Beispiel die Zusage erhöhter Förderungen für den

Tausch der Heizsysteme für Vermieter:innen unter der Bedingung, die Mieten für einen gewissen Zeitraum einzufrieren.

Die Entscheidungen, die wir Tag für Tag über unseren Konsum treffen, sind daher nicht vollkommen selbstbestimmt. Ein Mangel an Information, Manipulation, fehlende Kaufkraft oder die Strukturen, in denen wir uns bewegen, beeinflussen unsere Entscheidungen ebenso wie unsere tatsächlichen Wünsche und Neigungen. Auch wenn man als Person das starke Bedürfnis hat, nachhaltig und klimaneutral zu leben, heißt das nicht, dass dies auch leicht für die Einzelnen zu erfüllen ist. Auch sind Entscheidungen, die nur anhand des Geldes in unseren Geldbörsen getroffen werden, nicht zwangsläufig ein Abbild unserer Wünsche. Der US-amerikanische Wirtschaftswissenschafter James Boyce von der Universität Amherst, Massachusetts,[36] argumentiert, dass die Betrachtung von Entscheidungen über die Kaufkraft eine starke Einschränkung darstellt, denn nur dort, wo tatsächlich auch Geld vorhanden ist, um Güter und Dienstleistungen zu kaufen, können sich Entscheidungen für oder gegen Produkte zeigen. All jene Personen, die über nicht genügend Kaufkraft verfügen, um ihre Wünsche am Markt zeigen zu können, spielen keine wirkliche Rolle mehr. Wenn es an Kaufkraft mangelt, sind die Produktionssignale verzerrt. So kann man den sehnlichen Wunsch hegen, mehr Bio-Produkte zu konsumieren, die tendenziell etwas teurer als konventionelle Produkte sind. Fehlt es jedoch an Geld, wird die Konsumentscheidung auf die günstigere Alternative fallen. Das Marktsignal ist verzerrt und das noch ganz unabhängig davon, ob Unternehmen versuchen, unsere Wünsche und Neigungen in ihrem Sinne zu beeinflussen.

DAS MORALISCH ÜBERHÖHTE INDIVIDUUM ALS TOD DER TRANSFORMATION

Die Strukturen, von denen wir umgeben sind, beeinflussen unsere Entscheidungen maßgeblich mit. Frei nach dem bekannten Soziologen Mark Granovetter sind wir weder Atome ohne Kontext, noch sind wir Wesen, die sich sklavisch an ein vorgegebenes Skript halten. Einerseits sind wir in ein Netz von sozialen Beziehungen, Gruppen und Klassen eingebettet und andererseits von den physischen Infrastrukturen beeinflusst. Auch wenn wir uns in unseren Entscheidungen frei von jeglichen Einflüssen wähnen, so sind wir es nicht gänzlich, insbesondere, wenn die Alternativen im Vergleich unattraktiv oder nicht umsetzbar sind. Schon gar nicht darf die Alternative rein utopisch oder unpassend erscheinen. Damit wir eine klimafreundliche Wahl treffen können, müssen die Strukturen klimafreundliches Verhalten unterstützen und aktiv ermöglichen. Im anderen Fall droht eine vehemente Ablehnung der Alternativen.

Dabei ist der gesellschaftliche Konsens über die Klimakrise als große gesellschaftliche Herausforderung unserer Zeit sehr hoch. Repräsentative Umfragen zeigen immer häufiger, dass die Klimakrise unter den Top Ten der wichtigsten politischen Themen genannt wird. Im Sommer 2023 führte Eurobarometer eine Umfrage unter Europäer:innen durch. 93 Prozent der Befragten stimmten der Aussage zu, dass die Klimakrise ein äußerst ernstzunehmendes Problem ist. 58 Prozent sind sogar der Meinung, dass der Übergang zu einer grünen Wirtschaft beschleunigt werden muss. Ebenso eint die Europäer:innen die Meinung, dass die durch die Klimakrise verursachten Schäden die Kosten des Klimaschutzes bei weitem übersteigen.[37]

Trotzdem schaukeln sich gerade in Fragen der Klimapolitik immer wieder politisch hart geführte und emotionale Debatten auf. Die Konflikte treten besonders stark entlang von Lebensstilen auf. Hier zeigt sich eine Entpolitisierung und Individualisierung der Klimapolitik. Eine Verschiebung weg von den Strukturen und hin zu Fragen des individuellen Verhaltens. Individuelle Konsumentscheidungen werden damit zum Ausdruck eines ökologischen Lebensstils und zu Fragen der Identität und Moral: der private PKW, Fleischkonsum oder die Entscheidung über den nächsten Urlaub als Mittel zur moralischen Abgrenzung. Der deutsche Soziologe Jens Beckert analysierte diese Entwicklungen mit spitzer Feder: „Wer einen Tesla fährt, hat nicht nur viel Geld, sondern verdient noch dazu die Anerkennung, ein besserer Mensch zu sein, weil er das Klima schützt. Allen anderen bleibt die Scham oder die Wut."[38] Folgt man der Argumentation des Kant-Biografen Marcus Willaschek, ist nicht die Auswirkung des eigenen Handelns ausschlaggebend für die moralische Bewertung, sondern die Maxime des Handelns, der man folgt. Moralisch betrachtet zählt die individuelle Maxime, möglichst umweltfreundlich zu handeln und nicht von ökologischer oder sozialer Ausbeutung zu profitieren.[39] In der politischen Debatte wird ein ökologisches Verhalten damit fälschlicherweise als Ausweis der höheren moralischen Integrität interpretiert. Diejenigen, die weiterhin mit dem PKW zur Arbeit pendeln, nicht auf Fleisch verzichten möchten oder Konsum generell anstreben, werden moralisch herabgesetzt, ihre Tugendhaftigkeit in Frage gestellt und sie werden damit zu schlechteren Menschen deklariert. Eine Perspektive, die immer weiter weg von den strukturellen Hintergründen der Klimakrise und hin zu alltagsethischen Fragen von Verzicht und Verschwendung führt.[40]

Für all jene, die sich mit Sorgen plagen, ob das Geld überhaupt noch bis zum Ende des Monats reicht, sind moralische Verzichtsdiskussionen nicht nur realitätsfern, sondern ein Affront. Dies ist auch einer der Gründe, warum einkommensschwächere Gruppen in der Gesellschaft grundsätzlich transformationsskeptischer sind. Die berechtigten ökonomischen Ängste können dadurch die Unterstützung der ökologischen Transformation ausbremsen.[41] Wenn Veränderung auf bereits unsichere oder prekäre Verhältnisse trifft, wird sie rasch zu einer echten Bedrohung. Die eigenen begrenzten ökonomischen Möglichkeiten zum ökologischen Handeln stehen einem moralisch überhöhten Ethos des freiwilligen Verzichts einer einkommensstarken städtischen Bevölkerungsschicht gegenüber. Den einen geht die Transformation nicht schnell genug und die anderen fürchten, in der Veränderung endgültig unter die Räder zu kommen.

Um diese Konfliktlinien nicht tatsächlich angehen zu müssen, versteigen sich Wirtschaft und Politik zu einer Strategie der Versprechungen und die Konsument:innen auf symbolisch hoch individualisierte Ersatzhandlungen. Kurz: Scheinklimaschutz. Die Verdrängung der strukturellen Hintergründe aus der Debatte und die moralische Überhöhung der einzelnen Konsumentscheidungen tragen zu einer stetigen Emotionalisierung der politischen Debatten bei. Die Klimakrise und die dadurch notwendige Transformation rückt in den Diskussionen weit weg von Strukturen und hin zu individuellen Kaufentscheidungen und Lebensstilfragen. Emotionalisierung und moralische Überhöhung werden dadurch zu einer reellen Gefahr für den gemeinsamen Weg in die Klimaneutralität.

WOHIN WIR GEHEN ...

Die Wut und der Ärger in der Bevölkerung über die Aktionen von **ROSA** und ihren Mitstreiter:innen ist immer weiter angewachsen. Die Wut vieler entlädt sich direkt bei den Aktionen und auf die Klimaaktivist:innen. Manchmal werden sogar die Situationen brenzlig und die Polizei muss eingreifen. Einem Teil von Rosas Gruppe gehen die Aktionen aber noch nicht weit genug. Die Medienberichterstattung nimmt immer weiter ab. Die Aktionen müssen dramatischer und aufsehenerregender werden. Auch Teile der Politik sind auf die Themen aufgesprungen, doch nicht so wie erhofft. Law-and-Order-Parolen werden ausgegeben und die Klimaaktivist:innen mit allen rechtlichen Mitteln versucht einzuschüchtern. Demnächst will eine populistische Partei die Strafen für solche Aktionen weiter heraufsetzen und die Klimaaktivist:innen als Terrorvereinigungen einstufen lassen.

HERBERT ist schockiert! Zwar wuchs auch seine Wut, doch den letzten Gewaltausbruch bei der Klimaaktion hat er nicht kommen sehen. Klimaaktivist:innen, die sich an der Straße festgeklebt hatten, wurden beinahe von PKWs überrollt. Die Hemmschwelle für Gewalt sinkt. Herbert lehnt Gewalt ab, aber seine Wahlfreiheit will er sich auch nicht nehmen lassen. Das geht für ihn zu weit! Die lang geplante Flugreise in die Karibik, auf die er und seine Frau seit Jahren gespart haben, ist sein legitimer Moment des Luxus. Klima hin oder her! Sollen sie doch erstmal Privatjets verbieten oder die Chinesen dazu bringen, ihre Kohlekraftwerke stillzulegen. Was kann er denn allein schon ausrichten?

KAPITEL 3

UNGLEICHHEIT, VERTEILUNGS-KONFLIKTE UND TRANSFORMATIONS-LASTEN

WOHER WIR KOMMEN ...

JULIANA, 76, kennt die Situation, dass Geld knapp ist, ihr ganzes Leben. Bereits in ihrer Kindheit lernte sie, was es heißt, weniger zu haben als alle anderen. Dies änderte sich auch nicht, als sie erwachsen wurde. Sie war immer fleißig und arbeitete hart für ihren Lebensunterhalt. Allerdings konnten sie ihre Eltern, auch wenn sie dies gerne getan hätten, nicht unterstützen. Zumindest nicht finanziell. Auch Julianas erwachsenes Leben war gekennzeichnet von Schicksalsschlägen: Arbeitslosigkeit und Krankheit prägten immer wieder ihren Alltag. Doch irgendwie hat sie es immer geschafft. Heute, nach all den herausfordernden Jahren, geht es ihr trotz knapper Kasse gut und sie ist zufrieden mit dem, was sie hat. Sie lebt in einer kleinen und leider recht zugigen Wohnung in einem Industrieviertel. Die letzten Sommer waren wieder eine

Herausforderung für sie. In ihrer kleinen Wohnung wird es während der anhaltenden sommerlichen Hitzewellen unerträglich heiß. Nachts die Fenster zu öffnen und durchzulüften ist aufgrund der stark befahrenen Straße direkt vor ihrer Nase auch nur selten eine Option.

Ganz anders geht es **HUBERT**, 61: Er lebt in einem schicken Vorort am Rande der Stadt. Die einheimische Bevölkerung bezeichnet die Gegend als „kleines Beverly Hills". Die immer öfter werdenden Hitzewellen sind zwar nicht angenehm, aber man findet Wege, damit umzugehen. Erst kürzlich hat er seinen Pool im Garten auf Vordermann bringen lassen und eine Klimaanlage im Haus installiert – zwei Möglichkeiten, der Hitze zu entfliehen. Trotzdem ist es für Hubert nicht leicht. Vor zwei Jahren erfuhr er von seiner Erkrankung. Die körperliche Belastung durch Hitze verschlimmert auch regelmäßig seinen Zustand. Darum ist er doppelt froh, nun den Pool zu besitzen und es im Haus angenehm temperiert zu haben. Wirklich hinaus muss er Gott sei Dank nicht.

Mit gänzlich anderen alltäglichen Fragestellungen beschäftigt sich **JEFF**, 29 und Milliardenerbe. Seine Familie ist durch Maschinen- und Anlagenbau und später durch Automatisierungskonzepte reich geworden. Er sieht sich selbst als Weltbürger und spendet reichlich für soziale Projekte in aller Welt. Besonderes Anliegen ist ihm die Ernährungssouveränität.

EINE GRÜNE REVOLUTION

Die Klimakrise trifft nicht alle Menschen gleich. Wir unterscheiden uns auf vielfältige Art und Weise: in Bezug auf unser Alter, unseren Gesundheitszustand, unseren Wohnort (Stadt oder Land), unser Geschlecht, unseren Bildungsstand, unsere Fähigkeiten und Kompetenzen und vieles mehr. Manche Unterschiede sind einfach darauf zurückzuführen, dass wir jeweils einzigartige Persönlichkeiten mit unterschiedlichen Erfahrungen, Interessen und Vorlieben sind. Andere Unterschiede sind wiederum Resultat der politischen Zusammenhänge und Strukturen, in denen wir aufwachsen und leben. Entsprechend der vielfältigen Unterschiede und Strukturen, in denen wir uns tagtäglich bewegen, betreffen uns Veränderungen unterschiedlich stark. Eines ist aber ganz gewiss: Die Klimakrise trifft uns alle. Nur das Ausmaß der Betroffenheit und unsere Möglichkeiten, damit umgehen zu können, sind ungleich in der Gesellschaft, sei es global oder national, verteilt.

Beschäftigt man sich mit dem Themenkomplex von sozialer Ungleichheit und Klimakrise, werden die mit der Klimakrise verbundenen vielfältigen verteilungspolitischen Wirkmechanismen erst richtig deutlich. Trotz der politischen Brisanz von Ungleichheitsfragen spielen sie in den Debatten rund um die Klimakrise oder unsere politische Reaktion auf sie bisher noch eine wenig beachtete Rolle. Die deutsche Klimawissenschaftlerin Gotelind Alber fand im Zuge ihrer Beschäftigung mit sozialen und geschlechterspezifischen Ungleichheiten in der Klimakrise einen durchaus einleuchtenden Erklärungsansatz dafür.[42] Sie argumentiert, dass der Ausgangspunkt all unserer Erkenntnisse über die Bausteine und Zusammensetzung unserer Welt den Naturwissenschaften zu verdanken ist. Die Naturwissenschaft selbst macht sich dabei technische Methoden zunutze. Forscher:innen rund um den Globus, seien es Physiker:innen, Biolog:innen, Ozeanolog:innen, Klimatolog:innen oder andere, vermessen, beobachten und vergleichen mit immer ausgefeilteren technischen Mitteln und Instrumenten die Welt um uns. Auch die Treibhausgaskonzentration, den Rückgang

SOZIALE UND WIRTSCHAFTLICHE UNGLEICHHEIT IM FOKUS

Ungleichheit bezieht sich auf die Form der Verteilungen von Ressourcen, Chancen und Rechten in einer Gesellschaft. Ungleichheit kann in verschiedenen Facetten auftreten, zum Beispiel im Einkommen, Bildungsniveau, Gesundheitszustand, Zugang zu Ressourcen oder in politischer Macht.

Es gibt verschiedene Möglichkeiten, Ungleichheit zu messen:

- **Einkommens- und Vermögensungleichheit:** Während die Einkommensungleichheit ein häufig verwendetes Maß für die ungleiche Verteilung von Einkommen innerhalb einer Bevölkerung ist, betrachtet die Vermögensungleichheit die Verteilung von Vermögen oder finanziellen Ressourcen.

- **Bildungsungleichheit:** Bildungsungleichheit bezieht sich auf Unterschiede im Zugang zu Bildung und Bildungsergebnissen. Hier können Kennzahlen wie Analphabetenraten, Abschlussquoten und Bildungsausgaben herangezogen werden.

- **Gesundheitsungleichheit:** Dies bezieht sich auf Unterschiede in der Gesundheitsversorgung und den Gesundheitszuständen zwischen verschiedenen Gruppen. Maße könnten die Lebenserwartung, die Kindersterblichkeit und der Zugang zu Gesundheitsdiensten sein.

- **Chancenungleichheit:** Chancenungleichheit bezieht sich auf die unterschiedlichen Möglichkeiten, die Menschen aufgrund ihrer sozialen oder wirtschaftlichen Position haben. Dies kann schwer quantifizierbar sein und erfordert oft qualitative Analysen.

Die Auswahl der Messgröße hängt von der spezifischen Art der Ungleichheit ab, die betrachtet wird. Oft wird eine Kombination verschiedener Indikatoren verwendet, um ein umfassenderes Bild der Ungleichheit in einer Gesellschaft zu erhalten. Es ist wichtig zu beachten, dass Ungleichheit nicht nur wirtschaftliche Faktoren betrifft, sondern auch soziale und politische Dimensionen umfassen kann.

der Artenvielfalt, die Versiegelung der Böden und die Zunahme an extremen Wetterereignissen und klimatischen Veränderungen beobachten wir auf diese technische Art und Weise. Unser technischer Blick auf die ökologischen Entwicklungen und die Erkenntnis, dass unsere Technologien, die wir tagtäglich anwenden, die Probleme erst hervorgerufen haben, verleiten zu einer folgenschweren Schlussfolgerung: Wenn der Einsatz von Technologie die ökologischen Probleme hervorruft, können wir sie durch eine Veränderung der Technik ganz einfach in den Griff bekommen.

Doch dieser Schluss greift zu kurz. Technologien sind ein Instrument. Bedeutung erlangen sie aber erst in ihrem Wirken in der Gesellschaft. Sie sind nicht losgelöst von den sozialen Beziehungen, Prozessen und gesellschaftlichen Dynamiken zu verstehen. Technik muss auch immer von der Anwender:innen-Perspektive ausgehen und den Menschen mitberücksichtigen. Für die Reaktion auf die Klimakrise bedeutet dies, dass der Zugang zu Technologien, die Leistbarkeit von Alternativen und die Fähigkeiten zu ihrer Anwendung maßgeblich für deren Durchsetzung und damit für ihre Wirkung sind. Zum Beispiel nutzt einem die Technik eines Fahrrades nicht, um von A nach B zu kommen, wenn man die Fähigkeit nie erlernt hat, Fahrrad zu fahren, das Fahrrad mit dem Einkommen nicht leistbar oder der Zugang beschränkt ist.

Sowohl die Folgen der Klimakrise als auch die Anforderungen an die Menschen zur Veränderung treffen in Realität auf eine Gesellschaft, die von vielfältigsten Ungleichheiten gekennzeichnet ist. Soziale Ungleichheiten prägen im Kern alle Facetten der Klimakrise – Folgen, Anpassung und Veränderung. Die Soziologen Steffen Mau, Thomas Lux und Linus Westheuser führen in ihren Analysen zu Konsens und Konflikt in der Klimakrise die unterschiedlichen Dimensionen prägnant aus.[43] Erstens gibt es bedeutende soziale Unterschiede in der Verursachung der Klimakrise. Zweitens ist ebenso die Betroffenheit durch die Klimakrise ungleich verteilt. Es gilt: umso reicher, umso höher die Emissionen und der Ressourcenverbrauch. Drittens hat die Transformation hin zur Klimaneutralität starke Auswirkungen auf die Lebenschancen jedes und jeder Einzelnen. Wohnen, Mobilität, Arbeit, Ernährung, Infrastrukturen und Freizeitgestaltung kommen auf den Prüfstand. Denn wir müssen all unsere Alltagsroutinen in Richtung der Minimierung ökologischer Auswirkungen verändern. Wir müssen die fossilen Praktiken teurer machen oder durch Ge- und Verbote einschränken. Die dadurch entstehenden Kosten schlagen wiederum unterschiedlich, je nach den ökonomischen Möglichkeiten der Menschen, durch. Verteilungskonflikte sind dadurch vorprogrammiert. Zu guter Letzt halten Mau und Kollegen fest, dass im Zusammenhang mit nachhaltigen Lebensstilen möglicherweise symbolische Kämpfe zwischen sozialen Statusgruppen entstehen können.

Die Klimakrise trifft auf eine sehr ungleiche Gesellschaft, im globalen wie auch im nationalen Maßstab. Damit stellen sich Fragen der Gerechtigkeit und Fragen darüber, wer wie viel zur Transformation beitragen kann. Ein genauer Blick auf die Ungleichheitsdimensionen der Klimakrise und eine gerechte Verteilung der Transformationslasten ist wichtig, um zu verstehen, welche sozialen Faktoren ein Hindernis für eine rasche Transformation werden können. Die Verteilung von Einkommen und Vermögen ist die wohl bedeutsamste Ungleichheitsdimension. Sie bestimmt am stärksten mit, wie viel Einzelne zur Klimakrise beitragen, ob sie sich klimafreundlich verhalten können und welche Möglichkeiten ihnen offenstehen, sich verändernden Bedingungen anzupassen.[44]

Eine Klimapolitik, die bestehenden Ungleichheiten vertieft, neue erzeugt, die Transformationskosten einseitig aufbürdet oder sich auf moralische Lebensstilfragen versteigt, wird zwangsläufig an politischen Widerständen scheitern. Nur eine Wirtschafts- und Transformationspolitik, welche die soziale Dimension der Klimakrise und der Transformation ernst nimmt, ermöglicht uns, die Klimakrise in der uns dafür verbliebenen Zeit zumindest abzumildern.

WIR ALLE SIND VERURSACHER:INNEN DER KLIMAKRISE, ABER UNTERSCHIEDLICH STARK

Die westlichen Industrienationen trifft eine historische Schuld, auch wenn es uns lange Zeit nicht bewusst war. Seit der industriellen Revolution ab der Mitte des 18. Jahrhunderts zeichnen die USA und die Länder der Europäischen Union gemeinsam mit Großbritannien für mehr als die Hälfte der Treibhausgasemissionen verantwortlich.[45] Unser Wohlstandsmodell fußt auf der Ausbeutung fossiler Energieträger und anderer natürlicher Ressourcen. Konnten wir uns anfänglich noch auf naturwissenschaftliches Unwissen über die Auswirkungen unseres Handelns berufen, so gilt dies seit dem Bericht des Club of Rome in den 1970er-Jahren nicht mehr. Der Club of Rome, eine internationale Vereinigung von Wissenschaftler:innen, Wirtschaftsführer:innen und Persönlichkeiten des öffentlichen Lebens, veröffentlichte 1972 seinen bahnbrechenden Bericht über die „Grenzen des Wachstums".[46] Der Bericht war zur damaligen Zeit eine der umfassendsten Studien über die Auswirkungen von Bevölkerungswachstum, Industrialisierung, Umweltverschmutzung und Ressourcenverbrauch auf den Planeten. Schon damals hielten die Forscher:innen fest, dass unsere Art zu wirtschaften die natürlichen Grenzen der Ökosysteme zu sprengen droht und dadurch zu schweren ökologischen, wirtschaftlichen und sozialen Problemen führt. Neben Lob erhielt der Bericht jedoch auch Kritik für die darin verwendeten Methoden und Prognosen. Doch erreicht hat er sein Ziel allemal: eine erste Sensibilisierung der politischen Debatten in Umweltfragen. In Anbetracht der voranschreitenden Umweltzerstörungen und des Klimawandels jedoch offenbar nicht weitreichend genug, um wirtschaftspolitisch tatsächlich ausreichend wirkmächtig zu werden.

Doch nicht nur auf der internationalen Ebene und im historischen Rückblick spielt die Ungleichheit im Zusammenhang mit der Erzeugung von Emissionen eine wesentliche Rolle. Die aktuelle Forschung zeigt auch für die nationale Ebene ähnliche Resultate.[47] Eine ungleiche Verteilung von Einkommen und Vermögen spielt gleich auf mehrfache Weise eine ausschlaggebende Rolle. Auf der einen Seite führt struktureller Überreichtum zu besonders klimaschädlichen Lebensstilen. Empirische Studien zeigen, dass das Ausmaß an konsumbasierten Emissionen mit dem Einkommen deutlich steigt.[48] Aber nicht nur auf individueller Ebene wirkt eine ungleiche Verteilung von Einkommen und Vermögen auf die Emissionen. So zeigen Studien immer wieder aufs Neue, dass Gesellschaften mit einer stärker ausgeprägten ökonomischen Ungleichheit höhere Treibhausgasemissionen pro Kopf ausstoßen. Die Ursache hierfür ist die größere Bedeutung von Statuswettbewerb und Statuskonsum in ungleichen Gesellschaften. Denn in ungleichen Gesellschaften steigt die individuelle Bedeutung von sozialer Abgrenzung. In der Soziologie bezeichnet man dies als „soziale Distinktion". Der Begriff meint die unbewusste oder bewusste Abgrenzung von sozialen Gruppen. In stark von Einkommens- und Vermögensungleichheit geprägten Markt- und Massenkonsumgesellschaften kann der eigene Konsum die Zugehörigkeit zu sozialen Gruppen zum Ausdruck bringen.[49] Das topaktuelle Smartphone, der Wochenendtrip in die Metropolen der Welt oder die neuste Markenkleidung werden so zu Merkmalen von Status und „Wertigkeit" in der Gesellschaft. Wir grenzen uns nach innen wie nach außen über unseren Konsum von anderen ab. Wer ich als Person bin oder sein möchte, wird über meine Kaufkraft und meine Konsumentscheidungen mitbestimmt. Während der weltberühmte Philosoph René Descartes noch „cogito, ergo sum" – „Ich denke, also bin ich" – schrieb, gilt für das Hier und Heute vielmehr „Ich kaufe, also bin ich". Die Produkte und Dienstleistungen, die wir kaufen, werden zum Instrument des sozialen Ausdrucks, der Abgrenzung oder der Anschlussfähigkeit an soziale Gruppen. Als zutiefst soziale Wesen erfüllt das auch zwei unserer Grundbedürfnisse: soziale Interaktion und Zugehörigkeit zu einer Gruppe. Was in Urzeiten Teil unserer evolutionären Vorteile war, entpuppt sich heute oft als Bürde.

MITHALTEN MIT DEN NORMALOS: STATUSKONSUM UND KONSUMKASKADEN

In ungleichen Gesellschaften, die sich über ihren Konsum sozial abgrenzen und in denen die Dinge, die wir kaufen, unseren sozialen Status widerspiegeln, ist es naheliegend, dass wir über unseren Konsum einen höheren Status nach außen zeigen möchten. Wir suchen Anschluss an unsere Umgebung und vergleichen uns ständig mit unserem unmittelbaren Umfeld. Unser Blick richtet sich dazu tendenziell auf Menschen, die im direkten Vergleich besser abschneiden. Das Phänomen in seiner Wirkweise lässt sich neuerdings auch über die Wirkung sozialer Medien auf unser Wohlbefinden beobachten. Der nächste Post, Videoclip oder das neuste Foto wird zum Instrument der Selbstdarstellung, sozialen Abgrenzung und digitalen Identität. Das Leibniz-Institut für Medienforschung bietet hierzu einen einführenden Einblick in die Studienlage.[50] Soziale Medien wirken als unerschöpfliche Quelle der Vergleiche und werden dadurch selbst Treiber und Verstärker sozialer Abgrenzung. Sind die dort vermittelten Zielvorstellungen für uns realistisch nicht erreichbar, erzeugt dies negative Emotionen wie Stress oder Unzufriedenheit, bis hin zur Depression. Das Leibniz-Institut für Medienforschung schreibt dazu, dass von den aktuell geläufigen Sozialen Medien Instagram, aufgrund dessen inhaltlichen Plattformschwerpunkten auf lifestyle- und körperbezogene Bildinhalte, das größte Schadenspotenzial aufweist.

Gerade die Dimension der Vermittlung des Lebensstils ist in ungleichen Konsumgesellschaften besonders wirkmächtig. Über unseren Konsum drücken wir unseren Lebensstil aus und setzen uns gleichzeitig in Vergleich mit anderen. In den Wirtschaftswissenschaften wurde für dieses Phänomen der Begriff „keeping up with the Joneses" – „mit den Normalos mithalten" – eingeführt. Der Begriff beschreibt, dass Menschen bestrebt sind, mit dem materiellen Besitz und dem Lebensstil ihrer Bezugsgruppe mitzuhalten oder diese sogar zu übertreffen. Wir vergleichen uns ständig mit unseren Mitmenschen in Bezug auf Wohlstand, sozialen Status und Lebensstandard. Erhöhen andere Haushalte ihren Konsum, fühlen wir uns unbewusst schlechter gestellt und möchten ebenso konsumieren. Werbung und Marketing nutzen dieses Phänomen aus und erklären uns, dass wir nur mit den Produkten und Dienstleistungen, die von ihnen beworben werden, tatsächlich dazugehören oder noch besser selbst zu Trendsetter:innen werden.

Der ständige Vergleich mit anderen und der Versuch, mit ihnen mitzuhalten, erzeugt sozialen Druck. In ungleichen Gesellschaften entsteht er vor allem dadurch, dass Menschen versuchen, den Lebensstil und die Konsumgewohnheiten anderer in ihrer sozialen Umgebung nachzuahmen. Auch für dieses Phänomen gibt es einen wirtschaftswissenschaftlichen Fachbegriff: Konsumkaskaden. Da Konsum als Mittel der sozialen Abgrenzung und als Signal für sozialen Status gesehen wird, streben wir danach, die nächsthöhere Stufe auf der Leiter des sozialen Status zu erreichen. Der Blick nach oben führt dazu, dass Konsummuster über die Einkommensstufen nach unten weitergegeben werden. Marken- und Luxusprodukte demonstrieren Prestige, sozialen Status und finanzielle Leistungsfähigkeit. Lifestyle-Produkte und Dienstleistungen symbolisieren, „dass man es sich leisten kann". Der teure Restaurantbesuch oder die Wochenendtrips für Schnellentschlossene als Marker für soziale Distinktion. Die Wahl des Wohnorts, die Art der Immobilie und die Ausstattung des Hauses genauso wie das Wohnviertel oder die Wohnsituation sind auch soziale Symbole. Ebenso können Bildung und Kultur Symbole des sozialen Status' sein. Der Besuch von Oper, Theater und Konzerten oder Bildungsreisen sind Ausdruck dessen. Das berühmte „Sabbatical" mit der Weltumrundung nach dem Studium mit dem Ziel, den Horizont zu erweitern, ist auch ein Beispiel exklusiven Konsums.

Der Blick die Einkommensleiter empor und das Streben, die nächste Sprosse im sozialen Status zu erklimmen, kann im Extremfall auch dazu führen, dass Menschen sich finanziell übernehmen. Konsumschulden sind die Folge. Konsumkaskaden und sozialer Statuskonsum führen gerade in unteren Einkommensgruppen zu enormem sozialem Druck. Schließlich möchte man als „normal" gelten und so konsumieren, wie es alle anderen auch tun. Denn wer will nicht dazugehören? Was und wie obere Einkommensschichten konsumieren, hat damit gewissermaßen Vorbildfunktion. Der Blick nach oben treibt damit zusätzlichen und neuen Konsum auch immer weiter an. Das gilt nicht nur individuell, sondern auch für die Gesellschaft als Summe ihrer Teile. Werte und Normen spielen eine zentrale Rolle, welche Konsumgewohnheiten wir als prestigeträchtig erachten und welchen sozialen Status sie verleihen.

Das, was als Luxuskonsum unserer Großelterngeneration galt, ist durch Wachstum, technischen Fortschritt und Massenproduktion Normalität der Masse geworden. Das „Mehr" an Produkten und Dienstleistungen ist eng verwoben mit den modernen Konsumgesellschaften. Eine höhere Ungleichheit von Einkommen und Vermögen wirkt als zusätzlicher Treiber. Dies alles hat nicht nur wirtschaftliche und gesundheitliche Auswirkungen, sondern durch den dadurch ständig zunehmenden Verbrauch von Ressourcen und den Energiehunger auch enorme Umweltauswirkungen. Dabei sind es nicht die individuellen Konsumentscheidungen allein, die wir für die Klimakrise verantwortlich machen können. Wie wir gesehen haben, sind die sozialen und materiellen Strukturen und Rahmenbedingungen ebenso verantwortlich. Das heißt jedoch nicht, dass uns der Verweis auf die Strukturen gänzlich von der Verantwortung, nachhaltiger zu handeln, befreit. Aber eben auch nicht, dass ausschließlich unsere individuellen Entscheidungen Schuld haben.

WER DAS GELD HAT, DER ENTSCHEIDET, UND ZWAR NICHT NUR ÜBER DEN KONSUM

In unseren heutigen westlichen Industrienationen kommt dem Konsum von Gütern und Dienstleistungen eine enorme wirtschaftliche und gesellschaftliche Bedeutung zu. Es sind aber nicht nur unsere Konsumentscheidungen, die zur Klimakrise beitragen. Zwar spielen sie eine gewichtige Rolle, aber auch die Produktionsverhältnisse verursachen Emissionen und Umweltzerstörung. Und an dieser Stelle kommt die Rolle von Besitz und Vermögen stärker ins Spiel, als es beim Konsum der Fall ist. Hohe Einkommen und Vermögen gehen nicht nur mit umfangreichen Möglichkeiten zum Konsum einher, sondern sie verleihen auch direkte Entscheidungs-

DIE MESSUNG VON EINKOMMENS- UND VERMÖGENS-UNGLEICHHEIT

Die Messung von Einkommens- und Vermögensungleichheit umfasst die Verwendung verschiedener statistischer Indikatoren, wobei der Gini-Koeffizient einer der am häufigsten verwendeten ist.

Einkommensgleichheit:

- **Gini-Koeffizient:** Der Gini-Koeffizient ist eine Zahl zwischen 0 und 1, welche die Verteilung des Einkommens in einer Gesellschaft darstellt. Ein Gini-Koeffizient von 0 bedeutet absolute Gleichheit (alle haben das gleiche Einkommen), während ein Koeffizient von 1 absolute Ungleichheit (eine Person hat das gesamte Einkommen) bedeutet.

- **Perzentile:** Eine andere Methode besteht darin, das Einkommen in verschiedene Perzentile aufzuteilen und die Einkommensanteile dieser Gruppen zu vergleichen. Dies ermöglicht eine detaillierte Analyse, welcher Prozentsatz der Bevölkerung welchen Anteil am Gesamteinkommen hat.

Vermögensungleichheit:

- **Gini-Koeffizient für Vermögen:** Ähnlich wie bei der Einkommensungleichheit kann der Gini-Koeffizient auch auf die Verteilung von Vermögen angewendet werden. Er gibt an, wie ungleich das Vermögen in einer Gesellschaft verteilt ist.

- **Vermögensquartile oder -dezile:** Man kann das Vermögen in verschiedene Gruppen aufteilen und den Anteil des Gesamtvermögens berechnen, den jede Gruppe besitzt. Dies gibt einen Einblick in die Verteilung des Vermögens über die Bevölkerung.

- **Top X Prozent:** Oft wird auch analysiert, wie viel Prozent des Gesamtvermögens von den reichsten X Prozent der Bevölkerung kontrolliert wird. Dies zeigt die Konzentration des Vermögens in den Händen einer kleinen Gruppe.

Es ist wichtig zu beachten, dass die Wahl der Messgrößen von den spezifischen Merkmalen der Bevölkerung und von den verfügbaren Daten abhängt. In der Praxis werden oft mehrere Indikatoren kombiniert, um ein umfassenderes Bild der Einkommens- und Vermögensungleichheit zu erhalten.

gewalt und politische Durchsetzungsfähigkeit.[51] Gerade hohe Vermögen erlauben es, den öffentlichen und politischen Diskurs mitzubestimmen. Die Möglichkeiten dazu sind vielfältig: von der Gestaltung von Events und der Finanzierung von Lobbying-Verbänden über die gezielte Beeinflussung durch Werbeaktivitäten bis hin zur Vorbildfunktion zum Beispiel als Führungspersönlichkeiten.

Neueste Forschungsergebnisse untermauern die Bedeutung von Vermögensungleichheit für das Ausmaß der Emissionen. Lucas Chancel, Wirtschaftswissenschaftler an der Sciences Po in Paris und Co-Direktor des World Inequality Labs, zeigt gemeinsam mit Yannic Rehm von der Paris School of Economics, dass ein Großteil der Emissionen im Zusammenhang mit Kapitalbesitz steht. Die Forscher zeigen in ihren Arbeiten, dass 70 bis 85 Prozent der Emissionen durch den Kapitalbesitz der reichsten zehn Prozent der Vermögenden verursacht werden. Die Ungleichheit der vermögensbedingten Emissionen ist den Studienergebnissen zufolge sogar noch größer als die Vermögensungleichheit im Allgemeinen. Chancel und Rehm erklären dies damit, dass die Reichsten mehr kohlenstoffintensive Vermögenswerte besitzen als die mittleren und ärmeren Schichten der Gesellschaft.[52]

Der bekannte Spruch „Eigentum verpflichtet" wird in Fragen der Verursachung der Klimakrise besonders deutlich. Nicht nur, dass eine hohe Ungleichheit von Einkommen und Vermögen gesellschaftliche Sprengkräfte in sich trägt, sondern sie führt zusätzlich auch zu höheren Emissionen. Die aktuelle Studienlage aus der Verteilungsforschung und der Soziologie beleuchtet die unterschiedlichen und komplexen Wirkzusammenhänge zwischen wirtschaftlicher Ungleichheit und dem Ausstoß von Emissionen. Zwar spielen unsere Entscheidungen, die wir mit Hilfe unserer Geldbörsen treffen, eine Rolle im Ausmaß der von uns verursachten Emissionen, aber eben nicht nur! Wie James Boyce am Ende einer seiner Forschungsarbeiten festhält: „Wir können eine gesunde Umwelt haben und sie künftigen Generationen hinterlassen, wenn wir die Grenzen der Natur respektieren und in ihren Reichtum investieren. Um diese Ziele zu erreichen, müssen wir nicht nur unsere Beziehungen zur Natur neu ausbalancieren. Es erfordert auch eine Neuordnung unserer Beziehungen zu unseren Mitmenschen."[53] Der politische Konflikt um eine egalitärere Verteilung von Einkommen und Vermögen ist demzufolge nicht nur aus sozialen Gesichtspunkten, sondern ebenso aus Perspektive eines glaubwürdigen Klimaschutzes notwendig.

EINKOMMENSARME HAUSHALTE DOPPELT BETROFFEN: KLIMAFOLGEN UND TRANSFORMATIONSLASTEN

Die Reichsten der Reichen verursachen über ihren Konsum und ihren kohlenstoffintensiveren Besitz nicht nur stärker die Klimakrise, sondern sie haben durch ihr hohes Einkommen und ihr Vermögen auch eher die Möglichkeiten, sich den Konsequenzen der Klimakrise zu entziehen. Der Pool im Garten, das Ferienhaus in den kühleren Bergen für die hitzegeplagten Sommer oder die Klimaanlage am Dach des Eigenheims sind voraussetzungsvoll mit den finanziellen Möglichkeiten verbunden. Hendrik Theine und Kolleg:innen von der Wirtschaftsuniversität Wien zeigen in ihren Arbeiten für Österreich auf, dass die einkommensstärksten zehn Prozent einen viermal so großen Ausstoß an Treibhausgasen verursachen wie die einkommensärmsten zehn Prozent.[54] Diana Ivanova von der Universität Leeds in Großbritannien und Richard Wood von der Universität für Wissenschaft und Technologie in Trondheim, Norwegen, malen in ihren Arbeiten ein noch detaillierteres und drastischeres Bild. Sie bestätigen die ungleiche Verteilung der Emissionen nach Einkommen für mehrere Staaten der Europäischen Union und werfen einen Blick auf das oberste Prozent der Haushalte. Sie kommen zum Ergebnis, dass die Reichsten der Reichen in der Europäischen Union das 22-Fache der Pro-Kopf-Zielemissionen ausstoßen. Sie schließen gleich einen weiteren Wermutstropfen an diesen Befund an: Nur fünf Prozent der EU-Haushalte leben aktuell im Rahmen der Klimaziele.[55] Diese und viele weitere empirische Belege zeigen glasklar, dass einkommensarme Haushalte deutlich weniger durch ihren Lebensstil und ihren Konsum zur Verursachung der Klimakrise beitragen. Trotzdem tragen sie überdurchschnittlich die Belastungen und Konsequenzen, die durch die Klimakrise verursacht werden.

Die Betroffenheit durch die Klimakrise verstärkt sich zunächst dadurch, dass reiche Menschen über die finanziellen Mittel verfügen, sich durch technische Möglichkeiten besser zu schützen, oder sie sich leichter räumlich den Konsequenzen entziehen können. Schließlich kostet auch ein Umzug Geld, und in besseren Lagen sind die Wohnkosten deutlich höher. Eine gute Wohnlage am Stadtrand oder in einem begrünten Bezirk muss man sich auch erst einmal leisten können. So zeigen Studien für die USA, dass Arme und Schwarze in Großstädten überproportional häufig in Gegenden leben, die stärker von Umweltbelastungen betroffen sind. Die Belastungen durch Staub, Lärm, Hitze[56] oder eine schlechtere Luftqualität hängen eindeutig mit dem Einkommen und den damit verbundenen Möglichkeiten zusammen.[57] Diese Befunde gelten jedoch nicht nur für die USA, sondern auch für Europa. Eine Studie des Leibniz-Zentrums für Europäische Wirtschaftsforschung zeigt, dass Haushalte mit niedrigem Einkommen deutlich stärker unter Hitzewellen leiden und beschränkte Möglichkeiten zur Anpassung haben.[58]

Während wir bereits auf der nationalen Ebene diese Unterschiede in Betroffenheit und den Möglichkeiten zur Anpassung beobachten können, offenbart der Blick auf den Globus noch ein drastischeres Bild. Global zeigt sich, dass die Länder des globalen Südens, allen voran Afrika, Mittel- und Südamerika und Ozeanien, aber auch die Arktis deutlich stärker von der Klimakrise betroffen sind als die Länder des globalen Nordens. Diese stärker ausgeprägte Betroffenheit liegt neben der Geografie vor allem an den sozialen Bedingungen in diesen Regionen und Ländern.[59]

Doch nicht nur die Belastungen durch eine Veränderung der klimatischen Bedingungen haben verteilungs- und ungleichheitspolitische Auswirkungen. Der Transformationsprozess hin zur Klimaneutralität selbst birgt in sich die Gefahr, bestehende Ungleichheiten zu vertiefen oder neue Ungleichheiten zu erzeugen. Politische Maßnahmen, die zum Ziel haben, wirtschaftliche Strukturen, Produktionsprozesse und Konsummuster gezielt zu verändern, haben oft nur schwer zu durchschauende Verteilungseffekte. Ängste vor einer wirtschaftlichen Schlechterstellung oder Benachteiligung durch klimapolitische Maßnahmen sind daher nicht gänzlich von der Hand zu weisen. Der Transformationsprozess hin zur Klimaneutralität führt dadurch zu Verteilungskonflikten – Konflikte darüber, wer in welcher Form und in welchem Ausmaß die Transformationslasten zu tragen hat.

Die Auswirkungen klimapolitischer Maßnahmen können sowohl positiv als auch negativ auf soziale Ungleichheiten wirken. In der wissenschaftlichen Literatur spricht man von sogenannten „Co-Benefits" und „negativen externen Effekten". Von Co-Benefits, Zusatz- oder Nebennutzen spricht man, wenn wirtschaftspolitische Maßnahmen neben einem beabsichtigten Hauptnutzen auch positive Nebeneffekte erzeugen. Zum Beispiel kann die Einführung umweltfreundlicher Produktionsmethoden nicht nur Umweltbelastungen verringern, sondern auch zusätzliche Wertschöpfung und Beschäftigung schaffen oder die Wettbewerbsfähigkeit der Volkswirtschaft erhöhen. Als negative externe Effekte oder auch Nebenschäden bezeichnet man unerwünschte Folgen einer wirtschaftspolitischen Maßnahme. Beispielhaft dafür sind nicht beabsichtigte Umweltschäden von Produktionsprozessen. Die Verursacher:innen dieser Nebenschäden tragen nicht die daraus entstehenden Kosten, sondern bürden sie anderen auf. Der Ausstoß von Treibhausgasemissionen ist so ein unerwünschter Nebeneffekt.

Wie man aus den unterschiedlichen Effekten sieht, sind die verteilungspolitischen Wirkungen äußerst komplex und vielschichtig. Francesco Vona, Professor am Institut für Umweltwissenschaften und -politik der Universität Mailand, betont, dass die Wirtschaftspolitik, so sie das Ziel einer gerechten Gestaltung der Transformation verfolgt, die unterschiedlichen Anpassungsdynamiken, Verteilungswirkungen sowie vielfältigen Marktversagen genauer unter die Lupe nehmen muss. Er zeigt in seinen Arbeiten, dass das Ausmaß von Einkommensungleichheit die politische Unterstützung von grünen Politikmaßnahmenbündeln stark beeinflusst. Ein hohes Ausmaß an Ungleichheit gilt für ihn als eine der wesentlichen Einschränkungen für die Zustimmung zu klimapolitischen Maßnahmen.[60]

Man kann davon ausgehen, dass die Zustimmung noch weiter darunter leidet, wenn es durch die Umsetzung von grünen Infrastrukturmaßnahmen, beispielsweise die Errichtung neuer Parkanlagen, zu Gentrifizierungsprozessen kommt. Als Gentrifizierung bezeichnet man einen Aufwertungsprozess von vorher meist ärmeren städtischen Gebieten durch Zuzug wohlhabenderer Bewohner:innen. Infrastrukturmaßnahmen können solche Prozesse auslösen oder beschleunigen. Aufgrund einer Gentrifizierung kommt es oft zu steigenden Immobilienpreisen, Mieten und Lebenshaltungskosten, was wiederum zur Verdrängung der ursprünglichen Bewohner:innen führen kann. Im Kontext von klimapolitischen Maßnahmen bezeichnet man diesen Effekt als „Grüne Gentrifizierung", die eine zusätzliche Transformationslast für Haushalte mit niedrigem Einkommen oder sozial benachteiligte Gruppen bedeutet.[61] Ein „Ausgesetzt-Sein" in Kombination mit fehlenden Alternativen führt im niedrigeren Einkommenssegment zu berechtigten Widerständen gegen als unfair wahrgenommene Transformationslasten. Eine schnelle Umsetzung konsequenter Maßnahmen zum Klimaschutz ist zwar notwendig, jedoch kann genau die gebotene Schnelligkeit der Transformation als besondere Bedrohung oder Zumutung wahrgenommen werden. Steffen Mau und Kolleg:innen weisen in diesem Zusammenhang eindringlich darauf hin, dass die unmittelbaren Kosten oder Transformationslasten gegenüber den abstrakten Nutzen zukünftiger vermiedener Schäden für jene Teile der Bevölkerung schwer wiegen, die Schwierigkeiten haben, die Miete zu bezahlen oder gestiegene Energie-, Wohn- oder Mobilitätskosten zu tragen. Die gesellschaftliche Herausforderung liegt daher gar nicht so sehr an Klimawandelskepsis oder fehlendem Umweltbewusstsein, sondern an den komplexen Wirkzusammenhängen von klimapolitischen und wirtschaftspolitischen Transformationsmaßnahmen.[62]

WER TRÄGT DIE LAST DER TRANSFORMATION? EINE DESIGN-HERAUSFORDERUNG

Damit in der Bevölkerung klimapolitische Maßnahmen oder die Notwendigkeit der Transformation nicht zur Gänze in Frage gestellt wird, braucht es ein cleveres Design wirtschaftspolitischer Maßnahmen. Ein Design, das nicht nur die Klimaziele durch die Beschleunigung der Transformation erreicht, sondern gleichzeitig zur Verringerung von Ungleichheit beiträgt und die Transformationslasten fair verteilt. Sorgfältige Planung und Analyse sowie die Einbindung der Betroffenen sind dazu notwendig. Insbesondere deshalb, da arme oder marginalisierte Gruppen nicht nur überproportional von den Konsequenzen der Klimakrise betroffen sind, sondern weil sie auch jene sind, die potenziell am stärksten unter schlecht geplanten und umgesetzten Maßnahmen leiden.[63] Hingegen haben gut geplante und umgesetzte klima- und wirtschaftspolitische Maßnahmen das Potenzial, über positive Co-Benefits Armut und andere ökonomische Ungleichheiten zu reduzieren. Sanna Markkanen und Annela Anger-Kraavi von der Universität Cambridge argumentieren, dass eine Abschwächung negativer Nebeneffekte unterschiedlichste Formen annehmen muss. Eine gezielte Abschwächung negativer Effekte erfordert einen analytischen Blick auf etwaige soziale Verwerfungen, staatliche Unterstützungsmaßnahmen zur Diversifizierung der Wirtschaft in betroffenen Regionen, insbesondere in Hinblick auf Arbeitsplätze und die Gewährung sozialer Sicherheit in Zeiten großer Veränderung, sowie staatliche Investitionen in die Entwicklung neuer Wirtschaftsstrukturen.

Eine große Herausforderung im klimapolitischen oder transformationspolitischen Diskurs ist, dass sowohl Verursachung als auch Betroffenheit in ihren unterschiedlichsten Ausprägungen und verteilungspolitischen Konsequenzen kaum bis wenig thematisiert werden. Zwar finden sich immer wieder Debatten, die einzelne Ungleichheitsaspekte herausgreifen, beispielsweise die Diskussionen rund um Hitzebelastungen am Arbeitsplatz oder die Auswirkungen von Hitzeinseln in der Stadt, jedoch findet die Behandlung von Ungleichheitsfragen nicht systematisch Eingang in die klimapolitische Maßnahmengestaltung. Dies ist insofern gefährlich, als nur eine als fair und gerecht empfundene Verteilung der Transformationslasten ausreichend politischen Rückhalt für die Beschleunigung des notwendigen Strukturwandels hin zur Klimaneutralität ermöglicht.[64] Eine erfolgreiche Wirtschaftspolitik muss Produktion und Konsum auf eine nachhaltige und naturverträgliche Basis stellen und gleichzeitig gegen Ungleichheit steuern.

WOHIN WIR GEHEN ...

Die Bundes- und Landesregierungen haben sich in einem politischen Kraftakt dazu durchgerungen, ein striktes Energieeffizienzgesetz zu erlassen. Die Energieversorgungsunternehmen wurden verpflichtet, Energieeffizienzziele zu erreichen. Maßnahmen, die in einkommensarmen Haushalten gesetzt werden, um den Energiebedarf zu senken, wie das Ersetzen von alten energiefressenden Kühlschränken durch neue energieeffiziente Geräte, und das Tauschen oder Abdichten zugiger Fenster und Türen, können sich die Unternehmen als Beitrag zu ihren Effizienzzielen mit Bonus anrechnen lassen.
Mit einem gezielten Sonderprogramm für einkommensarme Haushalte wird in **JULIANAS** Wohnung und vielen anderen der Kampf gegen Energieverluste angesagt.

Das hilft Juliana bei ihrer Energierechnung und schützt die Umwelt. Gleichzeitig verabschiedete die Regierung umfassende Pläne zur Begrünung der öden grauen Straßenflächen im Industrieviertel. Bäume werden gepflanzt, Grünflächen angelegt und neue Mobilitätskonzepte halten Einzug ins Viertel. Das bringt zumindest eine erste spürbare Entlastung an heißen Sommertagen, und Juliana kann nachts wieder die Fenster öffnen. Auch der nächste Schritt steht schon an: Das Gebäude soll mit hohen Förderungen thermisch und energetisch saniert werden, und gleichzeitig werden die Mieten eingefroren. Die Sanierung soll schließlich nicht die Leistbarkeit des Wohnens in Frage stellen.

Im „kleinen Beverly Hills" kämpft **HUBERT** immer noch mit seiner Erkrankung und der zusätzlichen außerordentlichen Belastung in langanhaltenden Hitzeperioden. Leider ist seine Erkrankung weiter fortgeschritten. Hubert kam in stationäre Pflege. Mit ihrem Voranschreiten erkannten die öffentlichen Entscheidungsträger:innen die mit der Klimakrise zunehmenden Hitzewellen als große Herausforderung für die Gesundheit. Und das Gesundheitssystem reagiert. Krankenhäuser, Pflegeheime und Gesundheitseinrichtungen wurden thermisch und energetisch saniert, erzeugen über Photovoltaik-Anlagen selbst Strom, und es gibt seit kurzem spezielle Schulungen für das Gesundheitspersonal in Hinblick auf die neuen gesundheitlichen Belastungen.

Mit der sich immer schneller verschärfenden Klimakrise und den damit verbundenen enormen Investitionskosten für die Anpassung an die neuen Bedingungen sowie der Umsetzung der nötigen Klimaschutzmaßnahmen haben die Regierungen erkannt, dass Eigentum und Vermögen verpflichtet. Nicht nur auf Basis freiwilliger Spenden, sondern eben strukturell und strukturiert sollen die sehr

Vermögenden über neu eingeführte Erbschafts- und Vermögenssteuern einen adäquaten Beitrag zur Finanzierung der notwendigen Investitions- und sozialen Ausgleichsmaßnahmen leisten. Auch **JEFF** leistet seinen Beitrag, sitzen wir doch schließlich alle im selben Boot auf der stürmischen See des Klimawandels.

VERUNS

TEIL ZWEI

CHERUNG

KAPITEL 4

TRANSFORMATION VOR ORT

WOHER WIR KOMMEN ...

ERNA blickt mit ihren bald 86 Jahren auf ein langes und auch oft turbulentes Leben zurück. In all den Jahren blieb sie der Region, in der sie aufgewachsen ist, treu. Tief durch ihre Familienbande und ihre Freunde verwurzelt, hatte sie auch für sich selbst nie das Bedürfnis nach der großen weiten Welt. Neben ihrer harten Arbeit im kleinen landwirtschaftlichen Betrieb ihres Vaters war auch nie Zeit dafür. Wenn sie heute zurückdenkt, erinnert sie sich noch genau daran, dass ihr Vater einmal aufgeregt in die Küche platzte, als bekannt wurde, dass die Höfe einer nahegelegenen Ortschaft wegen der Kohleförderung nun Baggern und Maschinen weichen müssen. Die Angst saß tief. Angst davor, dass auch ihr Hof eines Tages der Kohlegrube weichen würde müssen. Zum Glück kam es dazu nie.

Die Konflikte im Freundes- und Bekanntenkreis aufgrund der Kohlegrube blieben Erna aber lebhaft in Erinnerung. Konflikte zwischen jenen, die Angst davor hatten, der Kohleförderung weichen zu müssen, und jenen, die durch die Kohleförderung profitierten, da diese Arbeit und vor allem ein gutes Einkommen in der Region schuf. In all den Jahren erlebte Erna, wie durch die Kohle der Region neue Infrastruktur entstand und

immer mehr Menschen in die Region zogen, um hier zu arbeiten und
zu leben. Dies trieb den wirtschaftlichen Aufschwung
immer weiter an.

Ein Wandel der wirtschaftlichen Strukturen, wie Betriebe, Geschäftsmodelle und Arbeitsplätze, ist an sich nichts Neues oder gar Unbekanntes. Ein solcher Wandel vollzieht sich ständig und hat seit der Industrialisierung und der Ausbeutung fossiler Energieträger sowie dem immer schneller werdenden technologischen Fortschritt mehr und mehr an Fahrt aufgenommen. Alte Gewissheiten werden immer schneller obsolet. Was gestern galt, gilt heute schon nicht mehr. Oder wer erinnert sich noch an Münz- und Viertel-Telefone? Das Wissen darüber, wie man mit Lochkarten Computer programmiert oder gerissene Tonbänder repariert, ist heutzutage vermutlich nur mehr für Spezialist:innen in einer Nische für Liebhaber:innen wichtig, Arbeitsplätze in diesen Bereichen sind hingegen rar gesät und das Wissen am Arbeitsmarkt entwertet.

Der Psychologe Christian Stöcker bezeichnet diese Entwicklung als große Beschleunigung. Eine Beschleunigung der Veränderung in all unseren Systemen, die wir in unserem Alltag trotz ihrer Geschwindigkeit kaum wahrnehmen.[65] Unheimlich schnell, aber deutlich zu langsam für unsere Alltagswahrnehmung. Nur der Blick zurück verdeutlicht uns die Umwälzungen, die zum Beispiel durch den technologischen Fortschritt stattgefunden haben. Immer mit der Aufmerksamkeit im Hier und Jetzt, erscheinen uns sogar kurzlebige Moden und Trends, die oft das Zentrum unserer Aufmerksamkeit waren, im Nachgang als unverständlich. So erscheint uns das Leben vor 30 Jahren oft schon wie aus einem anderen Universum. Kleidung, Verhaltensweisen, Technologien: Vieles wirkt bekannt, aber vieles ist auch vollkommen anders.

Das zeigt auch, wie unheimlich anpassungsfähig wir Menschen angesichts von sich verändernden Gegebenheiten sind. Stöcker argumentiert, dass vor allem zwei wesentliche Faktoren wirken: Einerseits gewöhnen wir uns sehr rasch an neue Bedingungen und nehmen diese als selbstverständlich hin. Man denke nur an den Zugang zu weltweiten Informationen und Nachrichten, teilweise sogar in Echtzeit. Es erscheint uns heute als vollkommen normal, dass jeder und jede von uns einen leistungsstarken Computer in den Hosentaschen herumschleppt. Früher hätten weit weniger leistungsfähige Geräte ganze Hallen gefüllt. Andererseits lieben wir die Nostalgie und verklären unsere Vergangenheit – eine psychologische Schutzfunktion, die uns das Bekannte im Unbekannten suchen lässt und uns vor nachhaltiger Traumatisierung in einer sich immer rascher wandelnden Welt schützt. Nach Stöcker ist dies ein Faktor, der den konstruktiven Umgang mit einer sich immer rascher verändernden Welt besonders erschwert. Denn trotz der Anpassungsfähigkeit leiden wir als Gesellschaft an Anpassungsschwierigkeiten. Das Tempo und das Ausmaß der Veränderung überfordern uns. Wir sind zwar anpassungsfähig, aber nicht unbegrenzt schnell.

In eine ähnliche Kerbe schlägt auch der Soziologe Hartmut Rosa.[66] Er beschreibt in seinen soziologischen Studien zur gesellschaftlichen Beschleunigung, dass sie zunächst befreiend und befähigend wirken kann. So erleichtert der rasante technologische Fortschritt in der Mobilität das Reisen, die globale Kommunikation und die internationale Produktion in einem bis dato nicht gekannten Ausmaß. Doch der schnelle Fortschritt kann eben auch zu Verunsicherung, Arbeitsverdichtung und einem Ohnmachtsgefühl des „Nicht-Mehr-Mitkommens" führen. Die Beschleunigung stößt an einem gewissen Punkt an die psychologischen Grenzen der menschlichen Anpassungsfähigkeit. Die Folgen sind Angst, Verunsicherung, Trotz und Wut – verständliche Emotionen in einer Welt, die sich dermaßen schnell verändert, dass wir das Gefühl haben, sie nicht mehr ganz zu verstehen.

Aber nicht nur der technologische Fortschritt, den wir als Gesellschaft oft bewusst und gezielt vorantreiben, beschleunigt sich.

Auch die daraus folgenden nicht beabsichtigten Konsequenzen, wie Ressourcenausbeutung, Emissionen und die Zerstörung bestehender Ökosysteme, beschleunigen sich zusehends. Die Klimakrise stellt damit eine der letzten Gewissheiten in einer sich immer rascher verändernden Welt in Frage: die energetische fossile Basis unserer Lebensführung. Sie war es, die seit der Industriellen Revolution ab der zweiten Hälfte des 18. Jahrhunderts materiellen Wohlstand und Fortschritt in dem Ausmaß ermöglicht hatte, das uns im Hier und Jetzt vollkommen selbstverständlich erscheint. Die Überwindung der fossilen Energien ist die große Herausforderung im 21. Jahrhundert. Ziel ist es, die Lebensgrundlagen vor dem Hintergrund der Zerstörung, die wir bisher schon angerichtet haben, zu erhalten. Wenn wir das Bekannte und Vertraute auch nur annähernd erhalten möchten, müssen wir alles radikal verändern. Ein Oxymoron der Menschheitsgeschichte. Ein Widerspruch in sich.

Der Wissenschaftliche Beirat der deutschen Bundesregierung für globale Umweltveränderungen (WBGU) setzt diese Veränderungsdynamik in seinen Berichten ins historische Verhältnis. Der WBGU will damit erreichen, dass uns das Ausmaß der Veränderung und Herausforderung, vor der wir stehen, bewusster wird. Er argumentiert, dass die notwendige Veränderung unserer Strukturen sowie der Art und Weise unseres Wirtschaftens nur mit zwei großen Umbrüchen in der Geschichte der Menschheit vergleichbar ist: dem Übergang von einer Gesellschaft der Jäger:innen und Sammler:innen zur Sesshaftwerdung sowie der industriellen Revolution.[67]

Wenn man sich bildlich vor Augen führt, wie der Alltag vor der Industriellen Revolution oder, noch schwieriger, vor der Sesshaftwerdung und der Erfindung der Landwirtschaft ausgesehen hat, wird das Ausmaß der Veränderung deutlich. Es verändert sich einfach alles. Zwar haben wir noch eine ungefähre Vorstellung vom Leben in Zeiten vor der Industrialisierung, schließlich ist sie geschichtlich gesehen noch nicht allzu lange her, das Leben und den Alltag in der Neusteinzeit können wir aber nur noch erahnen.

Sachbücher, rhetorisch begabte Archäolog:innen und gute Dokumentationen im Nachtprogramm helfen uns dabei, einen Eindruck von diesen Zeiten zu bekommen. Erlebbar und nachvollziehbar werden sie dadurch aber nicht. Wie waren die Veränderungen, wie haben die Menschen auf sie reagiert und die Herausforderungen dieser Zeiten gemeistert? Fragen, die wir im Blick zurück nicht einfach nachempfinden können. Klar ist aber, dass es auch für die Menschen damals Zeiten der Veränderungen, der Umbrüche, der Zweifel, der Unsicherheit und der Ängste waren. Angst um die eigenen Lebensentwürfe. Verunsicherung über die Zukunft und Ungewissheit, wie es weitergeht. Mit all diesen Gefühlen sind wir auch in der Klimakrise konfrontiert. Doch die Klimakrise verlangt von uns noch mehr. In ihrer Abwehr müssen wir die Veränderungen selbst noch beschleunigen, um die bisher angerichtete Misere nicht auch noch weiter gedeihen zu lassen und endgültig die Zivilisation, so wie wir sie kennen, zu gefährden.

Im Prozess der Veränderung müssen wir aber bedenken: Auch wenn der Wandel umfassend sein muss, trifft er nicht alle Menschen, Branchen und Regionen gleich. So sind manche Gemeinden, Kommunen und Regionen in ihrer wirtschaftlichen Tätigkeit stärker von fossilen Energien abhängig als andere. Es macht doch einen qualitativen Unterschied im Ausmaß und im Druck zur notwendigen Veränderung, ob die gesamte Region in ihrer wirtschaftlichen Entwicklung von der Förderung von Kohle abhängig ist oder von der Kulturindustrie und Dienstleistungen. Die räumlichen und zeitlichen Herausforderungen im Umbau zur Klimaneutralität sind sehr ungleich und entlang der bestehenden wirtschaftlichen Strukturen der Produktion von Gütern und Dienstleistungen verteilt. Man spricht hier von einer politökonomischen Geografie der Transformation.

Hinzu kommt, dass der Motor der wirtschaftlichen Entwicklung im 19. Jahrhundert die industrielle Produktion und Fertigung war. Die rauchenden und dampfenden Schlote der Stahl- und

Chemiewerke, die Bagger und riesigen Bohrmaschinen in den Minen, die Fabriken und Fertigungsanlagen, die Förderbänder und die Akkordarbeit waren es, die die Basis für unseren heutigen materiellen Wohlstand gelegt haben. Und auch heute noch ist die Industrie, durchaus etwas weniger rauchend und dampfend, aber immer noch mit einem enormen Ausstoß an Emissionen und einem Hunger nach Rohstoffen und Ressourcen, eine wesentliche Triebfeder der Wirtschaft. Hohe Produktivitätsfortschritte und ein hoher gewerkschaftlicher Organisationsgrad haben gerade in der Industrie zu guten Gehältern und stabilen Arbeitsbeziehungen zwischen den Arbeitgeber:innen und Arbeitnehmer:innen beigetragen. Der industrielle Sektor ist auch eine wesentliche Stütze in der Ausbildung von Lehrlingen und Fachkräften. Schlussendlich sind es doch die gut ausgebildeten und qualifizierten Beschäftigten, die mit ihrem Wissen, ihren Fähigkeiten und ihrem Können den Umbau hin zu einer klimaneutralen Wirtschaft umsetzen werden müssen.

Aufgrund der wirtschaftlichen Strukturen und trotz der gut ausgebildeten Fachkräfte steht die Industrie Europas vor besonders großen Herausforderungen. Denn ihr industrieller Kern ist überwiegend in Technologien des 19. Jahrhunderts verhaftet. Wir erinnern uns: jene Technologien der dampfenden, rauchenden und ressourcenfressenden Schlote: Fahrzeuge, Chemie, Stahl und Maschinenbau. Während die Industrie jahrzehntelang von einer kontinuierlichen Verbesserung und Optimierung dieser Produkte profitiert hat, steht man in der Neuorientierung hin zu einer klimaneutralen Produktion vor großen Fragen. Denn viele der Produkte sind veraltet, wie zum Beispiel der Verbrennungsmotor, oder sind einfach zu teuer, um sie vor Ort zu produzieren. Das betont Matthew Karnitschnig, Journalist und Chefredakteur der politischen Wochenzeitung Politico.[68] Die von der Europäischen Union vorgeschriebenen „Just Transition-Pläne" geben einen Überblick über besonders vom Wandel betroffene Regionen:

ABBILDUNG 3: JTF-ZIELREGIONEN

proposed areas

Quelle: Europäische Kommission 2020⁶⁹

Die Ausgangslage für einen erfolgreichen und raschen Umbau der Wirtschaft ist daher nicht eindeutig und für besonders fossil-abhängige Regionen noch schwieriger. Die Politik muss darauf re-agieren. Bürgermeister:innen, Landes- und Bundespolitiker:innen sind da gleichermaßen gefordert, schließlich hängen die zukünfti-gen Beschäftigungschancen und der Wohlstand in den Regionen unter anderem von einer klugen und umsichtigen Vorgangsweise dieser politischen Akteure ab. Ziel muss es sein, neue Techno-logien, Geschäftsmodelle, Produkte und Dienstleistungen einer

EINE GRÜNE REVOLUTION

grünen und klimaneutralen Wirtschaft aufzubauen, und gleichzeitig gilt es, die räumliche Dimension der dafür notwendigen Prozesse nicht außer Acht zu lassen. Die Räumlichkeit der unterschiedlichen Herausforderungen im Umbau zur Klimaneutralität selbst hat eine besonders große, jedoch in den Debatten unterbelichtete Rolle. Die Nichtbeachtung des Raumes hat aber weitreichende wirtschaftliche, soziale und politische Konsequenzen. So unterscheiden sich die notwendigen wirtschaftspolitischen Maßnahmen in der aktiven Gestaltung in einem ländlich oder städtisch geprägten Umfeld deutlich voneinander.

Die Ökonomen Markus Grillitsch vom Institut für Humangeographie der Universität Lund und Teis Hansen vom Institut für Lebensmittel- und Ressourcenökonomie der Universität Kopenhagen haben sich in ihren Arbeiten mit den unterschiedlichen Herausforderungen von ländlichen und städtischen Regionen näher beschäftigt.[70] Sie unterscheiden vier regionale Archetypen, die als Voraussetzung und Ausgangspunkt für Maßnahmen zur politischen Gestaltung des Umbaus hin zur Klimaneutralität relevant sind: Metropolen als regionale Zentren, Regionen mit einer Spezialisierung in fossiler Produktion und Technologie, Regionen mit einer Spezialisierung in grüner Produktion und Technologie sowie ländliche abgelegene Regionen mit schwacher wirtschaftlicher Aktivität, fachsprachlich als peripher bezeichnet.

Jede dieser Regionen steht in der Transformation vor unterschiedlichen wirtschaftlichen, politischen und sozialen Herausforderungen. Städte haben trotz ihres hohen Energie- und Ressourcenverbrauchs zwei wesentliche Vorteile im Umbau: die räumliche Nähe und die hohe wirtschaftliche Kraft. Stadt bedeutet Vielfältigkeit an Unternehmen und Menschen. Große Forschungszentren, wie zum Beispiel Universitäten und Fachhochschulen, sind in Städten angesiedelt. Neues setzt sich schneller durch. Die Ballung auf engem Raum erlaubt eine rasche Erreichbarkeit und die räumliche Nähe fördert Austausch und Vernetzung. Fachsprachlich heißt das

„Agglomerationsvorteile" – positive Effekte, die aus der räumlichen Ballung unterschiedlichster Einrichtungen, Menschen und Infrastrukturen erwachsen. Städte können aufgrund der Existenz dieser Vorteile auf vielfältige Art und Weise auf die notwendigen Veränderungen reagieren. Francesca Froy von der Universität von Oxford, Großbritannien, zeigt durch ihre Forschung, dass zum Beispiel die räumlich vorhandene Vielfalt von Fähigkeiten, Kompetenzen und Qualifikationen eine wesentliche Voraussetzung für Erfolg im grünen Umbau der Wirtschaft ist. Denn die große Vielfältigkeit an einem Ort gebündelt erlaubt unterschiedlichste Möglichkeiten ihrer Kombination. Regionen, die auf eine solche Vielfalt zurückgreifen können, können diese aktiv fördern und kultivieren. Sie haben dadurch Startvorteile, um den Wandel rasch zu bewältigen und die mit ihm verbundenen positiven Potenziale für Wertschöpfung und Beschäftigung zu nutzen.[71] Gerade Städte sollten die Chancen ergreifen, grüne Wirtschaftszweige gezielt fördern und Fähigkeiten und grüne Kompetenzen der Menschen weiter stärken. Kooperation und Koordination zwischen Forschungseinrichtungen, Wirtschaft und Verwaltung können dazu einen Beitrag leisten. Aufgrund ihrer vielfältigen wirtschaftlichen Struktur und der räumlichen Nähe wird es Städten auch leichter fallen, Umbauprozesse hin zu neuen grünen wirtschaftlichen Chancen zu bewältigen. Fossiler Rückbau und grüner Ausbau liegen in Städten schlussendlich dicht zusammen.

Regionen mit grüner Spezialisierung in Produktion und Technologien sind jene Regionen, die wirtschaftlich enorm vom Umbau profitieren werden. Kommend aus einer Nische gilt es für sie, die Nischen rasch und umfassend weiterzuentwickeln und gedeihen zu lassen. Die Konsequenz daraus wird ein wirtschaftlicher Aufschwung in diesen Regionen sein. Wertschöpfung und Beschäftigung und damit auch Steuereinnahmen werden wachsen. Es gilt in diesen Regionen dasselbe wie für Städte: Kompetenzaufbau und das Erreichen einer kritischen Masse von Produktion und Nachfrage nach grünen Produkten und Dienstleistungen. Regionen mit bereits existierender Spezialisierung in grüner Produktion und Technologien haben damit ebenso einen Startvorteil in der Bewältigung des Umbaus wie Städte.

Das genaue Gegenteil trifft für Regionen zu, deren Spezialisierung im Bereich der fossilen Produkte, Dienstleistungen und Technologien liegt. Sie stehen vor der großen Aufgabe, neue Strukturen, Geschäftsmodelle und Produktionen unter Verwendung von ihnen bisher fremder Technologien von der Pike auf neu aufzubauen. Sie genießen keinen Startvorteil aus der Nische und sind mit hohen Kosten für Investitionen und Kompetenzaufbau konfrontiert. All dies unter dem Vorzeichen eines immer stärker werdenden Veränderungsdrucks, der sich nicht von heute auf morgen schlagartig entwickelt, sondern eher langsam aufbaut. Wird der Druck akut und bedrohlich für die Region, sind meist schon Rationalisierungs-, Verlagerungs- und Schrumpfungsmaßnahmen gesetzt worden. Dies reduziert, durch einen Rückgang der Umsätze und Steuereinnahmen in der fossil spezialisierten Region, die Investitionsspielräume für den grünen Umbau.

Ländlich abgelegene Regionen haben zumindest die Ausgangslage, dass sie bestehende Strukturen nicht ab- und neue aufbauen müssen. Sie leiden jedoch genau an jener beschränkten Ausgangsbasis. Ihnen fehlen Infrastruktur, räumliche Nähe und Kompetenzen im Aufbau neuer Geschäftsmodelle für eine klimaneutrale Wirtschaft. Sie müssen daher versuchen, durch gezielte Förderung und Kooperation die Herstellung von grünen Gütern und Dienstleistungen in die Region zu bekommen. Dabei ist die große Herausforderung, dass aufgrund der bestehenden schwach entwickelten wirtschaftlichen Struktur die Investitionsspielräume, zum Beispiel Geldmittel für eine Verbesserung der Infrastrukturen oder Förderungen, eingeschränkt sind. Eine Möglichkeit wäre es, in der Region enge Kooperationen mit ähnlich betroffenen Gemeinden und Kommunen einzugehen und durch Unterstützung des Landes,

des Bundes und der Europäischen Union gezielt Nischen zu entwickeln.

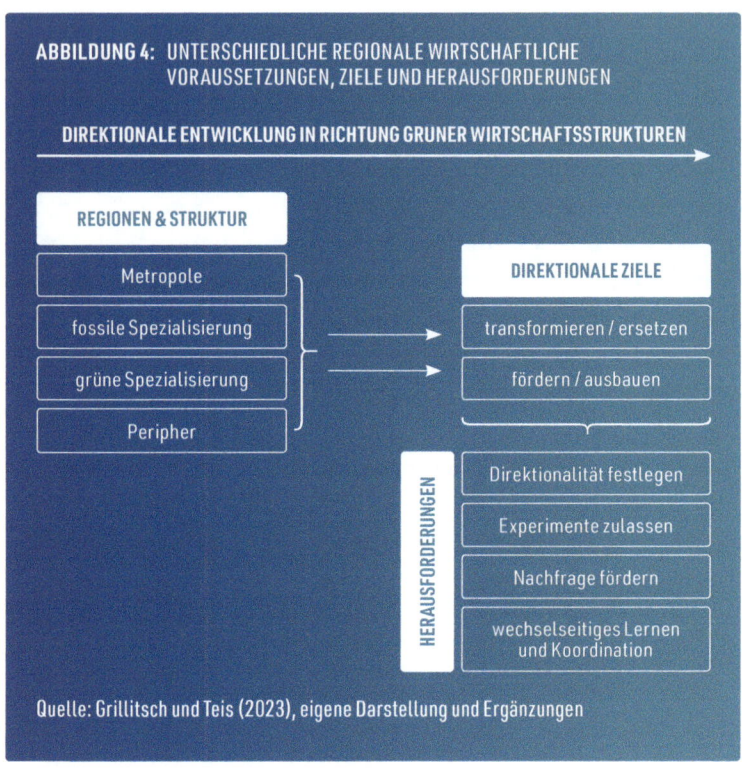

ABBILDUNG 4: UNTERSCHIEDLICHE REGIONALE WIRTSCHAFTLICHE VORAUSSETZUNGEN, ZIELE UND HERAUSFORDERUNGEN

DIREKTIONALE ENTWICKLUNG IN RICHTUNG GRÜNER WIRTSCHAFTSSTRUKTUREN

REGIONEN & STRUKTUR
- Metropole
- fossile Spezialisierung
- grüne Spezialisierung
- Peripher

DIREKTIONALE ZIELE
- transformieren / ersetzen
- fördern / ausbauen

HERAUSFORDERUNGEN
- Direktionalität festlegen
- Experimente zulassen
- Nachfrage fördern
- wechselseitiges Lernen und Koordination

Quelle: Grillitsch und Teis (2023), eigene Darstellung und Ergänzungen

Diese akademische Übung der Einteilung der unterschiedlichen räumlichen Herausforderungen der Transformation zeigt uns vor allem eines: Die Transformation betrifft zwar alle, aber eben nicht gleich. Es gibt deutlich unterschiedliche Herausforderungen in den einzelnen Regionen. Die vorherrschende Wirtschaftsstruktur, sei es Land oder Stadt oder eine grüne oder fossile Spezialisierung, bestimmt das Ausmaß des nötigen Umbaus. Doch eine Sache haben die Regionen dann doch gemeinsam: Sie alle werden in einen

Wettstreit um grüne Produktion und grüne Arbeitsplätze treten, zum Beispiel durch die gezielte Ansiedlung von Green Tech-Clustern oder die Erzeugung erneuerbarer Energien. Der Wettbewerb um die wirtschaftlich positiven Effekte des Umbaus wird sich weiter zuspitzen und der Kampf um grüne Produktion und Fachkräfte wird an Dynamik gewinnen, zum Beispiel über gezielte Wirtschaftsförderungen.[72]

Welches Ausmaß ein solcher Wettbewerb annehmen kann, zeigt sich aktuell zwischen den Weltregionen und selbst zwischen den Mitgliedstaaten der Europäischen Union. Direkte Zuschüsse, Steuerrabatte und -stundungen, geförderte Kredite – all dies sind im Wettstreit der Regionen Mittel der Wahl. Die Wirtschaftsjuristin Susanne Wixforth beleuchtet in einem ihrer Artikel den Beihilfenwettbewerb zwischen den Mitgliedsstaaten der Europäischen Union. Ursprünglich strenge Verfechter von Beschränkungen von Beihilfen, um das Pumpen von Steuergeldern in einzelne Unternehmen oder in absterbende Industriezweige zu verhindern, hat sich ihre Strategie um 180 Grad gedreht. Allein Deutschland und Frankreich sind für rund 80 Prozent der Staatssubventionen verantwortlich, die im europäischen befristeten Krisenrahmen[73] gewährt wurden.[74]

Doch auch die großen Summen an Steuergeldern werden nicht darüber hinwegtäuschen können, dass der Strukturwandel nicht nur zu Gewinner:innen, sondern auch zu Verlierer:innen in den Regionen führen wird. Aufgrund der unterschiedlichen grünen oder fossilen Spezialisierungen, Startvorteile und Möglichkeiten fallen Gewinner:innen und Verlierer:innen des Umbaus auch nicht notwendigerweise in derselben Region zusammen. Im Gegenteil wird eher die Situation auftreten, dass wachsende grüne Wirtschaftsbereiche sich an einem ganz anderen Ort befinden werden als jene fossilen Unternehmen, die mit einem hohen Veränderungsdruck bis hin zur Schrumpfung oder Aufgabe ihres Geschäfts konfrontiert sein werden. Die Konsequenzen daraus sind regionale

Arbeitslosigkeit, das Entstehen neuer Pendlerbewegungen, der Wegzug der für grüne Technologien qualifizierten Bevölkerung und damit verbunden just eine Reduktion der wirtschaftlichen Entwicklungsmöglichkeiten. Es findet daher auch kein zwangsläufiger Ausgleich zwischen den ungleich betroffenen Regionen statt. Im Extremfall kann der Strukturwandel zu großen wirtschaftlichen und sozialen Verwerfungen in den Regionen mit fossiler Spezialisierung führen. Eine solche Deindustrialisierung führt über Arbeitslosigkeit, fehlende (Lebens-)Perspektiven, sinkende Steuereinnahmen und eine Abwanderung gut qualifizierter Arbeitskräfte in eine negative Spirale der wirtschaftlichen Entwicklung und damit zu politischem Protest. Der „Rust Belt" in den USA oder die Deindustrialisierung Großbritanniens sind hierzu mahnende Beispiele der jüngeren Geschichte.

Der Umbau vollzieht sich lokal und regional und wir sind aufgefordert, uns in der Transformation mit spezifischen Ausgangslagen, Orten, Betrieben und Menschen auseinanderzusetzen, wie unter anderen die Regionalforscher Aidan While und Will Eadson von der Universität Sheffield in ihren Arbeiten zur politischen Ökonomie der Transformation nicht müde werden zu betonen.[75] Doch was heißt das alles eigentlich? Die große wirtschaftliche und politische Aufgabe von Unternehmen, Beschäftigten, Gemeinden und Kommunen und Regierenden wird es sein, einerseits den Umbau rascher als bisher voranzutreiben und andererseits die unterschiedlichen Ausgangslagen stärker mitzudenken. Dafür gibt es leider keine generelle Patentlösung, sondern es muss gemeinsam an maßgeschneiderten Entwicklungspfaden und Maßnahmen gearbeitet werden. Städte sehen sich anderen Herausforderungen gegenüber als ländliche Regionen. Regionen mit einer starken Abhängigkeit von fossilen Energien oder fossilen Produkten stehen vor anderen Herausforderungen als Regionen, die derzeit schon grüne Unternehmen beheimaten. Alte fossile Tätigkeiten müssen transformiert oder ersetzt und grüne Geschäftsfelder müssen ausgebaut und gefördert werden. Dies verlangt nach einem Bruch mit der bisher oftmals anzutreffenden Praxis, Koordination, Steuerung und Zielsetzung gänzlich dem Markt zu überlassen. Es braucht eine politische Diskussion darüber, wohin sich Regionen entwickeln können und auch sollen. In der Fachliteratur spricht man von Direktionalität politischer Maßnahmen. Der Begriff der Direktionalität stammt aus dem Lateinischen und bedeutet so viel wie „(aus)gerichtet", im wirtschaftspolitischen Sinne das aktive Steuern durch direkten Eingriff in die Entwicklung über Steuern, Förderungen und Ge- oder Verbote.

Diese Steuerungs- und Entwicklungsaufgaben müssen gemeinsam vor Ort entwickelt und regional oder überregional unterstützt werden. Eine Stärkung und ein Ausbau der Mitbestimmung ist hierzu der Schlüssel. Auch die Praktiken einer offenen Mitbestimmung sind aktuell wenig ausgeprägt. Wir müssen sie erst lernen. Es braucht dazu entsprechende demokratische Räume des Suchens, Lernens und Experimentierens. All das braucht Zeit – das Entwickeln und Finden neuer Mitbestimmungsmöglichkeiten und im Besonderen die regionale Strukturentwicklung. Zeit, die im Kampf gegen die Klimakrise bereits heute knapp wird. Wir kommen aber nicht umhin, gemeinsam an den Prozessen zu arbeiten sowie Entwicklungsprozesse auf- und umzusetzen, und müssen uns die Zeit dafür nehmen.

Doch Mitbestimmung allein reicht nicht! Unternehmen, Beschäftigte, Vereine und Haushalte brauchen in den rasanten Veränderungen, in denen wir uns bereits befinden, (Planungs-)Sicherheit. Sie erlaubt es ihnen, sich auf die Veränderungen einzustellen und besser mit der Unsicherheit des Wandels umgehen zu können. Dazu braucht es Verlässlichkeit der Politik in der Umsetzung von Maßnahmen und eine regelmäßige Kontrolle, ob die Maßnahmen tatsächlich auch das Erwünschte erreichen. Der Ausbau und die Stärkung der Mitbestimmung der Bevölkerung und der Beschäftigten in den Betrieben in der Entwicklung von Transformationspfaden und eine Glaubwürdigkeit der Politik in der Umsetzung der Maßnahmen zur Einhaltung der Pfade können den Umbau hin zur Klimaneutralität beschleunigen und Realität werden lassen.

Erst mit einer gemeinsamen Vorstellung über die Entwicklungsrichtung können wir gemeinsam gezielt darauf hinarbeiten. Deshalb sind Mitbestimmung, Austausch und Teilhabe in der Gestaltung der Pfade von so großer Bedeutung. Entlang dieser Pfade, die gemeinsam entstehen und gemeinsam getragen werden, können die notwendigen politischen, rechtlichen und organisatorischen Voraussetzungen geschaffen und Instrumente entwickelt werden, um den Umbau aktiv zu gestalten. Darüber hinaus braucht es auch eine Reihe an politischen Begleitmaßnahmen, um einen sozialen Ausgleich im Umbau herzustellen und soziale Härten abzufedern. Das Mittel der Wahl sind gezielte öffentliche Investitionen und beschäftigungs- und bildungspolitische Programme. In ihrem Zusammenspiel bestimmen sie die zukünftigen Entwicklungs- und Beschäftigungsmöglichkeiten. Dafür braucht es ausreichend Budgetmittel. Bund und Länder und die Europäische Union können hier unterstützen. Denn wie sagt man so schön: „Ohne Moos nix los".

Ein Beispiel für solche Unterstützungen der Regionen in der Finanzierung ist der Europäische Just Transition Fund.[76] Dieser europäische Fonds unterstützt die vom Übergang zur Klimaneutralität am stärksten betroffenen Gebiete und Regionen finanziell. Sein Ziel ist es zu verhindern, dass regionale Ungleichheiten im Wandel weiter zunehmen. Für die gesamte Europäische Union stellt der Just Transition Fund rund 19 Milliarden Euro für Regionalentwicklung und beschäftigungs- und bildungspolitische Begleitmaßnahmen für die Jahre 2021 bis 2027 bereit. Ein wichtiges, aber sicherlich nicht ausreichendes Instrument im Angesicht des schieren Ausmaßes der notwendigen Transformation. Die Staaten, Länder und Gemeinden sind ebenso gefordert, zusätzlich Gelder bereitzustellen, um gezielt Investitionen in die Ansiedlung und den Aufbau grüner Unternehmen und Geschäftsmodelle, in eine Verbesserung und

Anpassung der Infrastruktur sowie in beschäftigungs- und bildungspolitische Begleitprogramme zu tätigen. Darüber hinaus sind für fossil stark abhängige Kommunen Kooperationen und Austausch mit anderen Regionen von besonderer Bedeutung, um von deren Entwicklungen, Initiativen und Maßnahmen zu lernen. Es können auch gezielt Kooperationen zwischen privaten und öffentlichen Unternehmen, Universitäten und der Verwaltung gefördert werden, um spezifische Lösungen zu entwickeln.

Wie eine gemeinsame Regionalentwicklung mit starker Mitbestimmung aussehen kann, zeigen die Initiativen in den deutschen Kohleregionen.[77] Mit dem Strukturstärkungsgesetz Kohleregionen hat sich die Bundesrepublik Deutschland dazu verpflichtet, die Braunkohlereviere bis zum Jahr 2038 mit insgesamt vierzig Milliarden Euro zu unterstützen. Die Gelder sollen gezielt zur Abfederung sozialer und wirtschaftlicher Auswirkungen des beschlossenen Kohleausstiegs Deutschlands dienen. Gleichzeitig sollen sie damit auch neue Zukunftsaussichten für die Regionen und ihre Beschäftigten schaffen. Bund, Länder, Kommunen, Arbeitgeber:innen und Gewerkschaften koordinieren in unterschiedlichster Zusammensetzung über Revier- und Begleitausschüsse die Auswahl der Förderprojekte. Darüber hinaus plant der Bund die Einsetzung von branchenbezogenen Ausbildungsclustern. Ziel der Ausbildungscluster ist, durch einen Zusammenschluss von Unternehmen, Gewerkschaften, Bildungsträgern und anderen lokalen Akteuren Teile der betrieblichen Ausbildung gemeinsam durchzuführen und damit den Kompetenzaufbau in der Region zu stärken.

Weitere Beispiele für eine gemeinsame Gestaltung des Umbaus mit einem zivilgesellschaftlichen und weniger institutionalisierten Zugang sind „Transition Towns" oder „Transition Centres".[78] Transition Towns als regionale Zusammenschlüsse sollen die kooperative Zusammenarbeit von kommunalen und zivilgesellschaftlichen Akteuren fördern und die konkrete Umsetzung des Umbaus zur Klimaneutralität anstoßen. Kommunalpolitik, Verwaltung und

Zivilgesellschaft schaffen dazu einen Raum für den strukturierten und zielgerichteten Austausch von konkreten Umbaulösungen in der Region. Doch sind diese Initiativen voraussetzungsvoll. Von Seiten der Transition Town-Initiativen ist eine Professionalisierung der handelnden Personen sowie deren Verlässlichkeit und Wissen über Verwaltungsabläufe, politische Prozesse und Förderprogramme wichtig. Die Verwaltung muss wiederum querschnittsorientierte Schnittstellen sowie eine aktive Mitbestimmungs- und Beteiligungskultur entwickeln. Die Forscher:innen Franziska Ehnert, Markus Egermann und Anna Betsch vom Leibniz-Institut für ökologische Raumentwicklung schreiben in ihren Analysen der Transition Town-Initiativen, dass der Raum für Kooperation zwischen Zivilgesellschaft, Kommunalpolitik und Verwaltung bisher kaum genutzt wird. Damit gehen auch Potenziale und transformative Kapazität für den Umbau vor Ort systematisch verloren. Die Transformationsforschung zeigt jedoch eindeutig, dass genau dieses Potenzial genutzt werden sollte, um den Wandel hin zu einer nachhaltigen Lebens- und Wirtschaftsweise zu initiieren und zu beschleunigen.[79]

Wir können aber nicht erwarten, dass solche Initiativen allein die Fragen der regionalen Transformation der Wirtschaft lösen. Auch sie sind nicht der Weisheit letzter Schluss. David Steinwender weist in seiner Analyse der Transition Town-Initiativen in Österreich[80] auf die vielfältigen Barrieren, Fallstricke und Grenzen dieser Initiativen hin. Zum Beispiel kann der starke Fokus auf praktische Tätigkeiten, eine Konzentration auf Aktivitäten in der Sozialwirtschaft und auf Bewusstseinsbildung die potenzielle Wirkmächtigkeit von Transition Town-Initiativen stark einschränken. Auch werden konfliktbehaftete Themen in den Aktivitäten aufgrund der starken Ziel- und Handlungsorientierung eher ausgespart oder ausgeklammert. Gerade in umfassenden Umbauprozessen ist aber klar, dass immer wieder auch Konflikte auftreten werden oder sogar vorprogrammiert sind. Darüber hinaus ist auch oft eine

Repräsentativität der Bevölkerung durch die aktiven Personen nicht gegeben, da sich die Initiativen häufig aus umweltbewegten Menschen aus der gehobenen Mittelschicht zusammensetzen. Auf einer strukturellen Ebene und aufgrund des starken orts- und handlungsbezogenen Fokus sind auch Lernmöglichkeiten zwischen den Initiativen beschränkt. Nach Steinwender mangelt es an einem systematischen und zielgerichteten Austausch zur Weiterentwicklung der lokalen Experimente, und Lernstrategien sind nur sehr gering ausgeprägt. Schlussendlich leiden Transition Town-Initiativen auch oftmals unter einem Mangel an Zeit und Ressourcen, was insbesondere die Kapazitäten zur Vernetzung schmälert.

Betrachtet man den Umbau der Wirtschaft hin zu einer klimaneutralen Produktions- und Lebensweise, wird deutlich, welche enorme Rolle die Geografie und Struktur in den Veränderungsprozessen spielen. Die großen Trends und Entwicklungen wirken zwar global, führen aber in ihrer Konsequenz zu einem konkreten lokalen und regionalen Veränderungsprozess, der durch die regional unterschiedlichen Ausgangslagen in seiner Art und dem Ausmaß und der Dramatik des notwendigen Wandels bestimmt wird. Diese unterschiedlichen Ausgangslagen sind es auch, die eine Kooperation und Zusammenarbeit der unterschiedlichen regionalen und überregionalen Akteure in der Gestaltung der Veränderung verlangen. Es gibt keine Blaupause für die Veränderung, die auf jeden Zusammenhang und jede Ausgangslage angewendet werden kann. Ganz im Gegenteil braucht es eine gemeinsame Vision, wohin sich die Region in Zukunft entwickeln soll, und spezifische Maßnahmen, die auf die Region und ihre Bevölkerung zugeschnitten sind.

Ein Wandel der wirtschaftlichen und gesellschaftlichen Strukturen fand seit Anbeginn der Menschheit statt. Veränderungen gehen dabei oft mit Verunsicherung, Angst, Trauer und Wut einher. Das Althergebrachte schwindet und das Neue ist noch nicht klar zu erkennen. Der große Unterschied der durch die Klimakrise

notwendig gewordenen Veränderungen ist ihr Ausmaß. Die Überwindung der energetischen Basis von allem, was uns bekannt und
vertraut ist, ist ein Umbruch, der in der Menschheitsgeschichte bisher so nicht stattgefunden hat. Wie mit dem Umbruch umgegangen
wird, hängt oft von den vorstellbaren Alternativen ab. Ob man konkrete Alternativen vor Augen hat oder diese fehlen, macht einen
großen Unterschied. Ebenso macht es auf individueller Ebene einen
großen Unterschied, ob es der Politik und den Menschen vor Ort gelingt, glaubwürdig Alternativen zu entwickeln.

WOHIN WIR GEHEN ...

Für die Kohleregion, in der **ERNA** lebt, gibt es diese Alternativen.
Nachdem der Kohleausstieg politisch festgezurrt wurde, hat eine
zivilgesellschaftliche Umweltgruppe aktiv den Kontakt mit der
Gewerkschaft und den Beschäftigten der Kohlegrube sowie der
lokalen Gemeindeverwaltung gesucht. Auch mit dabei sind Ernas
Nachbar, der in der Kohlegrube arbeitet, und Ernas Enkelkinder, die
sich für die Ökologisierung der Region starkmachen. Man trifft sich
regelmäßig zum Austausch, baut Verständnis für die anderen
Sichtweisen und Standpunkte auf und schafft Vertrauen. Gemeinsam
hat man Ideen gewälzt, wie es nun in der Region weitergehen kann.

Ziel sind die Renaturierung der bald ehemaligen Kohlegrube sowie
die Stärkung der regionalen Biolandwirtschaft im Umkreis, und man
ist auch bemüht, neue innovative Unternehmen in die Region zu
locken. Ein Hersteller von Speisepilzen hat schon vor einiger Zeit
Interesse angemeldet, sein Konzept einer vertikalen Pilzfarm in der
Region umzusetzen. Gar nicht so abwegig, war in Ernas Kindheit doch
die Region für die vielen Pilze in den Wäldern bekannt.

Darüber hinaus soll mit der Unterstützung der Bundesregierung und des Landes bald eine Fertigungsanlage für Photovoltaik errichtet werden und ein Zulieferbetrieb für die Bahn- und Schieneninfrastruktur soll als Großprojekt einen neuen Standort in Kooperation mit einer weiteren Region aufbauen. Gleichzeitig hat die Bundesregierung angekündigt, Aus- und Weiterbildungsangebote gezielt vor Ort zu stärken.

Die Europäische Union unterstützt über den Just Transition Fund ebenfalls sowohl die Projekte zur Regionalentwicklung als auch die arbeitsmarktpolitischen Maßnahmen. Die Zeit wird zeigen, was davon wirklich funktionieren wird und wie sich die Region entwickelt.

Jedenfalls ist es für die Bevölkerung vor Ort klar: Es gibt Alternativen und wir werden die Wende schaffen. Auch Erna weiß mit ihren stolzen 86 Jahren: In der Region war immer irgendetwas und man hat es gemeinsam jedes Mal aufs Neue gemeistert.

KAPITEL 5

VON GRAUEN ZU GRÜNEN JOBS

WOHER WIR KOMMEN ...

WOLFGANG ist gerade eben 50 Jahre alt geworden und lebt mit seiner Familie im Umland einer mittelgroßen Industriestadt. Bekannt ist die Stadt durch ihre großen Automobilzulieferbetriebe. Wolfgang selbst arbeitet seit seinem Lehrabschluss in einem der größten Unternehmen der Region und stellt dort Komponenten für die Herstellung von Verbrennungsmotoren her. Er und seine Kolleg:innen im Unternehmen sind stolz auf ihre Arbeit und die technischen Verbesserungen, die sie in den letzten Jahren in der Produktion der Zulieferteile erreichen konnten. Viel Hirnschmalz und Zeit flossen schließlich in die Weiterentwicklung, und die Beschäftigten konnten die Effizienz kontinuierlich steigern.

Ebenso wie Wolfgang, dessen Vater und Großvater schon für das Unternehmen tätig waren, arbeitet auch sein Kollege **FRANZ** seit seiner Lehrzeit im Betrieb. Er gilt als der „alte Hase" mit dem klaren Überblick über alle Prozesse und Abläufe. Ihn bringt nichts so leicht aus der Ruhe, schließlich hat er in den letzten Jahrzehnten schon öfter Höhen und Tiefen im Unternehmen miterlebt.

Mit 61 Jahren steht er kurz vor seinem schon lang ersehnten Ruhestand, den er mit Reisen und seinen zwei Hunden verbringen möchte. Abends schmieden Franz und seine Frau Hannelore schon ausgeklügelte Reisepläne.

Erst vor kurzem zum Unternehmen dazugestoßen ist die 26-jährige **KATRIN**, die direkt nach dem Studium in ihre Heimatgemeinde zurückgekehrt war und in der Vertriebsabteilung des Unternehmens eine Stelle bekommen hatte. Eine große Chance für sie, bei einem der größten Arbeitgeber in der Region und vor allem in ihrer Heimatgemeinde arbeiten zu können. In der Region hat das Unternehmen auch einen ausgezeichneten Ruf. Gute Löhne und Arbeitsbedingungen machen den Automobilzulieferer zu einem sehr attraktiven Arbeitgeber und für die gesamte Region zu einer wichtigen Einkommensquelle. Darüber hinaus fördert das Unternehmen den sozialen Zusammenhalt und die regionale Identität, indem es regelmäßig die ortsansässigen Vereine finanziell unterstützt. So hängen nicht nur die beim Unternehmen direkt beschäftigten Menschen, sondern auch ihre Familien und die wirtschaftliche und soziale Entwicklung der gesamten Region von diesem ab.

Doch seit geraumer Zeit ziehen dunkle Wolken am Horizont auf. Verbrennungsmotoren sind nicht nur wegen des deutschen Dieselskandals, sondern auch aufgrund des voranschreitenden Klimawandels immer mehr in Verruf geraten. Wolfgang, Katrin und ihre Kolleg:innen machen sich Sorgen, wie es in Zukunft mit ihrem Arbeitsplatz weitergehen wird. Immer wieder tauchen Gerüchte über eine Verlagerung des Werks auf, in dem Wolfgang, sein Vater und dessen Vater gearbeitet haben. Noch sind die Auftragsbücher voll, aber wie lange noch?

So oder so ähnlich spielt es sich derzeit in vielen europäischen Branchen und Industriezweigen, die in ihren Geschäftsmodellen von fossilen Energieträgern abhängig sind, ab. Unsicherheit ist allgegenwärtig. Egal ob Stahl-, Chemie- oder Automobilindustrie – sie alle stehen vor großen Veränderungen, sind derzeit eine wichtige Einkommensquelle und wirken dabei identitätsstiftend[81] in den Regionen, in denen sie ansässig sind.

Doch wir müssen aufgrund der fortschreitenden Klimakrise rasch raus aus fossilen Energieträgern und auf ihnen beruhenden Geschäftsmodellen. Denn das Verbrennen von fossilen Energien setzt Treibhausgase frei, welche die Klimakrise immer weiter beschleunigen, und der Ressourcenhunger unserer Wirtschaftsweise wächst Tag für Tag weiter an. Die Zeit ist reif und es drängt, rasch einen neuen Weg einzuschlagen und den Umbau hin zu einer klimaneutralen Produktions- und Lebensweise zu beschleunigen. Dabei sollten wir folgende Frage unbedingt berücksichtigen: Was bedeutet eine solche Entwicklung für Wolfgang, seine Familie und seine Kolleg:innen beziehungsweise auch allgemeiner für die gesamte wirtschaftliche Entwicklung der betroffenen Region? Rückbau, Schließung und drohende Verlagerungen sind für Wolfgang und seine Kolleg:innen nicht abstrakt, sondern werden von ihnen als reale Bedrohung für ihre Lebensgestaltung wahrgenommen. Die daraus entstehende Verunsicherung, Ängste und auch Wut sind Ausdruck einer unsicheren Zukunft und fehlender Perspektiven.

Dimitris Stevis, ein Politökonom an der Universität von Colorado in den Vereinigten Staaten von Amerika, sah sich eine Vielzahl solcher Fallbeispiele und Entwicklungen der letzten Jahre näher an. In seinen Studien hält er immer wieder fest, dass wir uns, wenn wir über die Gestaltung des Wandels, der Veränderung und des Umbaus wirtschaftlicher Strukturen sprechen, besonders mit den von der Veränderung betroffenen Menschen, ihren Bedürfnissen und Wünschen beschäftigen müssen. Gerade in Zeiten großer Unsicherheit, in denen klar ist, dass das Alte stirbt und das Neue noch nicht klar erkennbar ist, braucht es eine gemeinsame Vorstellung von Alternativen und vor allem konkrete Perspektiven und Lösungen als Angebote für die von der Veränderung stark betroffenen Menschen, Orte und Regionen.

Auch in den aktuellen Umwälzungen in der Automobilindustrie zeigt sich die von Stevis ins Spiel gebrachte persönliche und regionale Dimension der Veränderungsdynamiken und Unsicherheiten besonders deutlich. In Bezug auf diese Branche trifft es in Europa insbesondere die Regionen Baden-Württemberg, Sachsen, Bayern und Bremen in Deutschland sowie Oberösterreich und die Steiermark in Österreich.[82] Die Diskussionen rund um die Werkschließung des Lastwagenproduzenten MAN Steyr, die Umorientierung von Volkswagen in Richtung E-Mobilität oder den Umgang mit den Diesel-Standorten von Zulieferbetrieben wie Bosch zeichnen ein ähnliches Bild: Überall bangen Beschäftigte um ihre Arbeitsplätze, ihre Zukunft und auch um die Zukunft ganzer Ortschaften. Vergleichbares zeigt sich in den ehemaligen Kohlerevieren Sachsen, Nordrhein-Westfalen oder im Saarland, aber auch in Polen, den USA und Kanada.

Eines wird vor dem Hintergrund dieser lokalen Entwicklungen deutlich: Die Veränderung findet bereits Tag für Tag statt und sie wird enorme Auswirkungen darauf haben, wie und was wir arbeiten. Altes wird vergehen, Bestehendes wird sich verändern und Neues wird entstehen. Doch wir können nicht tatenlos zusehen und abwarten, was passieren wird. Franz, Wolfgang, ihre Kolleg:innen und die vielen anderen in der Industrie, der Rohstoffgewinnung und -verarbeitung und im Transport Tätigen brauchen jetzt Antworten, Perspektiven und Zukunftsaussichten.

Doch meistens kommt es erst zu politischer und medialer Aufmerksamkeit für die Betroffenen, wenn der Veränderungsdruck und der Leidensdruck bereits sehr hoch sind. Kommt es in den ehemals stolzen Industrieorten zu einem größeren Abbau von Beschäftigten, Werksschließungen oder sogar einem bereits einsetzenden wirtschaftlichen Verfall der Region, reagieren Medien, Politik und öffentliche Verwaltung. Es wird rund um die Uhr berichtet und die Steuerzahler:innen dürfen finanzielle Feuerwehr in größter Not spielen. Sozialpläne werden verhandelt und eine Regionalförderung in Form von Subventionen und Steuerstundungen wird diskutiert. Eimer voller Wasser für Situationen, in denen das Feuer bereits hoch zum Himmel lodert. Angesichts solcher Notaktionen stellt sich die Frage, ob es nicht besser wäre, vorausschauend zu agieren und nicht erst in letzter Minute aktiv zu werden.

Die Vereinten Nationen (UN)[83] und auch viele andere renommierte Institutionen argumentieren, dass der notwendige Wandel der Wirtschaft in Richtung Klimaneutralität nicht nur ein Bedrohungsszenario für Arbeitsplätze sein muss. Die Klimakrise zwingt uns, aus von fossilen Energien abhängigen Branchen rasch auszusteigen oder diese so umzubauen, dass sie in eine klimaneutrale Produktionswelt passen. Ganze Branchen werden sich dadurch verändern müssen. Jeder einzelne Betrieb muss sich auf den Weg in Richtung Klimaneutralität begeben und sich umstellen. Damit werden sich auch die notwendigen Kompetenzen, Fähigkeiten und Qualifikationen der Beschäftigten verändern. Solche Veränderungen sind komplex, zeitgleich und oft auch nicht eindeutig. Es wird nicht eine einzige Entwicklung sein, die sich auf den Arbeitsmärkten vollzieht, sondern eine Vielzahl unterschiedlicher und gleichzeitig auftretender Veränderungsprozesse. Die Vereinten Nationen benennen in ihren Analysen neben den negativen Effekten der Veränderung auf Arbeitsplätze auch unterschiedlichste daraus entstehende positive Entwicklungen. So wird der Umbau in Richtung Klimaneutralität viele neue Arbeitsplätze schaffen, zum Beispiel dort, wo bereits Umwelttechnologien Anwendung finden, wie im Ausbau der erneuerbaren Energieerzeugung, dem öffentlichen Nahverkehr oder der thermischen Sanierung von Gebäuden. Wenn wir die Klimaziele erreichen und den Umbau in Richtung Klimaneutralität rasch vorantreiben wollen, braucht es vor allem eines:

die dafür benötigten qualifizierten Fachkräfte. Sie sind es, welche die notwendigen Windräder und Photovoltaikanlagen installieren, die Gebäudedämmungen anbringen und Heizsysteme tauschen. Abbildung 5 zeigt die positiven wie negativen Beschäftigungseffekte des grünen Strukturwandels und schlägt zu den Effekten passende wirtschafts-, arbeitsmarkt- und bildungspolitische Maßnahmen vor.

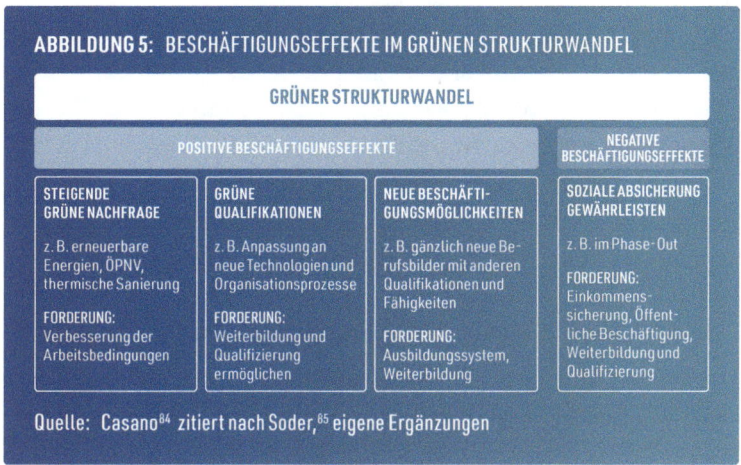

ABBILDUNG 5: BESCHÄFTIGUNGSEFFEKTE IM GRÜNEN STRUKTURWANDEL

GRÜNER STRUKTURWANDEL

POSITIVE BESCHÄFTIGUNGSEFFEKTE			NEGATIVE BESCHÄFTIGUNGSEFFEKTE
STEIGENDE GRÜNE NACHFRAGE	**GRÜNE QUALIFIKATIONEN**	**NEUE BESCHÄFTIGUNGSMÖGLICHKEITEN**	**SOZIALE ABSICHERUNG GEWÄHRLEISTEN**
z. B. erneuerbare Energien, ÖPNV, thermische Sanierung	z. B. Anpassung an neue Technologien und Organisationsprozesse	z. B. gänzlich neue Berufsbilder mit anderen Qualifikationen und Fähigkeiten	z. B. im Phase-Out
FORDERUNG: Verbesserung der Arbeitsbedingungen	FORDERUNG: Weiterbildung und Qualifizierung ermöglichen	FORDERUNG: Ausbildungssystem, Weiterbildung	FORDERUNG: Einkommenssicherung, Öffentliche Beschäftigung, Weiterbildung und Qualifizierung

Quelle: Casano[84] zitiert nach Soder,[85] eigene Ergänzungen

Neben der hohen Nachfrage nach Fachkräften müssen sich einige Berufe zwangsläufig verändern, denn die Fähigkeiten und Kompetenzen der Beschäftigten müssen sich an Technologien und Organisationsprozesse einer nachhaltigen und klimaneutralen Wirtschaft anpassen. Solche Anpassungen sind in der Geschichte nicht neu und führen oft zu Verunsicherung, Befürchtungen und Zukunftsängsten unter den Betroffenen. Fähigkeiten und Wissen, die bisher als wichtig und wertvoll galten, veralten, werden entwertet oder gar nicht mehr nachgefragt. In der Geschichte des technologischen Wandels gab es solche Entwicklungen ständig.

Wir haben handbetriebene Webstühle durch von Dampfmaschinen angetrieben ersetzt. Die Massenproduktion reorganisierte das Arbeiten in den Fabrikhallen und Software sowie Computertechnik verändern auch heute den Büroalltag. Ähnliches muss sich jetzt erneut in der Produktion vollziehen: ein Wandel hin zu einer ressourceneffizienten, umweltschonenden und klimaneutralen Produktionsweise. Am Beispiel der Automechaniker:innen werden die notwendigen Anpassungen von Fähigkeiten und Kompetenzen deutlich. Waren Automechaniker:innen bisher ausgewiesene Expert:innen für das Funktionieren und Reparieren von Verbrennungsmotoren, werden sie in Zukunft verstärkt Fähigkeiten im Umgang mit Elektronik, Batterie- und Softwaretechnik für die Wartung und Reparatur von Elektrofahrzeugen benötigen.

Und es werden auch neue Arbeitsplätze entstehen. Genau in diesem Moment arbeiten überall auf der Welt Forscher:innen und Ingenieur:innen an neuen und zukunftsträchtigen Technologien. Technologien zur Erzeugung nachhaltiger Energie wie „grüner" Wasserstoff,[86] die Wiederaufbereitung und das Recycling von Rohstoffen und Technologien zur Nutzung von CO_2 als Rohstoff für die Weiterverarbeitung in anderen Produkten[87] sind nur einige der unzähligen Beispiele momentaner Forschungs- und Entwicklungsbemühungen rund um den Globus, die in kleineren und größeren Pilotprojekten erprobt und getestet werden. Sobald diese Technologien Marktreife erlangen und beginnen, in der Breite Anwendung zu finden, wird dies auch zum Entstehen gänzlich neuer Berufsbilder beitragen. Schließlich müssen die Technologien nach ihrer Entwicklung auch eingesetzt und gewartet werden. Vieles ist hierzu denkbar und vielleicht im Hier und Jetzt in vollem Umfang noch gar nicht klar und eindeutig erkennbar. Dies betrifft insbesondere die für diese neu entstehenden Berufe benötigten Qualifikationen, Kompetenzen und Fähigkeiten. Was müssen Wasserstofftechniker:innen, Kreislaufwirtschaftsexpert:innen oder Dach- und Fassadenbegrüner:innen können, welche Kompetenzen müssen sie sich aneignen? Sind bestimmte Fähigkeiten in solch neu entstehenden Berufen erforderlich und wenn ja, welche?

Doch damit diese Arbeitsplätze entstehen und die Menschen sich die für diese Arbeitsplätze entsprechenden Kompetenzen und Fähigkeiten aneignen, braucht es eine Gestaltung der Veränderung. Wir müssen uns bewusst machen: So vielfältig die Auswirkungen der Veränderung auf die Arbeitsmärkte sind, so vielfältig sind auch die Gestaltungsmöglichkeiten. Schließlich müssen wir rasch von den abstrakten Papieren und Zielen im Umbau zur Klimaneutralität in die konkrete Umsetzung kommen, damit sie auch Realität werden. Dafür braucht es die qualifizierten Menschen, auf deren Schultern die Umsetzung getragen wird: die Elektrotechniker:innen, welche die Photovoltaikanlagen installieren, die Energieberater:innen, die Bewusstsein für Energieeffizienz schaffen, die Installateur:innen, welche die Heizsysteme tauschen, und die vielen Menschen, die in der Produktion Windräder, Stromnetze, Schienen und vieles mehr herstellen.

Angesichts der Vielfältigkeit der Veränderungsprozesse, von der neuen und steigenden Nachfrage nach grünen Produkten und Dienstleistungen über die Veränderung von Technologien bis hin zur Schrumpfung fossiler Unternehmen und Geschäftsmodelle, wird deutlich, dass es nicht eine einzige Strategie oder Lösung im Umgang mit der Veränderung geben kann. Eine „Silver Bullet", also eine starke und effektive Einzelmaßnahme, gibt es einfach nicht. Im Umbau hin zu einer nachhaltigen und klimaneutralen Wirtschaft tragen wir alle Verantwortung. Aber nicht jeder und jede Einzelne ist auf sich gestellt in der Lage, mit den Veränderungen umzugehen. Zwar sind die individuellen Entscheidungen für unsere Lebensentwürfe und darüber hinaus von großer Bedeutung, gleichzeitig finden unsere Entscheidungen unter bestehenden Bedingungen statt. Bedingungen, welche die Beschäftigten, Arbeitsuchenden oder Schüler:innen beim Berufseinstieg nicht selbst beeinflussen oder wählen können. Welche Arbeitgeber:innen gibt

es in der Region überhaupt, wie sehen die Bildungs- und Weiterbildungsangebote sowie deren Kosten- und Zeitbedarf aus, wie
hoch ist die Arbeitslosigkeit und wie gut sind Infrastrukturen in
der Region entwickelt? All diese Aspekte sind wichtige Voraussetzungen für Chancen und Möglichkeiten der Menschen, um Fuß
am Arbeitsmarkt zu fassen und ihren Karriereweg zu gehen.

Der Umbau hin zu einer klimaneutralen Wirtschaft wird viele
Arbeitskräfte benötigen. Der mediale verkürzte Ruf nach Fachkräften ist aber zu wenig, um die benötigten Fachkräfte auch zu bekommen. Ebenso viel Verantwortung wie die Beschäftigten tragen
die Unternehmen selbst. Qualifizierung- und Weiterbildung sind
keine Einbahnstraßen und keine ausschließlich persönliche Verpflichtung. Die Unternehmen müssen ihren Beschäftigten auch
Aus- und Weiterbildung ermöglichen, indem sie Arbeitszeit dafür
zur Verfügung stellen oder sich an den Weiterbildungskosten beteiligen. Stefan Vogtenhuber, Isabella Juen und Lorenz Lassnig vom
Institut für Höhere Studien (IHS) in Wien zeigen jedoch in einer im
Mai 2022 veröffentlichten Studie, dass die Weiterbildungsausgaben
der Unternehmen für ihre Beschäftigten in Österreich zwischen
2009 und 2018 sogar um 10 Prozent oder 174 Millionen Euro gesun-
ken sind. Ein ähnliches Bild zeigt sich in Finnland (– 9 Prozent) und
Großbritannien (– 6 Prozent), während in Deutschland die privaten
betrieblichen Ausgaben für Weiterbildung und Qualifizierung stabil
geblieben sind.[88]

Zur Entwicklung neuer Perspektiven in der Veränderung
braucht es aber mehr als die privaten Initiativen der Beschäftigten
und der Unternehmen. Schließlich ist die Gestaltung der Arbeitsmärkte ebenso unsere kollektive Verantwortung und sie muss
auch durch gemeinsames demokratisch legitimiertes Handeln des
öffentlichen Sektors und seiner Träger erfolgen. Denn schlussendlich hängen die Chancen und Möglichkeiten von Wolfgang und
seinen Kolleg:innen von einer aktiven, unterstützenden und

vorausschauenden Arbeitsmarkt- und Bildungspolitik genauso ab wie von ihrem eigenen persönlichen Einsatz.

Im Falle negativer Auswirkungen des Wandels durch drohende Betriebsverlagerungen oder -schließungen, die in einem großen Ausmaß sogar die zukünftige wirtschaftliche Entwicklung ganzer Regionen gefährden können,[89] braucht es politische Maßnahmen, die Wolfgang und seinen Kolleg:innen eine Perspektive und einen Ausweg aus der Situation bieten können. Der erste Schritt in solch regionalen Notsituationen ist, Einkommen abzusichern und im Anschluss unterstützend dabei zu helfen, den Betroffenen neue Chancen zu ermöglichen. Eine adäquate Einkommenssicherung hilft dabei nicht nur den Betroffenen selbst, sondern kommt auch durch eine Verringerung des Kaufkraftverlusts der gesamten Region zugute, indem es die Einkommen in der Region stabilisiert. Bisher war es oftmals so, dass Politik und Verwaltung erst in allerletzter Sekunde und in der größten Not auf die Schicksale in einer betroffenen Region aufmerksam wurden und gemeinsam mit den Arbeitgeber:innen und den Beschäftigten erste Maßnahmen setzten. Solche Akutmaßnahmen umfassen oft von den Sozialpartnern, Unternehmen und Gewerkschaften ausverhandelte Sozialpläne, gezielte regionale Subventionen durch Bund oder Länder, Unterstützung bei der Suche neuer Investor:innen für den Betriebsstandort oder die Einrichtung von Arbeitsstiftungen.[90] Ziel von Arbeitsstiftungen ist es, den Beschäftigten nach dem Arbeitsplatzverlust eine berufliche Umorientierung durch Einkommenssicherung während Qualifizierungszeiten zu ermöglichen. Darüber hinaus kann die regionale Kaufkraft auch über Dauer und Höhe des Arbeitslosengeldes und die Weiterbildung und Qualifizierung durch Fachkräftestipendien oder Qualifizierungsgelder unterstützt werden. In der deutschen Debatte rund um die Unterstützung von Kohleregionen nach der Ankündigung des Kohleausstiegs wurde das Instrument des „Anpassungsgelds" eingeführt. Der Zweck des Anpassungsgelds war es, eine Überbrückungshilfe bis zum

Rentenantrittsalter anzubieten. Das Anpassungsgeld erlaubt es Personen über 58 Jahren, dieses für längstens fünf Jahre zu beziehen, bis die Anspruchsberechtigung für die reguläre Rente besteht. Darüber hinaus werden Rentenabschläge, die durch eine vorzeitige Inanspruchnahme der Altersrente entstehen, ausgeglichen.[91]

Anna Katharina Keil, Wissenschaftlerin an der Universität in Lausanne, analysierte in ihren Arbeiten zur deutschen und österreichischen Automobilindustrie die Altersstruktur der Beschäftigten vor dem Hintergrund des Ausstiegs aus dem Verbrennungsmotor. Sie zeigt, dass der Anpassungsdruck am Arbeitsmarkt durch die Schrumpfung des Sektors in Kombination mit der nahenden Verrentung der Babyboomer-Generation über Maßnahmen wie die des Anpassungsgeldes deutlich abgemildert werden kann. Wolfgang Schade und seine Kolleg:innen vom auf Transformationsforschungs- und Beratungsleistungen spezialisierten Unternehmen M-Five gehen in ihrer groß angelegten Studie „Gesamtgesellschaftliche Wirkungen durch die Transformation zu nachhaltiger Mobilität" davon aus, dass ein drohender Beschäftigungsrückgang 20 bis 40 Prozent der Beschäftigten in der deutschen Automobilindustrie betreffen kann.[92] Gleichzeitig betonen sie, dass ein so hohes Ausmaß an Arbeitsplatzverlusten nur dann eintreten würde, wenn Unternehmen, Politik und Region keine oder nur unzureichenden Gegenmaßnahmen setzen. Trotzdem stellt sich die grundsätzliche Frage, ob Steuerzahler:innen und Pensionsversicherungen für die Versäumnisse einer zu späten Reaktion fossiler Unternehmen auf den grünen Umbau aufkommen sollen.

Aber nicht nur die Sozialversicherungen können bei negativen Entwicklungen helfen. Auch der öffentliche Sektor kann als Arbeitgeber in der Not[93] auftreten. Ist die wirtschaftliche Bedeutung eines Unternehmens so groß, dass bei einer Schließung die Einkommensverluste und Arbeitslosigkeit ein solches Ausmaß annehmen würden, dass die wirtschaftliche Entwicklung der betroffenen Region in Zukunft deutlich gefährdet wäre, kann der Staat durch öffentliche

Beschäftigungsprogramme für die Beschäftigten neue Perspektiven schaffen. Eine solche Rolle kann der öffentliche Sektor auch in anderen Situationen, zum Beispiel bei von Langzeitarbeitslosigkeit betroffenen Personen,[94] einnehmen. Ziel von öffentlichen Beschäftigungsprogrammen wäre es, rasch zusätzliche Beschäftigungsmöglichkeiten in der betroffenen Region zu schaffen, Einkommen zu stabilisieren oder die Wiedereingliederung in den Arbeitsmarkt zu erleichtern. Das österreichische Netzwerk von mehr als 200 Sozialunternehmen, „Arbeit Plus", argumentiert in seiner Einschätzung der „Aktion 20.000", einem Programm zur Förderung öffentlicher Beschäftigung für langzeitarbeitslose Personen über 50 Jahren, dass solche Initiativen dazu beitragen können, die regionale Entwicklung zu fördern, Auslagerungen ins benachbarte Ausland zu vermeiden, Kreislaufwirtschaftsansätze zu stärken und die soziale Inklusion besonders von pflegebedürftigen und älteren Personen zu unterstützen.

Doch die Vereinten Nationen haben in ihren Analysen und Dokumenten stets betont, dass wir im grünen Umbau unserer Wirtschaft unsere Aufmerksamkeit nicht ausschließlich auf vom Wandel negativ betroffene Personen legen sollten. Der Umgang mit schrumpfenden oder verschwindenden fossilen Unternehmen ist sicher eine wichtige Frage, für die wir uns bestenfalls frühzeitig Strategien überlegen müssen, der grüne Umbau bringt jedoch auch positive Effekte auf den Arbeitsmarkt mit sich – besonders dort, wo der Umbau zum Entstehen neuer Arbeitsplätze führen wird.

Für eine klimaneutrale Produktionsweise werden neue Produkte, Dienstleistungen und Geschäftsmodelle benötigt. Damit verändern sich auch Arbeitsprofile, und Arbeitgeber:innen werden neue Anforderungen an die Beschäftigten stellen. Der Staat kann Beschäftigte und Unternehmen in dieser Veränderung auf vielfältige Art und Weise unterstützen. Wenn es darum geht, neue grüne Produkte herzustellen, dafür benötigte Verfahren zu entwickeln und Geschäftsmodelle neu zu organisieren, wird es begleitend umfassende Möglichkeiten zur Qualifizierung und Weiterbildung brauchen. Beschäftigte müssen solche Programme aktiv von den Unternehmen und der Politik einfordern. Unternehmen, die bereits einem starken Anpassungsdruck ausgesetzt sind, geraten hier auch unter enormen Druck. Ihre Möglichkeiten zur Veränderung sind beschränkt. Wolfgang Schade und Kolleg:innen weisen in ihren Analysen in diesem Zusammenhang besonders auf kleine und mittlere Betriebe hin. Sie können besonders stark unter Druck geraten, da ihre finanziellen Möglichkeiten beschränkter sind als jene von großen internationalen Betrieben. In der Automobilindustrie kann dies besonders die unzähligen hochspezialisierten kleineren und mittleren Zulieferbetriebe betreffen.

Als Unterstützung in solchen Situationen würde es oftmals ausreichen, für eine gewisse Zeitspanne eine Überbrückung zwischen der Phase des hohen Anpassungsdrucks und der Phase der Neuorientierung hin zu neuen Produkten, Dienstleistungen oder gar Geschäftsmodellen anzubieten. Der Staat kann dabei eine wichtige Rolle spielen und aus den Maßnahmen im Umgang mit der Corona-Pandemie lernen. Aus den Erfahrungen mit dem Modell der Kurzarbeit schlägt die deutsche IG Metall ein Kurzarbeitsmodell vor, das mit Maßnahmen zur Qualifizierung und Weiterbildung verknüpft wird: das Transformationskurzarbeitergeld.[95] Das Transformationskurzarbeitergeld soll eine Brücke über den reißenden Fluss des Umbaus hin zu Klimaneutralität sein. Während anfänglich die Produktion aufgrund von rückläufiger Nachfrage einbricht und der Anpassungsdruck für das Unternehmen immer größer wird, braucht es nicht nur Geld, sondern vor allem Zeit. Zeit für das Unternehmen, die Umorientierung zu organisieren und Produkte anzupassen oder weiterzuentwickeln. In solchen Situationen sollen das Transformationskurzarbeitergeld und die Bundesagentur für Arbeit helfen. Das Ziel: Entlassungen zu verhindern und Einkommensverluste zu verringern. In Kombination mit einer Qualifizierung und Weiterbildung können sich Beschäftigte in Kurzarbeit auf die neuen Anforderungen einstellen und die neu benötigten Fähigkeiten und Kompetenzen aneignen. Unternehmen und Betriebsräte entscheiden gemeinsam, welche Fort- und Weiterbildungen am sinnvollsten für das Unternehmen sind. Nach dem Prozess der Neuorientierung können die Beschäftigten mit ihren neu erlernten Fähigkeiten und Kenntnissen auch wieder weiterbeschäftigt werden.

In Österreich gibt es seit geraumer Zeit ein ähnliches Arbeitsmarktinstrument, das enormes Potenzial im Umbau der Wirtschaft entfalten könnte: eine Kombination aus Kurzarbeit und Solidaritätsprämienmodell.[96] Das Solidaritätsprämienmodell fördert die Anstellung einer weiteren Arbeitskraft bei gleichzeitiger Arbeitszeitreduktion und Einkommenskompensation für jene Arbeitskraft, die Arbeitszeit reduzieren möchte. Auch dieses Modell bietet die Chance, eine Brücke hin zu neuen Qualifikationen und Geschäftsmodellen in einer Phase der Neuorientierung des Unternehmens zu bauen. Arbeitnehmer:innen, Arbeitgeber:innen und die Gesellschaft als Ganzes profitieren von einem solchen Instrument: Die Arbeitnehmer:innen können ihre Arbeitszeit reduzieren und verlieren nicht im selben Ausmaß an Einkommen. Zudem steht mehr Zeit für Qualifizierung und Weiterbildung zur Verfügung. Das Unternehmen profitiert von einer teilweisen Kostenübernahme für die neu einzustellende Arbeitskraft und vom Aufbau von Qualifikationen und Fähigkeiten, und die Gesellschaft profitiert durch einen Rückgang der Arbeitslosigkeit in der Region.

Nicht nur hochqualifizierte Fachkräfte brauchen im Umbau Möglichkeiten zur Qualifizierung und Weiterbildung. Die Arbeitsmarktpolitik muss gerade niedrig- bis mittelqualifizierte Personen in ihrer Weiterbildung unterstützen. Gerade sie sind diejenigen, die von einer raschen Veränderung der Arbeitsmärkte besonders stark betroffen sind. Eine Reduktion der Arbeitszeit für Weiterbildung ist für viele Beschäftigte in diesen Einkommensgruppen finanziell gar nicht möglich, ebenso wie durch Betreuungsverpflichtungen oft

Weiterbildungen und längere Qualifizierungen spätabends oder am Wochenende für viele nicht möglich sind. Damit für solche Situationen auch Möglichkeiten geschaffen werden können, braucht es ein passendes Instrument. Ein solches wird unter dem Schlagwort „Qualifizierungsgeld mit Rechtsanspruch" auch bereits diskutiert.[97] Ein individueller Rechtsanspruch legt dabei fest, dass das Unternehmen einer Karenzierung für das Ausmaß der Weiterbildung zustimmen muss. Wechselseitig verpflichtet sich dafür die öffentliche Hand, für die Zeit der Qualifizierung eine Einkommensabsicherung für die Beschäftigten zu erbringen. So lautet ein Vorschlag zum Qualifizierungsgeld, dass innerhalb einer Zeitspanne von 15 Jahren insgesamt 36 Monate Aus- und Weiterbildung absolviert werden können. In dieser Zeit wird eine finanzielle Unterstützung in der Höhe des Mindestlohns gewährt. Das Qualifizierungsgeld wird dabei je nach der Situation am Arbeitsmarkt und nach den zu bewältigenden Herausforderungen im Umbau unterschiedlich stark nachgefragt werden. Zusätzlich brauchen Arbeitnehmer:innen eine vorausgehende qualifizierte Ausbildungsberatung, welche die persönliche Bildungsmotivation berücksichtigt und von unabhängigen Bildungseinrichtungen angeboten wird. Darüber hinaus kann das Qualifizierungsgeld mit Rechtsanspruch auch Arbeitssuchende im Wiedereinstieg in den Arbeitsmarkt unterstützen und Karrierechancen ermöglichen. Schließlich erfordert der Umbau hin zur Klimaneutralität alle Fähigkeiten und Kompetenzen – wir können in Anbetracht des Ausmaßes der Herausforderung auf keine einzige verzichten.

Die aktuellen Debatten rund um eine aktive Arbeitsmarktpolitik in Zeiten großer Herausforderung und Veränderung zeigen eine Fülle an möglichen Gestaltungsmöglichkeiten. Viele der in diesem Kapitel genannten Maßnahmen und Instrumente können uns dabei helfen, den Umbau der Wirtschaft zu begleiten und die von den Veränderungen besonders betroffenen Menschen dabei zu unterstützen, mit der Veränderung besser umzugehen. Gerade in

AKTIVE ARBEITSMARKTPOLITIK

Die Arbeitsmärkte verändern sich; Strukturveränderungen sowie wirtschaftliche Krisen können zu unvorhersehbaren Arbeitsplatzverlusten führen. Ziel der Arbeitsmarktpolitik ist es, in den dadurch verursachten Phasen der Arbeitslosigkeit den Beschäftigten finanzielle Sicherheit zu geben. Zentrale Instrumente dafür sind die Arbeitslosenversicherung sowie soziale Sicherheitsnetze. Diese Instrumente helfen nicht nur dabei, Betroffenen die Existenzgrundlage zu sichern, sondern sie mildern auch soziale Ungleichheit ab und tragen zu sozialer Stabilität bei.

Davon ist eine aktive Arbeitsmarktpolitik zu unterscheiden. Sie gewährt nicht nur finanzielle Absicherung für Betroffene, sondern setzt auch auf die gezielte Gestaltung des Arbeitsmarkts. Teil einer aktiven Arbeitsmarktpolitik sind Programme zur Aus- und Weiterbildung und Qualifizierung. Im Gegensatz zur rein finanziellen Absicherung in Phasen der Arbeitslosigkeit liegt der Fokus einer aktiven Arbeitsmarktpolitik auf der Unterstützung von Arbeitssuchenden und auf der Anpassung an veränderte Arbeitsanforderungen. Die Maßnahmen zielen darauf ab, Beschäftigte zu fördern und dazu beizutragen, Arbeitslosigkeit aktiv zu reduzieren. Instrumente einer aktiven Arbeitsmarktpolitik sind:

- Beratung und Vermittlung

- Qualifizierungs- und Weiterbildungsprogramme sowie Umschulungen

- Maßnahmen zur Wiedereingliederung, zum Beispiel öffentliche geförderte Beschäftigungsprogramme, beschäftigungsfördernde Programme für ältere Menschen, Langzeitarbeitslose, uvm.

Zeiten von Verunsicherung und Unsicherheit haben wir viele Möglichkeiten an der Hand, um Chancen und Perspektiven zu schaffen und zu zeigen, dass es immer Alternativen gibt.

Die gute Nachricht ist, dass die Transformation hin zu einer klimaneutralen Zukunft sogar mehr Arbeitsplätze schaffen kann, als durch sie gefährdet werden, wie sowohl Studien der International Labour Organisation,[98] der Europäischen Kommission[99] als auch der OECD[100] zeigen. Das Schätzmodell der Europäischen Kommission ermittelt für die EU einen Zuwachs von rund 1,2 Millionen Arbeitsplätzen bis ins Jahr 2030. Die Studien von Alain Mestre, Philippe Morvannou, Hauke Engel und Kolleg:innen,[101, 102] kommen zu ähnlichen Ergebnissen und schätzen den Zuwachs an

Arbeitsplätzen durch den grünen und digitalen Wandel in dieser Zeitspanne auf ein bis drei Millionen. Auch Schätzungen für Deutschland fügen sich in dieses Bild ein. Peter Hennike und Kolleg:innen sehen einen Zuwachs an Arbeitsplätzen bis ins Jahr 2030 von rund einer halben Million.[103] Das österreichische Wirtschaftsforschungsinstitut[104] weist bei allem Optimismus darauf hin, dass die durch den Umbau geschaffenen zusätzlichen Arbeitsplätze nicht automatisch für die Personen relevant sind, die ihre Arbeitsplätze im Wandel verlieren. Gerade deshalb sind Maßnahmen, die Umschulung, Weiterbildung und Qualifizierung unterstützen, so enorm wichtig, um einen reibungslosen Umbauprozess in Richtung Klimaneutralität zu ermöglichen.

Doch was bedeutet das nun für Wolfgang, seine Kolleg:innen, seine Familie und die Region, in der sie leben? Was mittlerweile klar sein sollte, ist, dass die Veränderung kommt. Nicht erst in Zukunft, sondern sie findet bereits im Hier und Jetzt statt. Ebenso wird sie enorme Auswirkungen auf Regionen, Arbeitsplätze und die Lebensentwürfe von Menschen haben. Gleichzeitig ist die gute Nachricht, dass die Veränderung gestaltet werden kann. Nicht nur die Beschäftigten, Wolfgang und seine Kolleg:innen, haben dabei Verantwortung, sondern auch die Unternehmen. Sie müssen sich aktiv mit einer zukunftsfähigen Ausrichtung ihrer Geschäftsmodelle auseinandersetzen und entsprechende Weiterbildungen und Qualifizierung ermöglichen. Kommunen, Länder und der Bund tragen wiederum die Verantwortung, die Unsicherheit zu reduzieren, indem sie Angebote schaffen und Einkommen absichern.

Ja, Veränderung bringt immer Unsicherheit mit sich. Perspektivenlosigkeit und Angst vor einer ungewissen Zukunft belasten die Menschen und ihre Familien und stellen die Zukunft ganzer Regionen in Frage. Aber nichts ist in Stein gemeißelt. Der Umbau hin zu einer klimaneutralen Wirtschaft birgt neben Gefahren auch enorme Chancen. Diese Chancen zu erkennen und aktiv daran zu arbeiten, sie auch Realität werden zu lassen, ist nicht nur die Aufgabe jedes und jeder Einzelnen, sondern eine Aufgabe für uns alle. Denn Zukunft ist immer gestaltbar und so auch die Zukunft der Arbeit und der Arbeitsplätze für eine klimaneutrale Wirtschaft.

WOHIN WIR GEHEN ...

WOLFGANG bekommt die Chance, seine Fähigkeiten in „seinem" Werk zu erweitern. Mit der Umstellung der Produktion auf Komponenten für elektrische Busse und seinen neuen Qualifikationen wird er seinen Beruf auch in Zukunft in einer klimaneutralen Wirtschaft ausüben können. Seinem langjährigen Kollegen **FRANZ** ermöglicht ein innovatives Altersteilzeitmodell, seine Arbeitszeit zu reduzieren und frühzeitig in den wohlverdienten Ruhestand zu wechseln.

KATRIN aus dem Vertrieb kann über das neu eingeführte Qualifizierungsgeld im zweiten Bildungsweg mit einer adäquaten Einkommensabsicherung endlich ihren lang gehegten Traum aufgreifen und in die Erwachsenenbildung wechseln. Für jenen Bereich des Betriebs, der gänzlich geschlossen werden soll, bieten eine Arbeitsstiftung und eine erhöhte Arbeitslosenunterstützung die Chance eines Neuanfangs, zum Beispiel im nahegelegenen Betrieb für Schienenfahrwerkskomponenten.

KAPITEL 6

WIRTSCHAFTLICHE STRUKTUREN VERÄNDERN: GRÜNE INDUSTRIEPOLITIK

WOHER WIR KOMMEN ...

NORBERT, 34, arbeitet im Bundeskanzleramt. Seine Aufgabe ist die Koordinierung mit den anderen Fachministerien. Ein vielseitiger und herausfordernder Beruf. Die Interessenslagen und Ansprüche der einzelnen Verwaltungsebenen sind oft sehr unterschiedlich. Seit die Europäische Union den Europäischen Grünen Deal ausgerufen hat, landet das Thema Industriepolitik immer häufiger auf seinem Tisch. Bisher war es eher ein Randthema. Man ging davon aus, dass ein wachsames Auge der Wettbewerbshüter und faire Wettbewerbsbedingungen ausreichen, um einer positiven wirtschaftlichen Entwicklung freien Lauf zu lassen.

EMILIA, 25, arbeitet seit kurzem in einem großen Industriebetrieb. Bisher war man auf die Produktion von Gasverdichtern spezialisiert.

Doch das Geschäftsmodell hat ein Auslaufdatum.
Sowohl der Geschäftsführung als auch den Beschäftigten ist klar:
Ein paar Jahre geht das noch, dann wird sich etwas verändern
müssen. Die Auftragsbücher sind bisher noch bis zum
Bersten gefüllt. Doch wie alle wissen,
kann sich das schnell ändern.

Es sind die wirtschaftlichen Strukturen, die Art und Weise, wie wir Energie erzeugen und verbrauchen, Rohstoffe fördern und Produkte fertigen, die zu den Problemen in unseren Ökosystemen führen. An diesem neuralgischen Punkt müssen wir ansetzen, um etwas gegen die Klimakrise zu unternehmen. Wir müssen unsere Produktionssysteme auf neue Beine stellen – in der Art, wie sie funktionieren, und auch die Bedingungen, zu denen wir produzieren. Zynisch wie der Kapitalismus oft ist, ist die Transformation nicht nur eine Bedrohung für die Wirtschaft. Sie ist gleichzeitig auch eine enorme wirtschaftliche Chance! Es ist nicht auszuschließen, dass wir am Beginn einer grünen Revolution stehen, in der sich der Kapitalismus wieder einmal wandelt. Es ist gut möglich, dass er sich wie eine Raupe aus einem Kokon befreit und in völlig neuem Gewand erstrahlen wird: ein Kapitalismus, der verstärkt auf eine nachhaltige Energieversorgung setzt, sich an veränderte klimatische Bedingungen anpasst und effizienter mit Ressourcen und Energie umgeht.

Doch berechtigte Zweifel bleiben bestehen, ob eine marktgläubige Laissez-faire-Politik einen solchen fundamentalen Wandel der Produktionsstrukturen überhaupt erreichen kann. Bisherige Erfahrungen zeigen uns Gegenteiliges. Märkte waren noch nie besonders gut darin, auf sich allein gestellt strukturelle Veränderungen in einem solchen Ausmaß zu bewerkstelligen.

Der Wirtschaftsnobelpreisträger Joseph Stiglitz und Bruce Greenwald von der Columbia-Universität in den USA führen dies im Kern auf die Profitlogik zurück. Unternehmen aus Sektoren, die im Zuge des Strukturwandels verdrängt werden, kämpfen in der Regel mit großen Kapital- und Einkommensverlusten. Sie sind daher nicht in der Lage, Ressourcen im erforderlichen Ausmaß in Neuinvestitionen zu lenken. Gleichzeitig sind die Banken im Hinblick auf das weitere Bestehen des Unternehmens oder dessen Zahlungsfähigkeit skeptisch. Externe Geldmittel für die notwendigen Investitionen über Kredite sind aufgrund der wirtschaftlichen Situation, in der die Unternehmen stecken, begrenzt.[105] Im Zuge einer grünen industriellen Revolution geraten die fossilen Unternehmen in unserer Wirtschaft immer weiter unter Druck. Gleichzeitig entstehen in Bereichen der grünen Technologien und Geschäftsmodelle neue und bisher ungeahnte Chancen. Wir müssen die Energiewende schließlich auch produzieren, mit Energie und Ressourcen effizienter umgehen, eine Kreislaufwirtschaft hochziehen und Mobilitäts- und Wärmesysteme umrüsten. Die dadurch entstehenden neuen Geschäfts- und Profitmöglichkeiten werden sich clevere Unternehmen nicht entgehen lassen. Es tritt damit eine Form eines neuen „grünen Kapitalismus" gegen einen alten fossilen Kapitalismus an. Man spricht im Fachjargon von grünen und fossilen Akkumulationsregimen.[106]

Ob ein Kapitalismus im grünen Gewand ausreicht, um die Klimaziele zu erreichen und unsere Lebensgrundlage zu erhalten, ist umstritten. Viele zweifeln daran und haben für ihre Sicht gute Argumente.[107] Doch unabhängig von dieser grundsätzlichen Frage braucht eine angestrebte grüne industrielle Revolution handlungsmächtige Akteure, die über die finanziellen und politischen Ressourcen verfügen, um die notwendige Veränderung der Strukturen durchzusetzen. Ein grüner Kapitalismus ist, bei all seinen Unzulänglichkeiten, ein mächtiger Partner, um den Wandel unserer Produktionssysteme zu beschleunigen. Und genau darauf baut die

Europäische Union. Sie verfolgt dazu zwei Strategien: eine Strategie nach außen über Ausgleichszölle, Lieferkettenverantwortung und Handelsabkommen, um faire Wettbewerbsbedingungen herzustellen, und eine Strategie nach innen über die Förderung grüner Technologien und einer Umstellung der Produktion. Zusammengenommen sollen die Strategien helfen, die Europäische Union in Richtung eines „grünen Kapitalismus" zu entwickeln. In einem solchen Szenario gehen Klimaschutz und wirtschaftlicher Wohlstand Hand in Hand. Im Gegensatz zu einer von manchen befürchteten Deindustrialisierung Europas soll eine grüne Industriepolitik zu einer umfassenden Reindustrialisierung mit grünen Geschäftsmodellen, Produkten und Dienstleistungen führen.[108]

DIE GLOBALE COMEBACK-TOUR EINER AKTIVEN INDUSTRIEPOLITIK

Im Zuge der Klimakrise entdeckt die Industriepolitik ihren Instrumentenkoffer wieder. Der gezielte Einsatz einer aktiven grünen Industriepolitik soll eine grüne industrielle Revolution unterstützen. Ein grünes Akkumulationsregime soll gegenüber seinem fossilen Zwilling unterstützt und gefördert werden. Die Industriepolitik verlässt damit den zuletzt eingeschlagenen Pfad des neutralen Bewahrers der Rahmenbedingungen und begibt sich mitten auf das Spielfeld. Sie wird aktiv, gestaltend und steuernd. Nicht nur in einzelnen kleinen ausgewählten Nischen, sondern entlang der gesamten Produktions- und Wertschöpfungsketten: von Forschung und Entwicklung über Investitionen in Infrastrukturen bis hin zu Schaffung und Regulierung von neuen Leitmärkten. Neben zunehmenden geopolitischen Spannungen, dem Aufstieg Chinas zur grünen High-Tech-Nation und der US-amerikanischen wirtschaftspolitischen Antwort darauf wird die grüne Transformation zur Triebkraft einer in die wirtschaftlichen Strukturen eingreifenden Industriepolitik – einer Politik, mit der Regierungen versuchen, die Struktur der Wirtschaft und die eingesetzten Technologien in eine gesellschaftlich gewünschte Richtung zu entwickeln.

Doch die Bemühungen bleiben nicht ohne Kritik, galt doch bis vor kurzem noch ein Laissez-faire-Zugang. Die Kritiker:innen führen drei zentrale Argumente gegen eine aktive Industriepolitik ins Feld: Erstens muss der Staat beurteilen können, welche Wirtschaftsbereiche förderungswürdig sind. Er muss beantworten, wer die Gewinner des Strukturwandels, auf die man setzen möchte, und wer die Verlierer, die man stabilisieren will, sind. Eine Fähigkeit des Staates, welche die Kritiker:innen ihm in der notwendigen Qualität absprechen. Verwiesen wird darauf, dass der Staat niemals bessere Informationen haben kann als die einzelnen Marktakteure. Zweitens bestehen im Strukturwandel beachtliche Interessenskonflikte zwischen jenen, die vom Wandel profitieren, und jenen, die viel zu verlieren haben. Eine Spielwiese für Lobbyisten tut sich auf und das Potenzial für Lobbyismus ist groß und lukrativ. Drittens stellt sich in der akademischen Debatte die Frage über die Wirksamkeit von industriepolitischen Maßnahmen und was bei Zielkonflikten passiert. Holger Görg, Professor für Außenwirtschaft an der Christian-Albrechts-Universität zu Kiel, schreibt dazu, dass sich die Debatten auf eine zentrale Frage zuspitzen: Päppelt man eine alternde, im Sterben befindliche Branche auf oder setzt man auf neue Industrien mit ungewissen Zukunftschancen?[109]

All diese Diskussionen sind nicht neu. Sowohl das Plädoyer für eine aktive Industriepolitik als auch die Kritik daran gibt es seit langem. Bereits im 19. Jahrhundert war eine in den Markt eingreifende Industriepolitik in vielen Ländern gelebte wirtschaftspolitische Praxis. Der Ausbau von Produktionskapazitäten, das Erreichen von Technologieführerschaft oder ein wirtschaftliches Aufholen der Entwicklung anderer Staaten waren die Leitziele dieser Politik. Es ging dabei nicht nur um den Schutz der eigenen Industrien gegenüber Konkurrenz aus dem Ausland. Zwar spielten Zölle immer wieder eine wichtige Rolle, doch die Industriepolitik im Zeitalter der industriellen Revolution ging weit über reinen Protektionismus hinaus. Viele der industriepolitischen Instrumente, die damals Anwendung fanden, würden auch heute noch als modern und zeitgemäß gelten. Réka Juhász von der Universität in British Columbia und Claudia Steinwender von der Ludwig-Maximilians-Universität in München warfen einen scharfen Blick auf die industrie- und strukturpolitischen Maßnahmen im 19. Jahrhundert. Sie identifizieren dabei drei Stellen, an denen die Industriepolitik gestalterisch ansetzt: Inputfaktoren, Absatzmärkte und Wettbewerbsrahmen.[110]

Als Inputfaktoren bezeichnet man die Mittel, mit denen Produkte oder Dienstleistungen hergestellt werden. Man unterscheidet zwischen Kapital und Arbeit. Kapital bezeichnet Geldmittel, Maschinen, Gebäude und mehr, die für die Herstellung benötigt werden. Der Faktor Arbeit wiederum sind die Menschen, ihre Fähigkeiten, ihre Kompetenzen, ihr Wissen, ihre Kraft und ihre Zeit, die in den Produktionsprozess einfließen. Eine aktive Industriepolitik kann nun versuchen, den Zugang zu den Inputfaktoren Kapital und Arbeit zu erleichtern, zu vergünstigen oder zu sichern. Der Zugang zu Rohstoffen, einer stabilen Versorgung mit Energie sowie qualifizierten Arbeitskräften stehen im Fokus. Außerdem kann die Industriepolitik versuchen, über Forschung und Entwicklung die Produktivität und Effizienz von bestimmten Branchen zu erhöhen und damit ihr Wachstum fördern.

Am anderen Ende der Produktion steht der Konsum. Auch an dieser Stelle kann Industriepolitik ansetzen, indem sie Absatzmärkte und damit Umsatzchancen fördert. Handelsabkommen, Zölle oder die gezielte Entwicklung und Unterstützung von Märkten über die eigene Nachfrage des Staates stehen hierzu am Programm.

Die dritte Möglichkeit der Gestaltung ist jene über die Gestaltung des Wettbewerbs. Je nachdem, wie der Rahmen ausgestaltet ist und welche Möglichkeiten er bietet, beeinflusst er die wirtschaftlichen Aktivitäten. Man kann den Wettbewerb zwischen Unternehmen fördern oder man kann ihn beschränken. Manchmal macht es unter Umständen Sinn, Monopole, Oligopole und Kartelle zuzulassen. Zum Beispiel dann, wenn man glaubt, dass nur große Unternehmen Investitionen tätigen und Infrastrukturen aufbauen können, die für die anstehenden Aufgaben notwendig sind, oder nur sie sich im globalen Wettbewerb behaupten können. Ebenso können über staatliche Beihilfen und Förderungen Unternehmen gezielt unterstützt werden.

All diese Facetten der Industriepolitik finden sich nicht nur in der Geschichte der wirtschaftlichen Entwicklung wieder, sondern auch im Heute. Eine aktive Industriepolitik ist nach einer längeren Phase an der Seitenlinie zurück auf den politischen Bühnen. Nicht nur auf der großen Bühne der Weltpolitik, sondern auch auf der Ebene der Nationalstaaten. Gleichzeitig gibt es eine Fachdebatte über die Wirksamkeit industriepolitischer Maßnahmen. In der historischen Rückschau finden sich sowohl Belege dafür als auch dagegen. Viele der industriepolitischen Maßnahmen waren in der Geschichte erfolgreich und haben zu einer florierenden wirtschaftlichen Entwicklung beigetragen. Auf der anderen Seite gibt es auch Beispiele für grandioses Scheitern. In den aktuellen Debatten über die Initiierung einer grünen industriellen Revolution wird es wichtig sein, darüber nachzudenken, wie wir Industriepolitik so gestalten, dass sie wirksam ist und gleichzeitig Zielkonflikte und ungewollte Nebeneffekte vermeidet. Die Transformation der Wirtschaft hat jedenfalls zu einem erfolgreichen Comeback einer aktiven Industriepolitik geführt. Vormals unter dem Mantra „lasst die Märkte nur wirken" für tot erklärt, ist sie heute lebendiger denn je zurück.

DER INSTRUMENTENKOFFER DER INDUSTRIEPOLITIK

Industriepolitik ist ein mächtiges wirtschaftspolitisches Instrument. Sie gestaltet nicht nur den Rahmen für wirtschaftliche Aktivität, sondern greift auch selbstbewusst in Angebot und Nachfrage ein. Sie beeinflusst den Zugang zu Inputfaktoren und schafft Absatzmärkte und Marktchancen. Die Zielsetzungen einer aktiven

Industriepolitik sind damit facettenreich. Dementsprechend haben auch ihre Instrumente die unterschiedlichsten Formen. An einer letztgültigen Definition von Industriepolitik mangelt es deshalb. Industriepolitik umfasst offensichtliche und weniger offensichtliche Instrumente. Die Palette reicht von regional-, innovations-, infrastruktur- und wettbewerbspolitischen Instrumenten bis hinein in die Sphären der Steuer-, Arbeitsmarkt- und Bildungspolitik. Ministerien, Universitäten und Regionalentwicklungs- und Forschungsförderungsagenturen spielen als Träger der Industriepolitik ebenso eine wichtige Rolle wie öffentliche Unternehmen und regionale Leitbetriebe.[111]

Um ein Licht ins Dickicht der Instrumente und Träger zu bringen, hat sich der Ökonom Jostein Hauge vom Institut für Entwicklungspolitik der Universität Cambridge an einer Übersicht des industriepolitischen Werkzeugkoffers versucht. Seiner Definition folgend finden die industriepolitischen Diskussionen auf fünf zentralen Ebenen statt. Auf der Makroebene der volkswirtschaftlichen Entwicklung, der Ebene der gezielten Förderung von Unternehmen und Sektoren, der Handelspolitik, der Forschungs- und Innovationspolitik und der Arbeitsmarkt- und Bildungspolitik.

Wie man anhand der Tabelle 1 bereits erahnt, ist die Entwicklung und Umsetzung einer erfolgreichen Industriepolitik eine komplexe Angelegenheit. Dabei geht es in der Industriepolitik keinesfalls darum, vermeintliche Gewinner:innen zu identifizieren und zu unterstützen, sondern vielmehr um die Korrektur von Marktversagen und um die Gestaltung von Rahmenbedingungen, die eine lernende und innovative Gesellschaft ermöglichen. Doch man sollte sich nicht täuschen: Auch der Staat versagt und ein solches Versagen kann ebenso verheerend sein wie das Marktversagen. Trotz alledem zeigt der Blick in die Vergangenheit, dass viele Regierungen eine glaubwürdige Bilanz von industriepolitischen Interventionen haben.

TABELLE 1: TAXONOMIE INDUSTRIEPOLITISCHER INSTRUMENTE

Politikfeld / Ebene	Industriepolitische Instrumente
Makroebene	• Öffentliche Unternehmen • Entwicklungsbanken oder andere langfristige Finanzierungen • Sonderwirtschaftszonen • Geldpolitik • Infrastrukturpolitik • Preisregulierung • Kartellrecht und Wettbewerbspolitik
Unternehmensförderung	• Förderung von Forschung und Entwicklung, Steuervergünstigungen • Förderungen von Klein- und Mittelbetrieben (KMUs) • Förderung von Risikokapital • Öffentliche Beschaffung • Optimierung von Unternehmenskoordination und -verflechtung
Handelspolitik	• Importzölle und -quoten • Exportförderung und -unterstützung • Anreize und Regulierung für ausländische Direktinvestitionen (FDI) • Internationale Handelsabkommen
Forschungs- und Innovationspolitik	• Finanzierung der Grundlagenforschung • Einrichtung von Forschungszentren und -agenturen • Rechte an immateriellem Eigentum (z. B. Patente)
Bildungs- und Weiterbildungspolitik	• Förderung und Steuervergünstigungen für Aus- und Weiterbildung • Qualifizierungs- und Weiterbildungsmaßnahmen • Internationale Bildungszusammenarbeit

Quelle: Hauge (2023) in Anlehnung an Naudé (2010) und Peres und Primi (2009)

Die Wahl der richtigen Instrumente ist dabei eine Kunst für sich. Jedes Land, jede Branche und jeder Sektor unterscheiden sich in ihren Ausgangslagen, Herausforderungen und Möglichkeiten. Eine gute Industriepolitik muss diesen Kontext berücksichtigen. Immer wieder sind Regierungen verleitet, nach Best-Practice-Beispielen zu suchen und diese zu kopieren. Diese Versuche scheitern jedoch regelmäßig, da sie nicht auf die spezifischen Strukturen und Institutionen eingehen, die sie verändern möchten. Deshalb müssen die Instrumente immer an die jeweiligen wirtschaftlichen, politischen und verwaltungstechnischen Rahmen angepasst werden. Darüber hinaus ist die industrielle Produktion in komplizierte globale Lieferketten eingebunden. Diese Produktionsnetzwerke sind regional über viele Jahre hinweg gewachsen. Auf Basis von technischem Know-how, Fähigkeiten und implizitem Wissen kommt es zu regionalen Spezialisierungsmustern. Eine aktive Industriepolitik muss hier mit ihrem Instrumentenkoffer ansetzen, möchte sie gezielt Industrien nach gesellschaftlichen Zielen umgestalten oder gänzlich neu aufbauen – eine Herkulesaufgabe.

ERFOLGSFAKTOREN FÜR EINE AKTIVE INDUSTRIEPOLITIK

Die Wahl des richtigen Instrumentenmixes und ihre Anpassung an die regionalen Situationen sind eine komplizierte Angelegenheit. Wissenschaft und Politik debattieren wortreich darüber, ob industriepolitische Interventionen überhaupt den Erfolg bringen, den sie versprechen. Während die einen argumentieren, dass der Erfolg industriepolitischer Maßnahmen nicht belegbar ist, verweisen die anderen auf die vielfältigen historischen Beispiele, in denen eine aktive Industriepolitik erfolgreich war. Die Forschung ist deshalb darum bemüht, den Erfolg oder das Scheitern von industriepolitischen Maßnahmen genauer zu untersuchen. Ziel ist es, unabhängig von den regionalen Zusammenhängen Faktoren für eine erfolgreiche Industriepolitik zu identifizieren.

Die Forscher Bentley Allan, Derek Eaton und James Meadow-croft haben dies in ihren Arbeiten versucht. Sie arbeiten am kana-dischen Transition Accelerator – eine Organisation, die es sich zur Aufgabe gemacht hat, Transformationspfade für Kanada zu ent-wickeln, soziale Innovation zu fördern und Beratung für die Politik-gestaltung anzubieten. Sie identifizieren in ihren Arbeiten einige Faktoren, die zu einer erfolgreichen Industriepolitik beitragen.[112]

ABBILDUNG 5: ERFOLGSFAKTOREN EINER AKTIVEN INDUSTRIEPOLITIK

Vision & Zielpfade

Zusammenarbeit, Koordinierung & Abstimmung

Maßnahmenplan & Bereitstellung finanzieller Ressourcen

Quelle: Allan et al. (2022), eigene Anpassungen

Der erste Schritt für eine erfolgreiche Industriepolitik ist das For-mulieren einer gemeinsamen politisch getragenen Vision darüber, wohin sich die Wirtschaft entwickeln soll. Daraus müssen konkrete Ziele und Zeitpläne abgeleitet werden. Die Aufgabe der Wirtschafts-politik ist es anschließend zu zeigen, welche Maßnahmen es braucht, um die Ziele in der vorgegebenen Zeit zu erreichen. In der

Europäischen Union baut man dazu auf ein unter dem Begriff „Carrots and Sticks" bekanntes Instrument. Es bezeichnet die Einführung von Anreizsystemen, die aus zwei Elementen bestehen: Belohnungen in Form von Förderungen („Karotten") und Sanktionen, zum Beispiel Verbote oder Strafzahlungen („Stöcke"). Man versucht in diesem Ansatz, einen Mechanismus zu schaffen, der gewünschtes Verhalten belohnt und die Nicht-Einhaltung bestraft. Ein Beispiel ist die Förderung von Technologien zur Emissionsreduktion mit gleichzeitiger Ankündigung von Strafzahlungen, wenn es die Unternehmen bis zu einem festgelegten Zeitpunkt versäumen, ihre Emissionen zu reduzieren. Einen gänzlich anderen Weg haben die Vereinigten Staaten gewählt. Im Zuge des industriepolitischen Programms des „Inflation Reduction Acts" stellt die US-Regierung Steuervergünstigungen in Aussicht. In den Genuss dieser Steuerreduktionen kommen die Unternehmen, wenn sie einen Beitrag zum Erreichen der industriepolitischen Ziele leisten. Zum Beispiel erhalten die Unternehmen eine Steuerreduktion, wenn ein gewisser Anteil eines Produkts in den USA hergestellt wurde.

Ein weiteres Element für eine erfolgreiche Industriepolitik ist eine funktionierende Zusammenarbeit zwischen öffentlichem und privatem Sektor. Nur eine enge Kooperation, ein Austausch und eine Beratung zwischen handlungsmächtigen Akteuren und Interessensgruppen machen die Akteure strategiefähig. Eine verstärkte Koordination soll die Abstimmung von Investitionen, die Einleitung von gemeinsamen Projekten und die Identifikation von Qualifizierungs- und Weiterbildungsbedarfen erlauben. Doch es braucht nicht nur eine bessere Zusammenarbeit zwischen der Privatwirtschaft und dem Staat. Auch zwischen den Verwaltungsebenen und öffentlichen Organisationen gibt es Abstimmungsbedarf, zum Beispiel zwischen Bund, Ländern und Gemeinden und beispielsweise öffentlichen Agenturen der Forschungsförderung. Informationsaustausch und Kooperationen sollen einen besseren Informationsfluss gewährleisten, Fachwissen für die Strategiebildung für alle zugänglich machen und wechselseitiges Lernen fördern. Idealerweise bündelt man diese Aufgaben an einer zentral verantwortlichen und unabhängigen Stelle mit Budget und Entscheidungsverantwortung. Die neueren Ansätze von Missionsagenturen gehen in diese Richtung.[113]

Visionen, überprüfbare Ziele sowie die Abstimmung und Koordinierung zwischen Akteuren in der Umsetzung bilden gemeinsam die grundlegenden Voraussetzungen dafür, dass die wirtschafts- und industriepolitischen Akteure strategiefähig werden. Nur wenn es gelingt, diese Strategiefähigkeit herzustellen, können ein sektorspezifischer Maßnahmenplan und die dazu nötigen finanziellen Ressourcen so abgestimmt werden, dass sie die Zielerreichung wirkmächtig unterstützen.

In der aktuellen geopolitischen Lage aus Klimakrise, zunehmenden geopolitischen Konflikten und einem harten Ansiedlungswettbewerb geht es nicht mehr nur darum, ob die Regierungen eine Politik verfolgen sollen, welche die Produktionsstrukturen der Wirtschaft beeinflusst. Die Regierungen tun dies bereits. Die Debatten sollten sich daher nicht um das Warum drehen, sondern sich auf die Ziele und Entwicklungsrichtungen konzentrieren, nämlich auf die Art und Weise, wie wir versuchen sollen, die Wirtschaft zu gestalten.

Die politische Schlüsselfrage der Industriepolitik bezieht sich aber nicht nur auf die Richtung der Entwicklung, sondern auch auf die Größe des Schritts. Es gibt eine lebhafte Debatte darüber, ob Regierungen versuchen sollten, nahe gelegene technologische Weiterentwicklungen in kleinen Schritten zu fördern, oder ob sie versuchen sollten, zu einem großen Entwicklungssprung anzusetzen. Ersteres bewegt sich ausgehend von der aktuellen Situation entlang des Bestehenden. Zweiteres ist wesentlich risikoreicher und bringt im Erfolgsfall höhere Erträge. Gleichzeitig ist die Wahrscheinlichkeit des Scheiterns um ein Vielfaches höher. Beispielhaft hierfür sind die Debatten um die Weiterentwicklung des Individualverkehrs. Entwickelt man den Verbrennungsmotor in kleinen Schritten für nachhaltige Treibstoffe weiter oder versucht man den Sprung in eine andere Antriebstechnologie, wie es mit den Elektrofahrzeugen geschehen ist? Europa setzte jahrzehntelang auf die Strategie der Weiterentwicklung und der Verbesserung des Verbrenners. China wiederum setzte auf die Variante der starken Förderung der Elektrofahrzeuge.

INDUSTRIEPOLITIK IM GRÜNEN WANDEL

Unter dem Vorzeichen der Klimakrise kommt der Industriepolitik die Rolle zu, aktiv die Umgestaltung des produzierenden Bereichs in Richtung Klimaneutralität zu beschleunigen. Sie kann dazu auf die gesamte Breite ihres Instrumentenkoffers zurückgreifen. All die genannten Gestaltungsoptionen sind Teil einer „grünen Industriepolitik". Und zwar in all ihren Variationen: vom grünen inklusiven Wachstum über Grüne Deals bis zur gesteuerten Schrumpfung fossiler Industrien.[114]

Eine grüne Industriepolitik ist demzufolge eine Spielart einer aktiven Industriepolitik mit spezieller Fokussierung auf die Entwicklung klimaneutraler wirtschaftlicher Strukturen durch Technologien, Effizienz und Innovation. Dabei erfüllt sie nicht nur eine, sondern gleich mehrere Aufgaben in der Unterstützung des Wandels. Erstens muss das Wirtschaftssystem stärker auf ökologische Nachhaltigkeit, Ressourcen- und Energieeffizienz und die Einhaltung der Ökosystemgrenzen ausgerichtet werden. Zweitens wird das verarbeitende und produzierende Gewerbe eine zentrale Rolle in der Umsetzung der grünen Wende spielen, und dies gleich in mehrfacher Hinsicht: Das Angebot an neuen grünen und nachhaltigen technologischen Lösungen muss bestehende fossile Lösungen verdrängen. Ebenso wird der produzierende Bereich eine unverzichtbare Rolle in der umweltfreundlichen Gestaltung der Energiesysteme spielen. Drittens sind staatliches, sozialpartnerschaftliches und zivilgesellschaftliches Engagement und daraus resultierende Investitionen in den Auf- und Umbau klimaneutraler Infrastrukturen entscheidend für das Gelingen der Transformation.

In der Transformation zielt die Industriepolitik hauptsächlich auf die Förderung und den Ausbau erneuerbarer Energien und nachhaltiger Technologien ab. Als „grüne Industriepolitik" soll sie helfen, Investitionen gezielt in den Aufbau von Produktionskapazitäten für erneuerbare Energien und in Technologien zur Steigerung von Energie- und Ressourceneffizienz zu lenken. Ziel ist, die Energieversorgung auf nachhaltige Beine zu stellen und traditionelle Industrien umweltfreundlicher zu gestalten. Regulierung und Anreize, die wir als Karotten und Stöcke bereits kennengelernt haben, sollen Unternehmen und Haushalte durch Umweltregulierungen, Steuern, Förderungen und andere Anreizmechanismen dazu ermutigen, in umweltfreundliche Technologien, Produkte und Dienstleistungen zu investieren und diese zu übernehmen. Darüber hinaus soll ein effizienter Umgang mit Ressourcen und Energie gefordert und gefördert werden. Abfall muss reduziert und Produkte und Materialien müssen recycelt, wiederverwendet und repariert werden. Die Neuaufstellung der wirtschaftlichen Strukturen unserer Produktionssysteme wird einen enormen Ressourcenhunger verursachen. Ressourceneffizienz und Kreislaufwirtschaft werden uns dabei helfen, diesen Ressourcenhunger zu mildern. Gleichzeitig werden die enormen Investitionen in die grüne Transformation zusätzliche und neue Arbeitsplätze schaffen. Investitionen in die Aus- und Weiterbildung von Arbeitskräften für grüne Branchen und Technologien werden zu einem enormen Schub für Beschäftigung und Wertschöpfung in diesen Branchen führen. Ein Widerspruch des Umbaus, der mit den schon jetzt überstrapazierten Ökosystemen im Konflikt steht und in den Diskussionen meist ungelöst stehen bleibt. An dieser Stelle tritt das Konzept der Konsistenz auf den Plan. Teil einer industriepolitischen Strategie der Transformation muss vor diesem Hintergrund nicht nur die Beförderung von

Effizienz sein. Darüber hinaus müssen die neu entwickelten oder in der Gesellschaft rasch Verbreitung findenden grünen Technologien auch im Einklang mit den Ökosystemen stehen. Nur wenn Effizienz gepaart mit Konsistenz in den industriepolitischen Entwicklungsstrategien verankert sind, kann die Industriepolitik tatsächlich einen Beitrag zum Gelingen der Transformation leisten.

EFFIZIENZ, SUFFIZIENZ UND KONSISTENZ

Grundsätzlich unterscheidet man die drei Konzepte Effizienz, Suffizienz und Konsistenz. Sie haben auch für die Ausgestaltung wirtschaftspolitischer Ziele in der Transformation eine große Bedeutung.

1. **Effizienz:** Gilt als zentrale Stellschraube in der Ökonomie und bezieht sich darauf, wie effektiv Ressourcen genutzt werden, um ein bestimmtes Ziel zu erreichen. Mit einem gegebenen Input soll der maximal mögliche Output erzielt werden. Im Nachhaltigkeitskontext möchte man die Umweltauswirkungen von Produktion und Konsum minimieren. Eine Kreislaufwirtschaft trägt durch Wiederverwendung sowie einen sparsamen Umgang mit Energie starke Effizienzaspekte in sich.

2. **Suffizienz:** Als Suffizienz bezeichnet man eine ausreichende Art und Weise der Befriedigung von Bedürfnissen, ganz ohne einen übermäßigen Verbrauch von Energie und Ressourcen. Überreichtum, Über- und Luxuskonsum sind aus einer Suffizienzperspektive strikt zu vermeiden. Sowohl kollektive Regelungen gegen Überkonsum als auch bewusster individueller Verzicht sind Strategien der Suffizienz.

3. **Konsistenz:** Im Nachhaltigkeitsbezug bedeutet Konsistenz, dass eine wirtschaftliche Aktivität im Einklang mit den natürlichen Grenzen der Ökosysteme stehen muss. Kurz: Konsistenz richtet sich auf naturverträgliche Technologien und Praktiken, die Energie, Ressourcen und Leistungen von Ökosystemen nutzen, ohne sie dabei zu zerstören.

GRÜNE INDUSTRIESTRATEGIEN FÜR DIE VERÄNDERUNG UNSERER WIRTSCHAFT

Der Staat spielt in der Transformation der Wirtschaft in Richtung Klimaneutralität eine wichtige Rolle: als Stratege, Gestalter und als wirtschaftlicher Akteur. Nicht nur in der Bereitstellung von Grundlegendem wie Bildung, Gesundheit, Wettbewerb und Grundlagenforschung, sondern auch in der gezielten Lenkung der wirtschaftlichen Entwicklung. Der Instrumentenkoffer kann an die spezifischen politischen und institutionellen Kontexte der jeweiligen Länder angepasst werden. All die Akzente, die der Staat setzen kann, prägen und verändern die Wirtschaft. Eine aktive Industriepolitik, auch in ihrer grünen Variante, ist durch ihre starken Eingriffe in die wirtschaftlichen Strukturen natürlich auch mit Risiken des Scheiterns verbunden. Ein Scheitern, das große Konsequenzen für die nationale und regionale wirtschaftliche Entwicklung haben kann. Jedoch halten Stiglitz und Greenwald ausdrücklich fest, dass es noch riskanter wäre, keine aktive Industriepolitik zu betreiben.[115] Dies trifft im Besonderen auf die Zeiten der großen Umwälzungen zu, in denen wir uns gerade befinden. Denn was wir als Reaktion auf die Klimakrise wirtschaftspolitisch tatsächlich brauchen, ist nicht mehr, aber auch nicht weniger als eine neue industrielle Revolution. Eine grüne industrielle Revolution, die unsere Produktionssysteme auf naturverträgliche Beine stellt. Damit dies gelingt, müssen wir auf den breiten Instrumentenkoffer der Industriepolitik zurückgreifen und einen speziellen Fokus auf die Entwicklung grüner Wirtschaftsstrukturen legen. Das Vorhandensein der Instrumente allein reicht dazu noch nicht aus. Es braucht mehr. Nämlich eine daraus abgeleitete und von Staat und anderen wirtschaftlichen Akteuren breit getragene grüne Industriestrategie.

Grüne Industriestrategien ruhen in den gängigen Diskussionen auf den Säulen Anreize, Innovation, der gesellschaftlichen Verbreitung von Technologien sowie der Einführung von CO_2-Preisen. Wir müssen in der Transformation eine grüne Industriepolitik jedoch noch umfassender sehen. Aspekte der Bildung und Qualifizierung müssen darin ebenso Platz finden wie Regulierungsstandards, die Schaffung von Märkten durch öffentliche Beschaffung sowie zielgerichtete angewandte Forschung und Entwicklung. Erfolgreich werden solche Strategien nur sein, wenn die Politiken sich ergänzen und klare Zielvorgaben und langfristige Glaubwürdigkeit bieten.[116] Industriestrategien müssen ein auf den nationalen und regionalen Kontext zugeschnittenes Maßnahmenbündel enthalten, das beide Seiten des Marktes anspricht: die Angebots- und die Nachfrageseite. Zur Angebotsseite zählen klassisch die Forschungs- und Innovationspolitik, Anreizsystematiken und die Bildung und Weiterbildung von Fachkräften. Auf der Nachfrageseite stehen die öffentliche Beschaffungspolitik, CO_2-Steuern oder Vorschriften für die regionale Produktion. Solche Local-Content-Bestimmungen legen fest, wie hoch der Anteil an inländischer Wertschöpfung sein muss, um beispielsweise in den Genuss von staatlichen Förderungen zu gelangen. Die hohe Kunst der Industriepolitik liegt in der Abstimmung zwischen angebots- und nachfrageseitigen Maßnahmen mit dem Ziel, sowohl Produktion als auch Verbrauch gleichzeitig anzukurbeln. Die Europäische Union verfolgt in ihren neueren industriepolitischen Strategien einen solchen Ansatz. Sowohl der europäische grüne Industrieplan (Green Deal Industrial Plan) als auch seine Umsetzung durch das Netto-Null-Industrie-Gesetz[117] sind aktuelle Beispiele des Versuchs, eine solche Industriepolitik voranzutreiben. In ihrer Wirksamkeit leiden die Bemühungen jedoch unter Informations- und Koordinationsschwierigkeiten. Die Konsequenz daraus ist ein Mangel in der mitgliedstaatlichen Umsetzung und Abstimmung von Strategien und Maßnahmen.

WIE DER UMBAU UNSERER WIRTSCHAFTLICHEN STRUKTUREN GELINGEN KANN

Der Umbau hin zu den klimafreundlichen Strukturen unserer Wirtschaft, seien es die Infrastrukturen oder das Wissen in den Köpfen, welches die Produktion von grünen und nachhaltigen Produkten und Dienstleistungen erst erlaubt, ist komplex. Daher können unsere Antworten auf die Gestaltung nicht eindimensional sein. Im

Gegenteil müssen sie die Komplexität selbst abbilden. Sie dürfen nicht aus einzelnen unabgestimmten oder sich gar widersprechenden Maßnahmen bestehen. Jede einzelne Maßnahme eines industriepolitischen Maßnahmenbündels muss auf die anderen abgestimmt sein und ein konkretes Problem in der Transformation der Strukturen ansprechen.

Darüber hinaus braucht eine grüne Industriestrategie einen klaren Fokus auf für die Transformation wichtige Sektoren, eine breite Zusammenarbeit und Koordinierung zwischen Verwaltungsebenen und wichtigen Akteuren und eine zentrale Koordinierungsstelle, entweder gebündelt in einem Ministerium oder als eigene staatliche und unabhängige Agentur. Die zentrale Koordinierungsstelle muss Sektor-Strategien mit konkreten Zielen und Zeitplänen entwickeln und eine regelmäßige Fortschrittskontrolle inklusive einer Bewertung der Wirksamkeit von Zielen und Maßnahmen durchführen.

Die praktischen Ansätze, die derzeit international für eine solche politische Agenda anzutreffen sind, sind so zahlreich und individuell wie die Maßnahmen und Länder selbst. So bündelt Deutschland die Zuständigkeiten für alle wesentlichen industriepolitischen Förderinstrumente und Rechtsfragen der Industrietransformation in einer Unterabteilung des Bundesministeriums für Wirtschaft und Klima.[118] Spanien wiederum ist es mit dem Projekt „Strategic Projects for Economic Recovery and Transformation", kurz PERTE, gelungen, die nationalen und europäischen Förderprogramme gut abzustimmen. Ziel von PERTE ist, die Zusammenarbeit zwischen öffentlichem und privatem Sektor zu fördern und Maßnahmen für die strukturelle Veränderung in Richtung Nachhaltigkeit und Digitalisierung zu beschleunigen.[119] Anhand dieser Beispiele wird deutlich, dass die grüne industrielle Revolution viele und unterschiedliche Wege kennt. Wir müssen sie nur gemeinsam und mutig beschreiten und am Weg in die Zukunft lernen.

WOHIN WIR GEHEN ...

Die neuen industriepolitischen Initiativen der Europäischen Union und der steigende wirtschaftliche und politische Druck haben Klimaschutz zu einem Kernthema der hohen Politik werden lassen. Im Bundeskanzleramt hat sich eine Task-Force gegründet, welche die Veränderung der wirtschaftlichen Strukturen koordinieren und begleiten soll. **NORBERT** ist Teil des Teams, das sich der Industrietransformation annehmen soll. In einem ersten Schritt werden in regelmäßigen Treffen alle relevanten Akteure aus Verwaltung, Politik und Unternehmen zusammengebracht. Ziel ist es, gemeinsam den Investitions- und Qualifizierungsbedarf am Weg zur Netto-Null festzustellen. Für die nächsten Monate steht dann die Entwicklung eines Maßnahmenplans auf der Tagesordnung. In den ersten Sitzungen merkt Norbert schon: Ganz einfach wird die Angelegenheit nicht. Doch alle sind zuversichtlich, dass man einiges auf den Weg bringen kann.

Auch für **EMILIAS** Arbeitsort hat sich einiges verändert. Die Bundesregierung hat gemeinsam mit den Sozialpartnern eine Industriestrategie entwickelt. Diese Strategie setzt Investitionsschwerpunkte auf den Infrastrukturausbau, insbesondere jenen für erneuerbare Energien, Stromnetze und die Kreislaufwirtschaft. Um die Industrie treibhausgasfrei werden zu lassen, werden alle erneuerbaren Energien herangezogen, auch grüner Wasserstoff. Die Regierung legte dazu ein Fördersystem und erste Infrastrukturplanungen vor. Für das Unternehmen, in dem Emilia arbeitet, ein Glücksfall. Es kann sein Geschäftsmodell durch die unternehmenseigene Forschung und Entwicklung an den Energieträger Wasserstoff anpassen und wichtige Komponenten für die neuen Infrastrukturen bereitstellen.

KAPITEL 7

VON DER IDEE ZUR REALITÄT: INNOVATION UND TECHNOLOGIE

WOHER WIR KOMMEN ...

EUGENE leitet seit zehn Jahren eine Abteilung der nationalen Forschungsförderagentur. In den letzten Jahren entstanden immer häufiger Probleme bei der inhaltlichen Abstimmung zwischen den Förderprogrammen und zuständigen Abteilungen. Eine Situation, die im Tagesgeschäft immer wieder zu Konflikten führt. Eine aktuelle externe Evaluierung hat gezeigt, dass die Förderprogramme zu wenig aufeinander abgestimmt sind. Sie wirken damit nicht so effektiv, wie sie eigentlich könnten.

ANNE arbeitet für ein kleines High-Tech Start-up. Sie entwickelt in ihrer Arbeit die neuste Generation von intelligenten Energiemanagementsystemen. Bisher läuft das Geschäftsmodell gut und die ersten Projekte wurden erfolgreich umgesetzt. Doch jetzt

steht eine neue Phase in der Unternehmensentwicklung an.
Ziel ist, das Geschäftsmodell in die Breite zu bringen.
Im Fachjargon beim Kaffee mit den Kolleg:innen spricht man
von der schwierigen Phase der Skalierung. Dazu benötigt
das Unternehmen frisches Geld und einen fähigen Kooperationspartner. Bisher lief die Suche leider erfolglos.

Der berühmte Science-Fiction Autor Isaac Asimov wurde mit seinem „Foundation"-Zyklus berühmt. Er entwickelt darin eine Idee
der Welt der Zukunft. In seiner Vorstellung ist sie geprägt durch
interplanetare Reisen, Humanismus und die Neugier nach Neuem.
Der Grund, warum die Menschheit Krisen, Kriege und Nöte hinter
sich ließ, war in seinen Erzählungen der technologische Fortschritt.
Mit der Entwicklung hochkomplexer Roboter und deren analytischen Fähigkeiten gelang es der Menschheit, die Fehler der Vergangenheit hinter sich zu lassen. Oder wie Asimov es ausdrückt:
„Die Erdbevölkerung weiß, dass es weder Arbeitslosigkeit geben
wird noch Überproduktion noch Mangel an irgendwelchen Produkten. Vergeudung und Hungersnot sind veraltete Worte aus den
Geschichtsbüchern."[120] Die komplexen „Denkmaschinen" Asimovs
sind in der Lage, die ökologischen, ökonomischen und sozialen
Systeme, die uns umgeben und die wir selbst mitgestalten, zu
verstehen. Mit dem Verstehen als erstem Schritt wird es möglich,
an Lösungen zum Allgemeinwohl der Menschheit zu arbeiten.
Eine Vorstellung über die Zukunft, wie sie dem Zeitgeist des
20. Jahrhunderts entspricht. Diese Zeit war getragen durch einen
grenzenlosen Technikoptimismus: der menschliche Geist mit seiner Kreativität und dem daraus entstehenden technologischen
Fortschritt als Befreier aus den Fesseln menschlicher Unzulänglichkeiten.
　　Der britische Ökonom John Maynard Keynes wiederum sah
den technologischen Fortschritt und den damit verbundenen Pro-

duktivitätszuwachs als Instrument, um die „Knappheitsfrage" zu lösen. Er ging jedoch in seinen Überlegungen nicht wie Asimov davon aus, dass die Technologie unsere Koordinations- und Verteilungsfragen lösen wird, sondern dass Wirtschaftswachstum uns in die Gefilde eines „guten Lebens" führt. Wachstum würde immer mehr Personen erlauben, sich aus dem Zwang, arbeiten zu müssen, zu befreien. Seinen Überlegungen liegt die Vorstellung einer Moral und Ethik des „Genug-Habens" zu Grunde.[121] Wortreich geißelt Keynes das Streben nach Geld nur des Besitzes wegen: „Die Liebe zum Geld als Besitz – im Unterschied zur Liebe zum Geld als Mittel zu den Genüssen und Realitäten des Lebens – wird als das erkannt werden, was sie ist, eine etwas ekelhafte Morbidität, eine jener halbkriminellen, halb pathologischen Neigungen, die man mit Schaudern den Spezialisten für Geisteskrankheiten überlässt."[122]

Während bei Asimov der technologische Fortschritt automatisch zu einer Verbesserung der Welt führt, ist es bei Keynes nicht nur der reine technologische Fortschritt, sondern die Technologie gepaart mit einem ethisch-moralischen Anspruch des „Zufriedenseins". Beide Diskussionsstränge finden sich auch heute noch in den politökonomischen Debatten wieder – gerade bei der Frage, wie uns Technologie und Innovation dabei helfen können, die Klimakrise zu überwinden. Während die einen argumentieren, dass wir durch Technologie verursachte Probleme auch über Technologien lösen werden können, argumentieren die anderen, dass es darüber hinaus einen sozialen und kulturellen Wandel braucht. Mit dem Vorzeichen der Klimakrise bekamen die alten Diskussionen neue Brisanz.

VON DER IDEE ZUR INNOVATION

Wenn man sich mit Fragen der Innovation und deren Rolle in der Wirtschaft beschäftigt, stößt man zwangsläufig auf die Arbeiten des österreichischen Ökonomen Joseph Schumpeter. Bekannt geworden ist er durch den von ihm geprägten Begriff der „schöpferischen Zerstörung"[123]. Unter schöpferischer Zerstörung versteht Schumpeter das Streben der Unternehmen, im Wettbewerb auf den Märkten durch Innovation zu bestehen. Unternehmen verdrängen durch neue Technologien, Produkte, Dienstleistungen, Organisationsprozesse und Geschäftsmodelle alte Unternehmen und führen zur Zerstörung alter Märkte. Die Neustrukturierung der wirtschaftlichen Strukturen ist integraler Bestandteil des Kapitalismus und notwendig, um dessen Bestehen zu sichern, und kein Systemfehler. Anhand dieser Beschreibung wird bereits deutlich, in welchem Kontext Innovation und schöpferische Zerstörung im Rahmen der Klimakrise diskutiert werden. Auch in Reaktion auf die sich bereits abzeichnenden dramatischen klimatischen Veränderungen erwächst die Notwendigkeit, rasch unsere alten fossilen Strukturen über Bord zu werfen und in Richtung Naturverträglichkeit zu überführen.

Doch so leicht, wie es scheint, ist es leider nicht. Die Debatten sind unübersichtlich. Ein diffuses Bild von Innovation lastet auf ihnen. Gleichzeitig unterschätzen wir existierende Technologien und überschätzen längst nicht marktreife oder gar erfundene Technologien in ihrer Bedeutung. Der Autor Jonas Schaible bezeichnet diese Kombination als „merkwürdige Mischung aus Gegenwartsblindheit und Technofuturismus".[124]

In der medialen Darstellung setzt man verstärkt auf die individuelle Darstellung der Technik-Genies aus dem Silicon Valley. Man spricht von der „Einsames Genie"-Theorie. Der Bastler aus der Vorstadtgarage, der verrückte Tüftler im High-Tech-Labor oder das Computergenie im elterlichen Kinderzimmer: Sie sind alle Blaupausen der Theorie des einsamen Genies. Medial lassen sie sich besonders gut in Geschichten über Außenseitertum und Genialität verpacken. Die nächste Erfindung – um die Welt zu retten oder sie in den Abgrund zu stürzen – als Ergebnis des unermüdlichen Strebens und der verbissenen Neugierde Einzelner. Doch diese Darstellung vermittelt ein völlig falsches Bild von moderner Wissenschaft und Innovation. Erstens verwechselt sie Innovation mit Erfindungen. Zweitens ignoriert sie die vernetzte, gemeinschaftliche und globale Natur von Wissenschaft und Technologie. Wissenschaft und Innovation sind ein chaotischer, kontextabhängiger und anwachsender Prozess auf Basis sozialer Beziehungen zwischen den Forschenden. Wie schon in den vorangegangenen Kapiteln ausgeführt, kann Wissenschaft und Innovation als ein sich evolutionär entwickelndes Netzwerk aus Forschenden verstanden werden. Dieses System bildet die Grundlage für technologischen und wissenschaftlichen Fortschritt.

Der Innovationsforscher Neil Lee von der London School of Economics and Political Science hält dazu fest, dass Innovation zwei wesentliche Merkmale aufweist. Erstens ist sie kombinatorisch. Das heißt, neue Technologien funktionieren nur in Kombination mit älteren. Der Integration neuer Technologien in bestehende Systeme kommt eine besondere Bedeutung zu. Der Prozess der schrittweisen Weiterentwicklung durch Integration neuer Technologien führt dazu, dass der evolutionäre Entwicklungsprozess nicht einfach auf neue Herausforderungen ausgerichtet werden kann. Es gibt demnach so etwas wie ausgetretene Pfade, auf denen man sich bewegt. Beispielhaft nennt Neil die Kombination von Mobiltelefonen und der Möglichkeit, damit in Geschäften und Restaurants zu bezahlen. Zweitens sind Innovation und technologischer Fortschritt nicht neutral. In welche Richtungen sich Technologien entwickeln, wird maßgeblich durch gesellschaftliche Entscheidungen mitgestaltet – Entscheidungen über Anwendungsbereiche, Technologieentwicklung und Technologieverbreitung sowie das Ausmaß der Geldmittel, die dafür aufgewendet werden. Diese Entscheidungen sind am Ende des Tages politisch.[125]

Doch auch diese Darstellung von Innovation beschreibt nur Funktionsweisen im Zusammenhang mit der Entwicklung von Technologien und definiert Innovation nicht. Um die Definition, was Innovation eigentlich meint, herrscht große Unstimmigkeit, und nur wenige andere Begriffe, vielleicht mit Ausnahme von „Nachhaltigkeit" und „Digitalisierung", werden so inflationär für unterschiedliche Dinge benutzt. Das hängt wahrscheinlich damit zusammen, dass es bis heute keine allgemeingültige Definition von Innovation gibt. Einer der Ersten, der sich an einer Definition versucht hat, war der Ökonom Joseph Schumpeter. Ihn haben wir schon weiter oben kennengelernt. Er unterscheidet zwischen der Initialzündung einer Idee, einer Erfindung, und ihrer erfolgreichen Anwendung oder Kommerzialisierung, einer Innovation. Während sich die Erfindung dadurch auszeichnet, dass sie Zweck und Mittel auf neue Art und Weise kombiniert, ist die Innovation die breite Durchsetzung der neuen Kombinationen.[126] Die Erfindung muss also in der Gesellschaft, in Haushalten und Unternehmen erst durchgesetzt werden, um als Innovation gelten zu können. Neue Organisationsprozesse, Produkte, Dienstleistungen oder Geschäftsmodelle, die sich durchsetzen, gelten demnach als Innovation und schaffen einen Mehrwert. Innovation ist dahingehend auch mehr als die reine Erfindung und umfasst die praktische Anwendung und Akzeptanz neuer Lösungen. Die Erzählung der Genies in den Garagen entspricht daher jener der Erfindung und nicht jener der Innovation.

Doch auch bei Innovationen kann zwischen allgemeiner Innovation und radikaler Innovation unterschieden werden. Innovation im Allgemeinen meint eine Verbesserung und Verbreiterung von Technologien, Prozessen und Geschäftsmodellen, zum Beispiel die Weiterentwicklung der PCs. Sie werden immer leistungsfähiger und bieten vielfältigere Funktionen an. Die radikale oder disruptive Innovation wiederum geht viel weiter. Sie verändert die grundlegenden Strukturen von Märkten und Industrien. Beispiele für disruptive Innovation sind Streaming-Dienste im Vergleich zum linearen Satelliten-TV oder die digitale Fotografie, welche die analoge Fotografie in die Nische der Nostalgie verdrängt hat.

TABELLE 2: ÜBERSICHT DES UNTERSCHIEDLICHEN UMFANGS VON INNOVATION

	Invention (Erfindungen)	(allgemeine) Innovation	radikale / disruptive Innovation
Um was geht es?	Technische oder organisatorische neuartige Kombination von Ideen, Produkten und Technologien.	Umsetzung der Idee, des Produkts oder der Technologie in der Praxis	Umsetzung der Idee, des Produkts oder der Technologie in der Praxis
Umfang	Technische und organisatorische Machbarkeit	Umsetzung und gesellschaftliche Verbreitung von Erfindungen	Grundlegende Veränderung von Strukturen
Durchsetzung	Entstehen von Neuem, bisher nicht in der Praxis Umgesetzten und Erprobten	Evolutionäre schrittweise Verbesserung, Erweiterung und Optimierung	Sprunghafte tiefgreifende Veränderung und Verdrängung des bisher Bestehenden

Quelle: Eigene Darstellung

EINE GRÜNE REVOLUTION

Im Kontext des Kampfes gegen die Klimakrise werden wir sowohl allgemeine als auch radikale Innovation benötigen. Ebenso werden viele Optionen auch erst mit gezielten Erfindungen möglich. Doch neben der gesellschaftlichen Verbreitung von neuen, grünen und klimaneutralen Technologien ergibt sich eine weitere und schwierig zu lösende Frage. Im Gegensatz zu eng abgegrenzten Problemstellungen, wie zum Beispiel der Entwicklung eines spezifischen Impfstoffes, ist der Kampf gegen die Klimakrise in den möglichen Lösungen vielfältiger. Im Kampf gegen die Klimakrise wie in der Anpassung an sie gibt es die unterschiedlichsten technologischen Optionen. Bereits marktreife Lösungen konkurrieren mit Technologien im Stadium der Entwicklung. Erneuerbarer Strom, erneuerbare Gase, Wasserstoff, Biokraftstoffe und viele andere Energieträger sind in mehr oder weniger absehbarer Zeit einsatzbereit. Auf welche Technologien in welcher Kombination und in welchem Ausmaß die grüne industrielle Revolution setzen soll, wird politisch heiß diskutiert. Unterschiedliche Interessenslagen entlang bestehender Entwicklungspfade und Abhängigkeiten prallen hier aufeinander. Diese Gemengelage macht das Finden von Lösungswegen ungemein komplizierter als die gezielte Lösung für eine klar abgrenzbare Herausforderung. Schlussendlich sind auch hier politische Festlegungen, gemeinsame Visionen und Koordination Schlüsselelemente für die Rolle, die Erfindungen und Innovation in der Transformation spielen werden.

DAS GLOBALE WETTRENNEN UM GRÜNE TECHNOLOGIEN FÜR DIE TRANSFORMATION

Wie politische Festlegungen die rasche Verbreitung von Technologien in der Gesellschaft beschleunigen können und welche Rolle eine solche Verbreitung für weitere Innovationen spielen kann, sieht man aktuell an vielen grünen Technologien. Doch die Hoffnung, dass sich in Innovation und Technologie auf sich allein gestellt die Allheilsbringer finden, ist unberechtigt. Zwar sind sie wichtige Bausteine der Transformation, doch lösen sie bei weitem nicht alle Probleme und stoßen auch an ihre Grenzen. Das ausschließliche Hoffen auf sie ist ein Trugbild, das uns vorgaukelt, so weitertun zu können wie bisher. Eine techno-optimistische Fata Morgana, die einer näheren Betrachtung nicht standhält. Nichtsdestotrotz können Innovation und Technologien als Motor wirtschaftlicher Entwicklung den notwendigen Wandel vorantreiben und neue Chancen dort eröffnen, wo andere fossile Teile unserer Wirtschaft sterben werden.

Davon ausgehend setzt aktuell ein globaler Wettlauf um neue grüne Technologien der Zukunft ein. Innovation und Technologie spielen bereits heute eine tragende Rolle in der Umsetzung der Energiewende, im sparsamen Umgang mit Energie und Ressourcen und im Aufbau einer Kreislaufwirtschaft. Technologische Durchbrüche können helfen, die Kosten für diese Technologien rasch zu senken, und damit zu deren schnellerer Verbreitung in der Gesellschaft beitragen. Mehr Tempo in der Umsetzung, das wir so dringend brauchen. Die technologischen Durchbrüche werden auch helfen, die schlimmsten Konsequenzen der Klimakrise abzumildern. Nebenbei ermöglichen sie neue wirtschaftliche Chancen. Neue Geschäftsfelder, Beschäftigung und Wertschöpfung werden durch die grüne industrielle Revolution entstehen. Die Qualität, Zielrichtung und Zugänglichkeit von Technologien werden ausschlaggebend dafür sein, wie fit wir für eine klimaneutrale Zukunft sind.

Dazu gibt es an allen Ecken und Enden der medialen Berichterstattung positive Nachrichten. Die weltweiten Forschungsaktivitäten in Richtung grüner Technologien haben in den vergangenen Jahren stark zugenommen. Die Spitzenpatente mit Schwerpunkt grüner Technologien haben sich im letzten Jahrzehnt mehr als verdreifacht.[127] Bisher waren die USA und Japan führend, doch China schließt rasch zu den wichtigsten globalen Playern auf. China hat sich in den letzten Jahren mit einem bisher unvorstellbaren Tempo zum globalen Schrittmacher in Fragen grüner Technologien, von erneuerbaren Energien bis hin zu Elektrofahrzeugen, entwickelt. Die Volksrepublik setzt alles daran, die USA von ihrem Spitzenplatz zu verdrängen, und greift mit ihren industrie- und wirtschaftspolitischen Strategien weltweit die grünen Schlüsselindustrien an. Auch Europa ist davon stark betroffen. China entwickelt sich zur Supermacht im Bereich der grünen Technologien. Das hilft, die Durchsetzung grüner Technologien enorm zu beschleunigen. Auf der anderen Seite stellt es für die USA und Europa eine Bedrohung der eigenen wirtschaftlichen Entwicklung dar. Eine schwierige Situation.

Der Startschuss für den Wettlauf um die Technologieführerschaft und die daraus entstehenden wirtschaftlichen Vorteile ist damit bereits gefallen. Strategische Unabhängigkeit, Wohlstand und Beschäftigung werden maßgeblich davon abhängen, ob es uns gelingt, die wirtschaftlichen Vorteile, die mit den grünen Technologien einhergehen, breit in der Gesellschaft zu verteilen. Innovation und Technologieführerschaft sind kein Selbstzweck, doch Technologieführerschaft geht mit Wissen einher, das wir in der Transformation benötigen. Die Vorreiter in grünen Technologien bestimmen schlussendlich mit, was sich durchsetzt und welche Möglichkeiten es zur Mitbestimmung und Teilhabe gibt.[128] Damit sind Innovationen und Technologien auch nicht neutral. Im Angesicht des bereits stattfindenden Wettlaufs um die Technologieführerschaft muss Europa, so es selbstbestimmt die Zukunft gestalten möchte, noch bewusster und schneller agieren. Wie gut dies der Europäischen Union gelingen wird, hängt von der Qualität der Wirtschafts-, Innovations- und Forschungspolitik ab. Doch das allein wird noch nicht für den Weg in die Klimaneutralität reichen. Wir brauchen mehr und zwar soziale Innovation!

ES SIND AUCH DIE SOZIALEN INNOVATIONEN, DUMMERCHEN!

Technologien sind Teil der Gesellschaft und damit eng verwoben in gesellschaftliche Beziehungen. Unterschiedliche politische Interessen, wirtschaftliche Macht, Psychologie und soziales Verhalten spielen in der Durchsetzung von und im Umgang mit Technologien eine wichtige Rolle. Darüber hinaus ist Innovation nicht nur in technischen Belangen bedeutsam. Zwar diskutieren wir meistens über Innovation im Zusammenhang mit den neusten technischen Gimmicks, wie die neuen Funktionen unserer Smartphones, doch Innovation betrifft auch soziale Prozesse. Wie wir in der Definition von Innovation gesehen haben, geht es um die Durchsetzung und Verbreitung von neuen Technologien, Produkten oder Praktiken in der Gesellschaft. Bei der Durchsetzung und Verbreitung neuer Organisationsprozesse oder Verhaltensweisen, die auch in die Sphäre der Werte und Normen ausstrahlen können, spricht man von sozialer Innovation.

Lucas Haskell, Karl Johan Bonnedal und Herman Stål von der schwedischen Wirtschaftsuniversität in Umeå haben in ihren Arbeiten darauf hingewiesen, dass sich neue Technologien, marktorientierte Lösungen und Regulierungen bisher als unzureichend erwiesen haben, um die ökologischen Krisen zu lösen.[129] Dies hängt damit zusammen, dass die Durchsetzung und Verbreitung grüner Technologien bisher zu zaghaft waren. Dem Erfolg grüner Technologien stehen finanzstarke wirtschaftliche und politische Interessen entgegen. Die fossilen Lobbys haben kein Interesse daran, dass ihre Geschäftsmodelle und der daraus entspringende Reichtum durch eine grüne Wende gefährdet werden. Die Forscher rund um Lucas Haskell führen aber noch einen weiteren wichtigen Punkt ins Feld: Neben den wirtschaftlich mächtigen fossilen Interessen weisen sie auf die Bedeutung der bestehenden fossilen Strukturen hin. Die ökologisch schädlichen Praktiken und Verhaltensweisen existieren nicht im luftleeren Raum. Sie finden vielmehr in den Strukturen statt, und diese sind seit der industriellen Revolution auf die Nutzung fossiler Energien ausgerichtet. Damit verfestigen die Strukturen sozial schädliche Verhaltensweisen, und diese wiederum verstärken die bestehenden Strukturen – ein Teufelskreis, den wir durchbrechen müssen.

Das Mittel, um dies zu erreichen, ist soziale Innovation im Sinne der Weiterentwicklung und Veränderung unserer Verhaltensweisen. Das Hauptinteresse sozialer Innovation im Kontext der Klimakrise gilt der Verringerung der Umweltauswirkungen der Gesellschaft. Soziale Innovation findet meist im lokalen Kontext statt und versucht, neue Lösungen für Umweltprobleme zu entwickeln. Die Reduktion des Ressourcenverbrauchs, eine Veränderung von Konsummustern und Entscheidungen der Konsument:innen sowie die Verantwortlichkeit entlang der Lieferketten spielen darin eine große Rolle.[130] Es gilt, im Kleinen und in Nischen zu experimentieren und voneinander zu lernen. Und gerade auf der lokalen Ebene geschieht derzeit schon viel mehr, als man vermutet. Kleidertauschkreise, Lebensmittelkooperativen, urbaner Gartenbau und nachhaltige Arbeits- und Wohnkonzepte sind alles Beispiele kleiner lokaler Experimentierräume, in denen nachhaltige Praktiken und soziale Innovation ausprobiert werden. Doch sie sind nicht leicht verallgemeinerbar, funktionieren sie doch hochspezialisiert in ihren lokalen Zusammenhängen und Experimentiernischen der Gesellschaft. Damit uns die Transformation gelingt, müssen wir die Frage beantworten, wie wir es schaffen, lokalen Experimenten und mit ihnen verbundenen sozialen Innovationen in der Gesellschaft zum Durchbruch zu verhelfen. Nur dann kann eine grüne soziale Innovation aus ihrem Nischendasein treten und die Veränderungen in Gang setzen, die wir so dringend brauchen.

EINE LERNENDE GESELLSCHAFT MIT ZIEL

Jane Goodall, die berühmte und großartige Verhaltensforscherin und unermüdliche Kämpferin für den Natur- und Artenschutz, bekräftigt in ihren Vorträgen, dass es Grund zur Hoffnung gibt. Sie betont unsere Kreativität, Neugier und Fähigkeit zur Empathie, den unbezwingbaren menschlichen Geist und die Widerstandsfähigkeit der Natur.[131] Unsere Neugierde und unser Wissensdurst haben uns im Laufe der Evolution zu dem gemacht, was wir heute sind: eine Gewalt, die im Stande ist, ihren Lebensraum grundlegend zu verändern und dadurch auch zu gefährden. Unsere Neugierde und unsere Fähigkeit, voneinander zu lernen, haben uns immer weiter angetrieben – über den nächsten Berg, über das nächste Gewässer, durch Wüsten und über Meere. Und unsere Neugierde ist immer noch nicht gestillt. Nun richtet sich der Blick über die Grenzen unseres eigenen Planeten in Richtung der Sterne. Diese unsere tief verwurzelte Suche nach Neuem hat uns zu enormen Leistungen angetrieben. Wir formen Landschaften, entschlüsseln Gene und heilen Krankheiten. Andererseits gab es immer auch die Schattenseiten: Umweltzerstörung, Krieg und Gewalt. Unser Forscherdrang hat uns weit gebracht, doch schlussendlich entscheiden wir selbst, wie wir ihn nutzen und in welche Richtung er uns trägt.

Erfindungen, Technik und Innovation sind zwar nicht der Weisheit letzter Schluss, aber sie werden einen Beitrag dazu leisten, dass wir auch die Herausforderung der Klimakrise bewältigen. Dazu müssen wir all unsere Kapazitäten darauf ausrichten, die größte Herausforderung der Menschheit zu lösen. Dies beinhaltet nicht nur die ökologischen Probleme und das Massensterben, das wir verursachen, sondern auch unser Verhältnis zu unseren Mitmenschen, wie der Umweltökonom James Boyce nicht müde wird zu betonen. Technologien und soziale Innovation werden dazu Hand in Hand gehen müssen und wir müssen noch mehr als bisher voneinander lernen. Es braucht nicht mehr und nicht weniger als eine gemeinsame Mission, die unsere Neugierde und unsere Erfindungsgabe in die momentan drängendste Richtung lenkt: die Lösung der Klimakrise.

Damit uns das gelingt, müssen wir die in uns schlummernde Neugierde weiter kultivieren und die Teilhabe an Wissen und Erfahrungen fördern. Innovationen, technisch oder sozial, sind wichtige Triebfedern zur Verbesserung unserer Gesellschaften. Investitionen in Bildung, Forschung und Entwicklung sowie die Rahmenbedingungen, unter denen sie stattfinden, sind für den Erfolg entscheidend. Dem Staat kommt die wichtige Rolle zu, Innovation und Wissensverbreitung zu fördern sowie Räume für Experimente und wechselseitiges Lernen zu schaffen. Dazu braucht es öffentliche Institutionen, die diese Räume aufbauen, Schutzrechte für geistiges Eigentum fördern und gleichzeitig Mechanismen einrichten, um den freien Austausch von Wissen und Kooperation zu fördern. Eine anspruchsvolle Aufgabe für die modernen Staaten und für die öffentlichen Verwaltungen. Auch für sie sind es stetige Such- und Lernprozesse, in die es zu investieren gilt.

GROSSE HERAUSFORDERUNGEN, GESELLSCHAFTLICHE MISSIONEN UND EIN LERNENDER STAAT

Neben den grundlegenden Investitionen in die Voraussetzungen, die eine lernende Gesellschaft braucht, muss der Staat die notwendigen Rahmenbedingungen und Kapazitäten in seinen Strukturen schaffen, um überhaupt die Fähigkeit zu haben, mit den großen Herausforderungen unserer Zeit umgehen zu können. Unter diese Herausforderungen fallen neben der Klimakrise auch der demografische Wandel einer alternden Gesellschaft, die Digitalisierung und eine vorsorgende Gesundheitspolitik. Sowohl die britische Innovationsökonomin Mariana Mazzucato als auch der Soziologe Jens Beckert bezeichnen die Herausforderungen als verzwicktes Problem. Solche verzwickten Probleme, die schwierig und komplex zugleich sind und eine Koordinierung von einer Vielzahl von Akteuren erfordern, verlangen nach einer neuen wirtschaftspolitischen Herangehensweise. Sie erfordern mehr Aufmerksamkeit für die Art und Weise, wie soziale Fragen mit politischen und technologischen Fragen, gesellschaftlicher Veränderung und intelligenter Regulierung kombiniert werden. Mazzucato schlägt dazu das Konzept der

„Missionen" vor: Gesellschaftliche Missionen haben zum Ziel, die schwierige und komplexe Natur der großen Herausforderungen unserer Zeit in handhabbare Ziele und pragmatische Schritte herunterzubrechen. Der Fokus von Missionen liegt dabei nicht auf einzelnen Sektoren, wie der Veränderung des Automobil- oder des Telekommunikationssektors, sondern vielmehr auf den Problemen, die es zu lösen gilt. Ebenso liegt der Fokus nicht nur auf technologischer Innovation. Missionen sind als Herunterbrechen gesellschaftlicher Herausforderungen breiter zu sehen. Sie enthalten zwar auch technologische Innovationen, zielen aber gleichzeitig darauf ab, soziale Innovation und Verhaltensänderungen zu fördern. Um das zu erreichen, braucht es nicht nur den Staat als handelnden Akteur, sondern eine breite Beteiligung in der gemeinsamen Definition von Zielen und in der Umsetzung von Maßnahmen. Missionen müssen klaren Zielsetzungen folgen, die aber nur durch eine Mischung aus unterschiedlichsten Maßnahmen zu erreichen sind. Mazzucato führt zum besseren Verständnis des Konzepts das Beispiel der Mission „plastikfreie Ozeane" an. Um die Mission zu erfüllen, braucht es nicht nur ein neues Design von Regulierungen, sondern auch neue Materialstandards, die Verbreitung neuer Technologien, die es erlauben, Plastik aus den Meeren zu entfernen, und individuelle Verhaltensänderungen in Richtung Vermeidung und Wiederverwertung.

Missionen haben demzufolge das Ziel, die Entwicklung und Verbreitung sowohl technischer als auch sozialer Innovation über eine Vielfalt von Maßnahmen und Akteuren zu stimulieren. Darüber hinaus soll die Mission die gesellschaftlich gewünschte Richtung aufzeigen, in die sich Innovationen entwickeln sollen. Zugrunde liegt den Überlegungen ein Verständnis von Wirtschaft als komplexes Netzwerk aus Interaktionen des Staates, privater Unternehmen und der Zivilgesellschaft. Gleichzeitig sollen sie einen wirtschaftspolitischen Rahmen einrichten, der jene Akteure belohnt, die bereit sind, Risiken zu übernehmen und neue Lösungen auszuprobieren.

	Bisher: Verteidigungs-, Nuklear- und Flugtechnologien	Neu: Umwelttechnologien und gesellschaftliche Herausforderungen
Verbreitung der Ergebnisse	Nur im engen Teilnehmer:innenkreis, Verbreitung außerhalb von geringer Bedeutung.	Breite gesellschaftliche Verbreitung der Ergebnisse ist zentrales Ziel und wird aktiv gefördert.
Definition der Mission	Anhand der technologischen Errungenschaften, keine Berücksichtigung wirtschaftlicher Verbreitung und Verwertbarkeit	Anhand von wirtschaftlich machbaren technologischen Lösungen für spezifische gesellschaftliche Probleme
Ziele	Ziele und Ausrichtung der technologischen Entwicklung werden von einer kleinen Gruppe von Expert:innen festgelegt.	Ziele und Ausrichtung der technologischen Entwicklung werden unter breiter Einbindung einer Vielzahl von Akteuren, wie Zivilgesellschaft, Sozialpartner, Verwaltung und privaten Unternehmen, festgelegt
Kontrolle	Zentralisierte Kontrolle innerhalb einer staatlichen Verwaltung	Dezentralisierte Kontrolle mit einer großen Anzahl von Beteiligten
Schwerpunkte	Teilnahme einer kleinen Gruppe von Unternehmen mit Schwerpunkt auf radikale Innovation	Breite Teilnahme und Betonung sowohl der radikalen als auch der schrittweisen Innovationen
Kohärenz	Abgeschlossene Projekte mit geringem Bedarf an Abstimmung und Kohärenz	Koordinierte Politik und Kohärenz mit anderen Zielen zentral

Quelle: Mazzucato and Dibb (2019); eigene Anpassung

Damit werden Missionen und die sich daraus ableitenden wirtschaftspolitischen Maßnahmen zu einem wirkmächtigen Instrument, um das öffentliche Interesse und die gewünschte Richtung der wirtschaftlichen Entwicklung zu verankern. Zusammenfassen kann man Missionen als Mittel, um besser mit Pfadunsicherheiten in der wirtschaftlichen Entwicklung umgehen zu können, Märkte zu schaffen, sie in eine Richtung zu lenken, die willigen Akteure zusammenzubringen und die Kooperation zwischen Staat und Privatwirtschaft im Sinne der Problemlösung zu fördern.[132]

Mit Konzept und Stoßrichtung von Missionen werden bereits die Unterschiede zu bisherigen wirtschaftspolitischen Ansätzen deutlich. Zwar gab es in der neueren Geschichte immer wieder wirtschaftspolitische Missionen, doch waren diese vorrangig technologisch geprägt. Beispiele dafür sind neben der Mondlandung die Entwicklung von Flugzeugen und Verteidigungs- und Nukleartechnologien. Dieser engere Ansatz steht im deutlichen Kontrast zu dem, was heute unter Missionen verstanden wird. Die Ansätze unterscheiden sich gravierend in ihren einzelnen Zielrichtungen und Aufgaben. Einen guten Überblick über die Unterschiede in Definition, Zielen, Schwerpunkten und mehr liefern Mariana Mazzucato und George Dibb (siehe Tabelle 3).[133]

MISSIONEN, BÜROKRATIE UND VERWALTUNG 5.0

Die unterschiedlichen Stoßrichtungen in Definition, Zielen und Aufgaben verlangen von den strategisch planenden öffentlichen Verwaltungen, Unternehmen und Organisationen eine Anpassung darin, wie sie im Wirtschaftssystem agieren. Mariana Mazzucato und ihre Kolleg:innen vom Institute for Innovation and Public Purpose in London schlagen deshalb für die politische Gestaltung von Missionen einen Orientierungsrahmen vor, den sie als „ROAR-Framework" bezeichnen. ROAR steht dabei für Pfade („Routes"), Organisationen („Organisations"), Bewertung („Assessment") und Risiken und Belohnungen („Risks and Rewards").[134] Im Zentrum des Rahmens steht der Ansatz einer aktiven Schaffung und Gestaltung der Märkte, damit diese zur Erreichung gesellschaftlicher Ziele besser beitragen. Die Notwendigkeit des strategischen Denkens, um die wirtschaftliche Entwicklung über gezielte Investitionen und Innovation in die gewünschte Richtung zu lenken, verlangt den öffentlichen Organisationen und privaten Unternehmen für diese speziellen Aufgaben ab, dafür Ressourcen aufzuwenden und die Organisationsstrukturen darauf auszurichten. Strategie, Planung, Koordination, Fortschrittskontrolle und die Einrichtung einer Anreizstruktur in Richtung der Zielerreichung sowohl für den privaten als auch für den öffentlichen Sektor sind notwendige Elemente. Sowohl öffentliche als auch private Akteure sind durch klare Ziele und die Reorganisation von Organisationsstrukturen in die Realisierung der Ziele eng einzubinden. Die Wirtschaftspolitik muss darüber hinaus die Verteilung von Risiken und Erträgen zwischen öffentlichem und privatem Sektor berücksichtigen. Wenn die öffentliche Hand wirtschaftliche Risiken übernimmt, müssen die dadurch entstehenden Gewinne an die Allgemeinheit zurückfließen. Eine ausschließliche Vergemeinschaftung der Risiken und Privatisierung der Gewinne, wie es in der Bankenkrise oder anderwärtig immer wieder stattgefunden hat, muss die Politik aus Fairnessüberlegungen vermeiden. Andernfalls droht sich berechtigter politischer Widerstand gegen die Umsetzung der Mission zu richten. Dem Zusammenspiel von Unternehmen, Staat und Zivilgesellschaft wird in diesem Ansatz ein bedeutender Beitrag in der Erschaffung von Wohlstand zugesprochen. Diese Perspektive folgt dem systemischen Ansatz, den wir im Kapitel 1 bereits kennengelernt haben, und er steht im Gegensatz zu der klassischen Annahme der Ökonomie, dass Wert ausschließlich auf privaten Märkten entsteht.

Wie wir daran sehen können, kommt in der Umsetzung von Missionen dem Design des wirtschaftspolitischen Rahmens, der Koordination vielfältiger Akteure und der strategischen Analyse und Bewertung eine große Bedeutung zu. Dazu braucht es auch

Stellen und Organisationen im öffentlichen Sektor, welche die Fähigkeiten, Ressourcen und Kompetenzen besitzen, Missionen zu planen und zu begleiten.

Dies ist eine deutlich andere Perspektive auf den Staat und staatliche Bürokratien, als wir sie aus den medialen Debatten kennen. Fragt man beliebige Personen auf der Straße, werden dem Staat gänzlich andere Eigenschaften zugesprochen. Ineffizient, korrupt, behäbig, verstaubt und altmodisch sind gängige Zuschreibungen, die regelmäßig mit dem Staat oder der staatlichen Bürokratie in Verbindung gebracht werden. Doch können der Staat und seine Verwaltung viel mehr leisten, als ihnen nachgesagt wird. Mariana Mazzucato und ihre Kolleg:innen am Institute for Innovation and Public Purpose beschäftigen sich schon länger mit der Frage, wie staatliche Bürokratien Innovation fördern und wie sie organisiert sein müssen, damit dies gelingt. Als Voraussetzung dafür identifizieren die Forscher:innen die Organisation und Struktur der staatlichen Verwaltungen. Bürokratien können demnach lernfähige und flexible Organisationen sein, die in der Lage sind, sich an neue Herausforderungen anzupassen. Dass dies tatsächlich der Fall ist, sieht man in der Praxis häufig in Krisensituationen. Zum Beispiel konnten staatliche Verwaltungen in der COVID-19-Pandemie rasch auf die Herausforderungen reagieren und grundlegende Notfallmaßnahmen inklusive gesetzlicher Änderungen und Logistik auf den Weg bringen. Natürlich nicht gänzlich problemlos und nicht ohne überschießende Maßnahmen, zögerliches Verhalten und Korruption. Jedoch können staatliche Verwaltungen in solchen Situationen Unglaubliches leisten.

Doch diese Fähigkeiten sind bei richtiger Organisation und Gestaltung nicht auf Krisensituationen beschränkt. Staatliche Bürokratien können maßgeblich dazu beitragen, ein innovationsförderndes Umfeld zu schaffen. Dazu müssen sie Experimente zulassen sowie Lernprozesse und Zusammenarbeit zwischen Wissenschaft, Wirtschaft und Gesellschaft fördern. Die Organisation muss Flexibilität und Lernfähigkeit betonen und Verwaltungsprozesse, Transparenz, Rechenschaftspflicht und Anpassungsfähigkeit fördern. Werden staatliche Bürokratien aus einer solchen Perspektive gestaltet, entwickeln sie die Eigenschaft einer „agilen Stabilität". Als agile Stabilität bezeichnen die Autor:innen die Eigenschaft staatlicher Bürokratien, langfristige Ziele zu verfolgen und gleichzeitig auf kurzfristige Herausforderungen zu reagieren.[135] Damit und mit einer guten Organisation sind Bürokratien keineswegs Hindernisse für Innovation. Ganz im Gegenteil werden sie dadurch für Innovation unverzichtbar, um die systemische und nachhaltige Förderung von Innovation zu gewährleisten.

MISSIONSAGENTUREN ALS TREIBER DER TRANSFORMATION

In der Praxis lässt sich das Konzept der Missionen in Kombination mit der organisatorischen Eigenschaft der agilen Stabilität entweder innerhalb bestehender staatlicher Verwaltungsstrukturen oder in Form von unabhängigen öffentlichen Agenturen umsetzen. Zweck dieser Einrichtungen ist neben der Verbesserung des Informationsflusses und dem Bereitstellen von Fachwissen auch, durch Förderung gezielter Forschungsaktivitäten und Raum für Strategiebildung und wechselseitiges Lernen zu schaffen sowie Analysen und Beratungen anzubieten. Eindeutig definierte Aufgaben, ein eigenes Budget und eigene Entscheidungsverantwortung sind sowohl Rahmen als auch Voraussetzung für diese Bürokratien.[136] Um die verwaltungstechnischen Voraussetzungen zu schaffen, richten immer mehr Länder Spielarten von Missions- oder Transformationsagenturen ein. Missionsagenturen haben zum Ziel, sich gezielt der Umsetzung von zuvor gemeinsam durch die Akteure definierten Missionen zu widmen. Diese Agenturen übernehmen strategische Verantwortung und die Aufgaben der praktischen Steuerung von Förderungen, Programmen und Maßnahmen[137] und werden meist dort eingerichtet, wo die Erarbeitung von Lösungen quer zu etablierten Politikfeldern notwendig wird.

Ein Beispiel im weitesten Sinne für Missionsagenturen ist die schwedische Innovationsagentur Vinnova. Sie ist dem Ministerium für Klima und Unternehmen unterstellt und verfolgt die Mission, Innovation bestmöglich zu fördern und zu ihrer Verbreitung beizutragen. Damit soll Vinnova zu nachhaltigem Wachstum und zur Stärkung der Innovationskraft in Schweden beitragen.[138] Auch in Deutschland gibt es Diskussionen über die Ausgestaltung von Innovations- und Missionsagenturen. Vor dem Hintergrund der Diskussionen wurde im Dezember 2019 die Agentur für Sprunginnovation (SPRIND) gegründet. Die Agentur hat die Aufgabe, flexibel und schnell staatliche Förderinstrumente bereitzustellen und damit innovative Ideen zu unterstützen und in ihrer Umsetzung zu beschleunigen. Die Mission von SPRIND liegt in der Steigerung der Wettbewerbsfähigkeit und dem Erhalt von wirtschaftlichem Wohlstand.[139] Doch Missionen kann man nicht nur in eigenen Organisationen und ausgelagerten Agenturen umsetzen. Die deutsche Bundesregierung hat im Sinne der Bündelung von Transformationsfragen alle Zuständigkeiten für Förderinstrumente für die Dekarbonisierung der Industrie sowie die Fragestellungen zum rechtlichen Rahmen in einer Unterabteilung des Bundesministeriums für Wirtschaft und Klima zusammengeführt. Ziel war es, Informationen besser zu teilen und die Koordination der oft quer über die Abteilungen liegenden Fragen zu erleichtern.[140]

WOHIN WIR GEHEN ...

Es tut sich etwas in der Förderagentur, in der **EUGENE** arbeitet.
Die Evaluierung der Agentur hat die kritischen Punkte in der Struktur
der Organisation sichtbar gemacht. Die Folge war ein Auftrag des
Ministeriums, die Organisationsstruktur neu zu überdenken.
Mit einer externen Beratung aus der Innovationsforschung hat
man sich dazu durchgerungen, die Abteilungsgrenzen einzureißen

und stattdessen thematische Bereiche zu definieren.
Für die Umsetzung von Projekten werden flexible Teams eingerichtet.
Damit konnte man zwar nicht alle Konflikte ausräumen, aber man
erwartet sich eine verbesserte Abstimmung und effektivere
Planung und Durchführung der Förderprogramme.

Ein Unternehmen, das von neuen Förderprogrammen profitiert,
ist jenes von **ANNE**. Die neu eingerichtete Missionsagentur des
Bundes hat einen Schwerpunkt auf die Mission „Erneuerbare
Energien". Dabei geht es nicht nur um die Förderung der Nutzung
erneuerbarer Energien, sondern auch um soziale und technische
Innovation. Das Energiemanagementsystem des Start-ups, in dem
Anne arbeitet, war bei einem Projektantrag erfolgreich, und die
Missionsagentur stellt für die erste Phase der Verbreitung des
Geschäftsmodells Kapital zur Verfügung. Darüber hinaus bemühte
sich die Agentur gemeinsam mit dem Start-up um weitere
Kooperationspartner. Die gemeinsamen Bemühungen zeigen erste
Früchte und es konnten sogar zwei fähige und erfahrene Partner
für die Weiterentwicklung des Systems gefunden werden.
Gleichzeitig wird auch ein Forschungsprojekt begleitend aufgesetzt.
Es soll untersuchen, wie das Energiemanagementsystem Ver-
haltensänderungen anregen kann, um einen sparsameren Umgang
der Menschen mit Energie zu fördern.

KAPITEL 8

DER GOLDENE WEG IN EINE GRÜNE ZUKUNFT: INVESTITIONEN

WOHER WIR KOMMEN ...

Wie die Zeit verfliegt! Bereits knapp über dreißig Jahre ist es her, dass **HELMUT** sein erstes eigenes Unternehmen gegründet hat. Als Installateur für Gas- und Wasserinstallationen war es für ihn ein großer Schritt in die Selbstständigkeit. Seitdem ist sein kleines Unternehmen beständig gewachsen. Heute hat er bereits zehn Mitarbeiter:innen, zwei davon als helfende Hände in der Administration. Auch um den Nachwuchs kümmert er sich und bildet seit mehreren Jahren Lehrlinge aus. Das Geschäft brummt und die Auftragsbücher sind zum Bersten voll. Doch neue Herausforderungen zeichnen sich ab. Die Bundesregierung hat aufgrund der sich immer weiter zuspitzenden Klimakrise den Ausstieg aus Gas, Erdöl und Kohle beschlossen. Der Ausstieg aus dem Gas trifft Helmut und seine Mitarbeiter:innen hart, waren doch der Verkauf und die Wartung von Gasthermen bisher eine der Haupteinnahmequellen des Unternehmens.

Aber nicht nur für die Firma von Helmut steht Veränderung am
Programm. **AHMED**, 42, arbeitet als Fachkraft im Baugewerbe.
Er und seine Kollegen haben die letzten Jahre viele Einkaufszentren
und Supermärkte an die Ränder von Gemeinden errichtet. Die neuen
Konsumtempel außerhalb der Ortskerne prägen seit Jahren das
Landschaftsbild. Den Nachrichten entnimmt er immer häufiger die
Meldung, dass der Flächenfraß ein Ausmaß angenommen hat, das
nicht mehr nachhaltig ist. Pflanzen- und Tierarten sind dadurch
bedroht und die Versiegelung der Böden erhöht die Gefahr von
Überschwemmungen. Seit neuestem überlegt die Firmenleitung,
sich in Richtung der thermischen und energetischen Sanierung von
Gebäudebestand zu entwickeln, und schickt immer mehr Kollegen
auf Weiterbildung. Man lernt schließlich nie aus.

Wir leben in einer Welt, deren materieller Wohlstand auf der Ausbeutung fossiler Energien beruht. Egal wohin wir schauen, fossile
Energie spielt eine tragende Rolle. Sei es, um eine angenehme
Raumtemperatur zu haben, sei es am Weg zur Arbeit oder in der
Freizeit. Fast alle Produkte und Dienstleistungen, die wir konsumieren, müssen unter dem Einsatz fossiler Energien hergestellt und
zu uns gebracht werden. Die hohe Verfügbarkeit, ihre Speicher- und
Transportfähigkeit und vor allem ihr günstiger Preis waren die
großen Vorteile fossiler Energien. Seit der industriellen Revolution
durchzogen sie alle Lebensbereiche. Infrastrukturen wurden auf
ihre Nutzung ausgelegt: Straßen-, Strom- und Gasnetze sowie Anlagegüter wie Maschinen, Gebäude und Fahrzeuge. Sie alle brauch-
ten bisher fossile Energien, um zu funktionieren. In der Volkswirt-
schaftslehre spricht man von ihnen als Kapitalstock. Im Angesicht
der Klimakrise müssen wir nun den Kapitalstock runderneuern und
auf eine sparsame Nutzung von Energie hin optimieren. Kein einfa-
ches Unterfangen, sondern eine Mammutaufgabe.

Ein Vergleich, der manchmal gezogen wird, ist jener mit dem gezielten Wiederaufbau nach dem Zweiten Weltkrieg. Aus Schutt und Asche wurden die Infrastrukturen der Zukunft neu aufgebaut. Der berühmte britische Ökonom John Maynard Keynes argumentierte im Zuge eines BBC-Interviews: Im Sinne des Wiederaufbaus „müssen wir ein umfassendes Programm zur Erneuerung der Güterbestände und zur Entwicklung eines weiten Spektrums von Branchen haben: Industrie, Technik, Transportwesen und Landwirtschaft, nicht nur Baugewerbe" und weiter: „Haben wir unsere Pläne gemacht ... und die dürfen so ehrgeizig und grandios ausfallen, wie unsere Ingenieure, Architekten und sozialen Planer sich auszudenken vermögen –, müssen sich die Regierungsverantwortlichen auf die alles entscheidende Aufgabe der zentralen Lenkung konzentrieren".[141]

Die Transformation von Wirtschaft und Gesellschaft hin zur Klimaneutralität ist vom Ausmaß her noch viel umfassender. Wollen wir unsere Lebensgrundlage erhalten, müssen wir von der Pike auf umbauen, umrüsten und wiederverwenden. Große Investitionen werden notwendig, und damit geht ein enormer Bedarf an Geldmitteln einher. Mit dem Voranschreiten der Klimakrise und weiter verstreichender Zeit wird der politische Druck wachsen, alles Menschenmögliche zu unternehmen, um die Klimakrise abzumildern und sich anzupassen. Damit wird auch der politische Druck auf die Staatsausgaben stetig wachsen. Der Staat muss auch selbst in seinen eigenen Kapitalstock investieren. Lena Klaaßen und Bjarne Steffen von der renommierten Universität ETH Zürich forschen seit Jahren zur Klimafinanzierung und Klimapolitik. Sie argumentieren, dass die notwendigen Investitionsverschiebungen am drastischsten bei Kraftwerken, Stromnetzen und der Bahninfrastruktur ausfallen werden.[142]

Gleichzeitig wird der Staat Unternehmen und Haushalte im Umstieg auf klimaneutrale Technologien unterstützen müssen, damit die notwendigen Investitionen möglichst rasch durchgeführt werden. All das braucht ausreichende finanzielle Mittel und Finanzierungsmöglichkeiten. Als Stratege wird der Staat die Investitionstätigkeit über seine eigenen Investitionen hinausgehend gezielt in Richtung grüner Investitionen lenken müssen. Produktionsanlagen, Energieeffizienz, Heizsysteme, Gebäudesanierungen – die Liste des Bedarfs an Anpassung, Umbau und Erneuerung ist lang. Darüber hinaus muss auch das „rollende Material" erneuert werden. Fahrzeugflotten müssen auf nachhaltige Mobilitätsformen, darunter auch Elektromobilität, umgestellt werden und Unternehmen wie Haushalte müssen neue Fahrzeuge anschaffen oder ihr Mobilitätsverhalten neu organisieren.

GRÜNE VERSUS FOSSILE INVESTITIONEN

In der aktiven Gestaltung der Transformation hin zur Klimaneutralität ist es wichtig, gezielt finanzielle Ressourcen in Investitionen zu lenken, die einen Beitrag zum Klimaschutz oder zur Anpassung an veränderte Klimabedingungen leisten.

Als grüne Investitionen bezeichnet man finanzielle Ressourcen, die in umweltfreundliche Projekte und Technologien fließen. Sie tragen dadurch mittel- bis langfristig zu Erreichung der Klimaziele und einer Reduktion des ökologischen Fußabdrucks bei. Meist zielen sie darauf ab, erneuerbare Energiequellen zu fördern, die Energie- und Ressourceneffizienz zu steigern oder Umweltauswirkungen zu minimieren. Die genaue Definition und die Abgrenzung von grünen Investitionen sind immer wieder politischen Diskussionen unterworfen. Grundsätzlich gilt, dass grüne Investitionen positive Umweltwirkungen erzielen, die Emissionsintensität verringern und die nachhaltige ökologische und soziale Entwicklung sowie Innovationen unterstützen sollen.

Spiegelbildlich verhält es sich mit braunen oder fossilen Investitionen. Sie beziehen sich auf traditionelle, oft umweltschädliche Sektoren und andere nicht nachhaltige Produktions- und Geschäftsmodelle. Der Fokus fossiler Investitionen liegt auf der Maximierung des Gewinns, ohne zentraler Berücksichtigung von Randbedingungen wie ökologische und soziale Konsequenzen der Investitionen.

Aber nicht nur das Ausmaß der Investitionen für Umbau und Erneuerung des Kapitalstocks ist eine große gesellschaftliche Herausforderung. Die zweite große Herausforderung ist der Faktor Zeit.

Zur Erreichung der Klimaziele muss uns der Ausstieg aus fossilen Energien möglichst rasch gelingen. Doch Investitionen in Infrastrukturen und den Umbau industrieller Produktionstechnologien brauchen vor allem eines: Zeit. Es muss geplant, die Finanzierung muss aufgestellt und Prozesse müssen neu organisiert werden. Bei Netzinfrastrukturen und großen technischen Investitionen in eine treibhausgasfreie Industrie sind die Investitionszyklen, also die Lebensdauer von getätigten Investitionen, sehr lang. Einmal investiert, kommt es zu einer Ersatz- oder Neuinvestition oft erst in 30, 40 oder sogar 50 Jahren. Beispiele dafür sind die Planungen und Umsetzungen von Strom-, Gas-, Bahn- und Kanalnetzen. Aber auch Investitionen in Kraftwerke und industrielle Produktionsanlagen zählen dazu. Aufgrund der langen Investitionszyklen ist es besonders wichtig, die Planungen und ersten Umsetzungsschritte im Hier und Heute zu tätigen. Die Zeit drängt.

AUF DEN MIX DER INSTRUMENTE KOMMT ES AN

Neben den langen Zeithorizonten vieler Investitionen gibt es eine weitere Herausforderung: die Unsicherheit über die Entwicklung von Geschäftsmodellen, Nachfrage und Absatzmärkten. Wer kann schon genau sagen, ob und in welcher Qualität das eigene Produkt in 20 oder 30 Jahren noch nachgefragt wird und vor allem in welchen Mengen? Wenn die Transformation hin zu Klimaneutralität gelingen soll, müssen Politiker:innen danach trachten, Sicherheit über längere Zeithorizonte hinweg zu geben. Sicherheit, die notwendig ist, damit Unternehmen und Haushalte die notwendigen Investitionen auch tätigen. Dafür erforderlich ist ein Politikrahmen, der Sicherheit gibt und Investitionen anreizt. Die Gestaltung eines solchen Politikrahmens ist politisch wie auch regulatorisch komplex, und einfache Antworten greifen dabei meistens zu kurz oder führen sogar in die Irre. Selbst die Boston Consulting Group, eines der weltweit führenden Beratungsunternehmen für strategische Unternehmensberatung, schreibt in ihrer groß angelegten Studie zur Entwicklung von Klimapfaden „Klimapfade 2.0: Ein Wirtschaftsprogramm für Klima und Zukunft" aus dem Jahr 2021, dass es einen breiten Instrumentenmix aus übergreifenden und sektorspezifischen Maßnahmen braucht, um Sicherheit zu geben und Planung und Investitionen zu ermöglichen. Teil davon muss die Durchsetzung eines zügigen Infrastrukturaufbaus, eine Verteuerung der Nutzung fossiler Brennstoffe und die Vergünstigung erneuerbarer Technologien sein. Ein solcher Instrumentenmix soll den großen Investitionsbedarf sowohl für Bürger:innen als auch für die Unternehmen tragbar machen und damit eine entscheidende Weichenstellung für den Weg zu Klimaneutralität sein.[143] Für den Staat bedeutet dies aber auch, dass die notwendigen Finanzmittel höher ausfallen werden als der tatsächliche Bedarf. Um Tempo in den Umbau zu bekommen, ist es wahrscheinlich, dass Unternehmen wie Haushalte durch gezielte Förderung dazu gebracht werden müssen, das Notwendige rasch zu tun. Im Fachjargon spricht man von finanziellen Anreizen. Förderungen für Elektroautos und Photovoltaikanlagen am Dach des Eigenheims oder Steuervergünstigungen, wenn Unternehmen neue Technologien einsetzen, zählen dazu.

Doch Geld allein wird nicht ausreichen, um die Ziele zu erreichen. Es wird auch eine andere Form der Anreize benötigen. Eine Form, mit der wir schon Jahrzehnte an Erfahrungen in der Wirtschaftspolitik haben: Vorschriften! Ge- und Verbote kennen wir aus dem alltäglichen Leben. Sie schränken nicht nur unsere Freiheit ein, sondern strukturieren unser Zusammenleben. Eines der bekanntesten Gebote, das wir mittlerweile als Selbstverständlichkeit ansehen, ist das Rechtsfahrgebot in der Straßenverkehrsordnung. Die wirtschaftspolitische Reaktion auf die Klimakrise wird uns mit neuen Ge- und Verboten konfrontieren müssen. Die wichtigsten Formen davon sind Technologieausstiegsmandate sowie Energieeffizienz- und Emissionsnormen. Technologieausstiegsmandate sollen den Ausstieg aus klimaschädlichen Technologien beschleunigen. Der geplante deutsche Atomausstieg, ein Verbot der Installation von

Ölheizungen im Neubau und Bestand sowie auch der Ausstieg aus dem Verbrennungsmotor sind dafür vieldiskutierte Beispiele.[144] Emissions- und Energieeffizienznormen kennen wir vom Fahrzeugkauf oder vom Kauf von elektrischen Geräten. Farbige Energieeffizienz-Klassen von A+++ bis G am neuen Gefrierschrank sind fast allen bekannt und eine Informationsquelle für Kaufentscheidungen.

Da die Realität nie nur aus Schwarz und Weiß besteht, werden zur Lenkung von Investitionen finanzielle Anreize und Vorschriften wohl Hand in Hand gehen müssen. Praktisch heißt das, man formuliert politische Ausstiegsziele mit einer Übergangszeit und unterstützt den Ausstieg durch finanzielle Förderungen. Dadurch wird die Investitionstätigkeit von Unternehmen und Haushalten in eine Richtung gelenkt. Anreize und Vorschriften sind dafür wichtige Instrumente der Wirtschaftspolitik. Doch sie wirken nur so gut, wie sie auch glaubwürdig sind und sich Unternehmen und Haushalte auf die geplanten Ausstiegs- und Umbaupläne verlassen können. Ein ständiges Hin und Her, Nachbessern, Verschärfen und Aufweichen der Ziele und Pläne vergrößert nur die Unsicherheit. Planbarkeit und Verlässlichkeit sind für große Investitionsprojekte aber wichtige Rahmenbedingungen, welche die individuellen Investitionsentscheidungen maßgeblich beeinflussen. Im Fachjargon spricht man von Regulierungssicherheit.

RICHTUNG KLAR, DOCH WER LENKT?

Neben Regulierungssicherheit, politischer Glaubwürdigkeit und glaubwürdigen Transformationspfaden braucht es zur Lenkung von Investitionen auch Finanzierungsvorschriften und Transparenz. Finanzielle Zurückhaltung oder eine fehlende Regulierung zur Unterstützung von grünen Investitionen können im Extremfall das angestrebte Ziel konterkarieren. Dies erhöht das Risiko sowohl für Unternehmen als auch für Bürger:innen und damit die Kosten der Investitionen. Politische Unsicherheit über die Entwicklungsrichtung führt nämlich dazu, dass Unternehmen und Bürger:innen ihre Investitionsentscheidungen zaghafter treffen. Es droht dadurch die Gefahr, dass die für die Transformation notwendigen Investitionen nicht oder nur in unzureichendem Ausmaß durchgeführt werden. Eine Barriere für grüne Investitionen, die wir uns in der Transformation nicht leisten können.

Ein bekanntes Negativbeispiel für unzureichende Finanzierungs- und Regulierungssicherheit ist das Scheitern der deutschen Solarwirtschaft. Anfänglich mit Subventionen überschüttet, erreichte Deutschland am Beginn des neuen Jahrtausends einen Anteil von rund zwanzig Prozent an der weltweiten Produktion von Photovoltaikanlagen. Deutsche Unternehmen waren dafür bekannt, die beste Technologie am globalen Markt anzubieten. Mit der Zeit traten jedoch mehr und mehr Mitbewerber aufs Parkett, allen voran China. Geschickt übernahmen chinesische Produzent:innen die Expertise in der Erzeugung von Solarzellen und -modulen und setzten den internationalen Markt durch billige Preise deutlich unter Druck. Anfang der 2010er-Jahre kürzte die deutsche Bundesregierung zudem die Förderungen und der Markt für deutsche Produzent:innen brach ein.[145] Unzureichende Entwicklungspfade und Regulierungsunsicherheit haben gemeinsam mit fehlenden Finanzierungsquellen somit zu einem Ende der deutschen Solarwirtschaft beigetragen.

Aus diesem und aus vielen anderen Beispielen können wir lernen, dass der Aufbau neuer Technologien und deren Verbreitung vor allem drei Dinge braucht: Zeit, Sicherheit und einen ausreichend langen Atem. Eine Wirtschaftspolitik der Transformation ist gefordert, öffentliche Investitionstätigkeit und die Regulierung und Lenkung privater Investitionen so zu beeinflussen, dass sie sich gegenseitig unterstützen und verstärken. Die Qualität der Finanzpolitik und der Finanzregulierung wird dafür ausschlaggebend sein, ob es uns gelingt, die notwendigen Finanzierungsmöglichkeiten zu schaffen und die öffentlichen grünen Investitionsprojekte zu finanzieren. Auch öffentliche Investitionen und die öffentliche Nachfrage nach grünen Produkten und Dienstleistungen spielen eine wichtige Rolle. Sie können helfen, strategisch neue Märkte durch Regulierung und gezielte Förderung zu schaffen.[146, 147, 148] Nur dann wird es gelingen, das notwendige Ausmaß an Investitionen in der uns noch verbliebenen Zeit zu stemmen.

DIE VIER DIMENSIONEN ÖFFENTLICHER INVESTITIONEN

Doch um welche Investitionen handelt es sich? Wenn wir die aktuellen Berichte, Stellungnahmen und Forschungsergebnisse aus den Klimawissenschaften ernst nehmen, bedeutet die Transformation nicht nur Investitionen in den Aufbau neuer wirtschaftlicher Strukturen, sondern ebenso Investitionen in den Schutz vor den Auswirkungen der Klimakrise. Jedenfalls wird der Druck auf die öffentlichen Budgets größer werden, je mehr Zeit ungenutzt verstreicht. Marc Robinson, ehemaliger Ökonom der Weltbank und aktuell Berater für öffentliche Finanzen, schreibt, dass die Regierungen vor allem in vier Bereiche mehr Geld ausgeben werden müssen:[149] Anpassungshilfen, Ausgleichszahlungen für Entwicklungsländer, klimabedingte öffentliche Dienstleistungen und staatliche Beiträge zu Klimaschutzinvestitionen (Abbildung 7).

STAATLICHE BEITRÄGE ZUM KLIMASCHUTZ

Den größten Brocken an Investitionen werden die staatlichen Beiträge zum Klimaschutz ausmachen. Zu Buche schlagen hier besonders die Bemühungen, die Treibhausgasemissionen drastisch und rasch zu reduzieren. Einen besonderen Stellenwert nimmt darin die Energiewende ein, die in ihrer außerordentlichen Tragweite, Tiefe und Geschwindigkeit vorangetrieben werden muss. Dazu muss der Ausbau der erneuerbaren Energien, wie zum Beispiel Wasser- und Windkraft sowie Sonnenenergie, deutlich beschleunigt werden. Nicht nur, damit wir unseren Strombedarf aus erneuerbaren Quellen decken können, sondern auch, um unsere täglichen Wege im Verkehr und unsere Heizsysteme auf erneuerbaren Strom umzustellen.

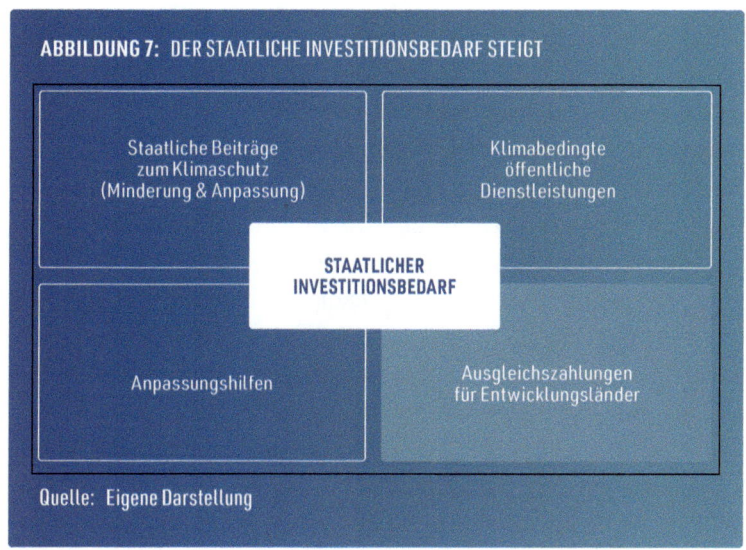

ABBILDUNG 7: DER STAATLICHE INVESTITIONSBEDARF STEIGT

Staatliche Beiträge
zum Klimaschutz
(Minderung & Anpassung)

Klimabedingte
öffentliche
Dienstleistungen

STAATLICHER
INVESTITIONSBEDARF

Anpassungshilfen

Ausgleichszahlungen
für Entwicklungsländer

Quelle: Eigene Darstellung

Doch nicht nur das! Um den großen Bedarf an Strom zu bewältigen, müssen wir viel sparsamer mit Energie umgehen. Das Zauberwort heißt Energieeffizienz. Denn erneuerbare Energien sind auch in den nächsten Jahren aufgrund des enormen Energiehungers unserer Gesellschaft Mangelware. Die große politische Herausforderung ist, dass die Effizienz, also der sparsame Umgang mit Ressourcen, keine starke politische Lobby hat. Weniger Verbrauch und ein sparsamer Umgang mit Ressourcen sind das Gegenteil des Prinzips „Mehr von allem", auf dem unsere Gesellschaften seit Jahrzehnten beruhen.

Aber nicht nur im Umgang mit Strom müssen wir sparsamer werden. Ebenso müssen wir unseren Bedarf an Raumwärme auf neue Beine stellen und weniger Wärme verschwenden. Schlecht isolierte Gebäude sind ein enormer Energiefresser – in den immer heißer werdenden Sommern aufgrund des höheren Kühlbedarfs, in den kalten Wintermonaten aufgrund des Heizbedarfs. Deshalb müssen wir Gebäude um Gebäude thermisch und energetisch sanieren. Unsere Häuser und Wohnungen, in denen wir leben, lieben und arbeiten, müssen in den nächsten Jahren klimafit werden. Auch hier gilt: Nur ein sparsamer Umgang mit Energie und Ressourcen ist ein guter. Dem Staat drückt der Sanierungsbedarf des eigenen Gebäudebestands auf den Geldbeutel. Schulen, Krankenhäuser, Verwaltungsgebäude und viele mehr stehen teilweise schon sehr lange und sind auf einem nicht allzu guten technischen Stand. All dies gilt es in den nächsten Jahren zu ändern.

Über direkte Investitionsnotwendigkeiten, wie den Ausbau der erneuerbaren Energien oder die Sanierung des Gebäudebestands, hinaus braucht es auch weitere Beiträge des Staates zum Klimaschutz. Eine Schlüsselrolle kommt der Forschung zu. Von der Grundlagenforschung bis zu den Überleitungen von neuen Technologien und Erfindungen zur Marktreife spielt der Staat eine wichtige Rolle in der Finanzierung. Gerade im Anfangsstadium, wenn neue Technologien entwickelt, erstmalig erprobt und in größeren Demoanlagen getestet werden, braucht es den Staat, der zumindest einen Teil der hohen Investitionsrisiken übernimmt. Die britische Ökonomin Mariana Mazzucato schreibt in ihren Arbeiten von den notwendigen Beiträgen des Staates zur Ermöglichung von Innovation.[150] Sie argumentiert anhand einer Fülle von historischen Beispielen, dass große Schübe an Erfindungen und neuen Technologien nur durch ein gutes Zusammenspiel zwischen öffentlicher Forschungsfinanzierung und privatem Risikokapital möglich wurden. Für die Entwicklung, Erprobung und Verbreitung von klimarelevanten Technologien, die zur Erreichung der Klimaziele beitragen können, ist dies in noch größerem Ausmaß von Bedeutung.

Neben Klimaschutzinvestitionen und der Finanzierung von Forschungsbemühungen wird es auch in einer Welt von plus zwei Grad Erderhitzung notwendig, dass wir uns an die neuen Bedingungen anpassen. Die Berichte über die Häufigkeit der in ihrer Intensität zunehmenden Extremwetterereignisse wie Dürren, Überflutungen und Stürme sind ein erster Ausblick auf die Veränderungen, die auf uns zukommen. Aber wir müssen nicht nur uns selbst anpassen, sondern auch unsere Infrastrukturen. Aus diesem Grund werden für den Staat Anpassungsinvestitionen in großem Umfang notwendig. Wir müssen unsere Straßen, Schienen sowie Strom- und Kanalnetze fit für eine Welt machen, in der klimabedingte Schäden zunehmen werden. Es braucht verbesserte Entwässerungssysteme zur Bewältigung erhöhter Überschwemmungsrisiken, verbesserte Küstenschutzanlagen, hitzebeständige Straßenbeläge, Schaltelektronik und vieles mehr.[151] Nicht umsonst sehen auch Gebäude in wärmeren Regionen deutlich anders aus und verwenden oft andere Baumaterialien als jene im Herzen Europas. Wirft man einen Blick gen Himmel in Richtung der Dächer, wird es besonders deutlich, sind doch die meisten Dachziegel eher dunkel. Schwarz, Braun und dunkle Rottöne trifft man hier allerorts. Und wie wir wissen, ziehen dunkle Farben Wärme an. In einer Welt, die grundsätzlich wärmer wird, und in der die Häufigkeit von Hitzewellen zunimmt, nicht unbedingt die beste Voraussetzung. Eine Lösung neben anderer Bauweise und alternativen Baumaterialien ist die Begrünung von Fassaden und Dächern – gerade in dicht verbauten Gebieten in Anbetracht der Zunahme an Hitzetagen ein Gebot der Stunde.

Wichtig bei all diesen Investitionen in die Anpassung an die Klimakrise ist, dass sie nicht nur im Sinne einer Symptomkur wirken sollen. Ganz im Gegenteil müssen auch Investitionen in die Klimawandelanpassung transformativ wirken. Das heißt, sie müssen die Anpassung an die Veränderungen ermöglichen und gleichzeitig einen Beitrag zum Klimaschutz leisten. Ein Beispiel dafür ist, ein schlecht isoliertes Gebäude thermisch und energetisch zu sanieren, anstatt eine Klimaanlage einzubauen. Eine Sanierung dämmt im Sommer wie im Winter das Gebäude und hilft, Energie zu sparen. Für die Haushalte reduziert sich der Energiebedarf, und die Energiekosten sinken. Der reine Einbau von Klimaanlagen bekämpft zwar das Symptom der Hitzebelastung im Sommer, gleichzeitig führt er aber zu einem Mehrbedarf an Energie. Die Klimaanlage als Symptomkur in der sommerlichen Hitze und die Sanierung des Gebäudes als Maßnahme, die an der Wurzel des Problems ansetzt.

Ein groß angelegtes Forschungsprojekt hat bereits 2014 versucht, die Kosten des Nicht-Handelns für Österreich zu schätzen. 42 Forscher:innen aus 18 Forschungsgruppen haben sich mit den Folgekosten der Klimakrise näher befasst, Daten gesammelt und die Studienlage aufgearbeitet.[152] Ein enormes Vorhaben, das dazu dient, den Stand des Wissens über die Folgekosten der Klimakrise systematisch zu erfassen und in Summe darzustellen. Die Forscher:innen kommen zu dem Schluss, dass die Kosten des Nicht-Handelns bereits heute enorm sind. Sie belaufen sich auf rund eine Milliarde Euro pro Jahr allein für Österreich. Die Autor:innen schlussfolgern anhand ihrer Modelle und der Daten weiter, dass diese Kosten in den nächsten Jahren weiter steigen werden. In einem durchschnittlichen Erhitzungsszenario kommen die Forscher:innen zum Ergebnis, dass die Folgekosten des Nicht-Handelns bis zur Jahrhundertmitte auf jährlich vier bis neun Milliarden Euro pro Jahr anwachsen werden. Und dies betrifft nur jene Bereiche, in denen es den Forscher:innen möglich war, die Schäden in Geldwerten zu bemessen. Die sozialen Notlagen und emotionalen Herausforderungen, die hier auf uns zukommen, wenn wir nicht rasch und beherzt handeln, können verheerend sein.

KLIMABEDINGTE ÖFFENTLICHE DIENSTLEISTUNGEN

Weiterer Druck auf die Staatshaushalte wird durch den wachsenden Bedarf an klimabedingten öffentlichen Dienstleistungen entstehen. Besonders davon betroffen sind öffentliche Gesundheitsleistungen und das Katastrophenmanagement.

Die Veränderung der klimatischen Bedingungen stellt eine Bedrohung für die öffentliche Gesundheit dar. Das deutsche Robert Koch-Institut hält fest, dass die Klimakrise sowohl direkte als auch indirekte Auswirkungen auf das Auftreten von Infektionserkrankungen, die Herz-Kreislauf-Systeme sowie die psychische Gesundheit hat.[153] Und nicht alle Menschen können sich im gleichen Maße gegen die Folgen der Klimakrise schützen. Kinder und ältere Menschen, Vorerkrankte und immunsupprimierte Personen sind besonders stark von den Auswirkungen der Klimakrise betroffen. Ebenso spielen soziale Faktoren eine Rolle dafür, ob und wie Menschen mit den Folgen der Klimakrise umgehen können. Armutsgefährdete Personen, aber auch Menschen, die ihre Arbeitszeit überwiegend im Freien verbringen, sind einem besonders erhöhten gesundheitlichen Risiko ausgesetzt.

Länger anhaltende Hitzeperioden können darüber hinaus zu Spitzenbelastungen bei Rettungsdiensten, niedergelassenen Ärzt:innen und in den Spitälern führen. Das Forscher:innen-Team rund um Willi Haas von der Universität für Bodenkultur Wien wirft einen Blick darauf. Die thermischen Eigenschaften von Spitalsgebäuden sind ausschlaggebend dafür, ob Spitäler im Zuge der Klimakrise zu Problemzonen werden. Fehlende Klimatisierung und schlechte thermische Eigenschaften können in diesen Einrichtungen die Hitzebelastung erhöhen. Daraus resultierender „Hitzestress" führt einerseits zu einem erhöhten Risiko für stationäre Patient:innen und andererseits zu hitzebedingten Leistungseinbußen beim pflegenden- und medizinischen Personal.[154] Diese Auswirkungen belasten das ohnehin überstrapazierte Gesundheitsbudget zusätzlich.

Die Klimakrise belastet aber nicht nur die Gesundheitssysteme. Mit der Zunahme von Naturkatastrophen wie Dürren, Bränden, Überschwemmungen und Stürmen wird auch das Katastrophenmanagement immer mehr gefordert. Die oftmals ehrenamtlich erbrachten Tätigkeiten in Feuerwehr- und Rettungsorganisationen werden dadurch auch immer mehr in Anspruch genommen. Dazu braucht es arbeitsrechtliche Regelungen. Das Arbeitsrecht muss ebenso klimafit werden wie die Infrastrukturen.[155] Beispielsweise schätzt ein Forschungskonsortium bestehend aus den Forschungseinrichtungen Joanneum Research, dem Internationalen Institut für angewandte Systemanalyse (IIASA), der Wirtschaftsuniversität Wien und der Universität Graz allein die Hochwasserschäden in Österreich bis zur Jahrhundertmitte auf durchschnittlich rund 300 bis 900 Millionen Euro pro Jahr. Bis zum Ende des Jahrhunderts sollen diese Werte auf 400 Millionen bis 1,7 Milliarden Euro anwachsen.[156] Die genauen Kosten werden davon abhängen, ob und in welchem Ausmaß es uns gelingt, die Emissionen zu reduzieren.

In Summe bedeutete es für die Regierungen, dass der Handlungsdruck zunimmt. Das Auftreten neuer Krankheiten, Hitzestress sowie die Zunahme an Naturkatastrophen werden die Regierungen politisch dazu zwingen, sehr viel mehr zu investieren oder die politischen Konsequenzen zu tragen.

ANPASSUNGSHILFEN

Anpassungshilfen am Weg zur Klimaneutralität können unterschiedliche Formen annehmen. Die wohl bedeutsamste Form sind Unterstützungen für Menschen und Regionen, die aufgrund des Niedergangs der fossilen Industrien besonders hart von der Veränderung betroffen sind. Überwiegend geht es bei Anpassungshilfen entweder um die Unterstützung des Aufbaus einer vielfältigeren Wirtschaftsstruktur (siehe Kapitel 4) oder um arbeitsmarkt- und bildungspolitische sowie einkommenssichernde Maßnahmen (siehe Kapitel 5). In Hinblick auf die arbeitsmarkt- und bildungspolitischen Anpassungshilfen sind hauptsächlich Umschulungs-, Qualifizierungs- und Weiterbildungsmaßnahmen die passenden Instrumentarien. Für jene, die aufgrund der Veränderung gänzlich aus dem Arbeitsmarkt ausscheiden, kommen Instrumente wie Vorruhestandsleistungen oder öffentliche Beschäftigungsprogramme zum Zug. Darüber hinaus wird es von staatlicher Seite auch Hilfen für besonders schwer betroffene Personen geben, die aufgrund der starken Zunahme des Risikos, dass Naturereignisse wie zum

Beispiel Hangrutschungen oder Überschwemmungen auftreten, umziehen müssen.

AUSGLEICHSZAHLUNGEN FÜR ENTWICKLUNGSLÄNDER

Neben den Anpassungshilfen, die ins eigene Land fließen, gibt es noch die internationale Dimension. Die westlichen Industrienationen verdanken ihren Wohlstand, wie wir ihn heute kennen, nicht nur der Ausbeutung fossiler Energie, sondern ebenso der Ausbeutung natürlicher Ressourcen des globalen Südens. Das fossile wirtschaftliche Entwicklungsmodell der wesentlichen Industrienationen hat somit ursächlich und maßgeblich zum Entstehen der Klimakrise beigetragen. Damit hat der Westen die moralische Pflicht, jene Länder zu entschädigen, die nun unter den Konsequenzen der Klimakrise leiden. Insbesondere, wenn einkommensschwache Länder nun in die Situation geraten, auf den gleichen wirtschaftlichen Entwicklungspfad verzichten zu müssen.

Forscher:innen des Internationalen Instituts für angewandte Systemanalyse (IIASA) in Laxenburg bei Wien halten in einem am Ende des Jahres 2022 veröffentlichten Forschungsbericht im renommierten Wissenschaftsjournal „Science" fest, dass Überlegungen zu Fairness und Verteilungsgerechtigkeit im globalen Klimaschutz zu erheblichen Finanzströmen von den westlichen Industrienationen in den globalen Süden führen müssen.[157] Ein fairer und gerechter Klimaschutz muss ihnen zufolge die unterschiedlichen Verantwortlichkeiten, Fähigkeiten und Bedürfnisse berücksichtigen.

Die moralische Verantwortung und Pflicht sind den westlichen Industrienationen durchaus bewusst. So war das Thema der globalen Verantwortung und Gerechtigkeit auch immer wieder Thema bei den UN-Klimakonferenzen, und es wird seitdem immer wieder heftig um die Höhe der Ausgleichszahlungen des Nordens an den Süden politisch gerungen. Bereits 2009 sagten die westlichen Industrienationen 100 Milliarden US-Dollar an Unterstützungszahlungen zu. Allerdings wurde dieser Betrag tatsächlich nie erreicht. Die Forscher:innen des IIASA zeigen, dass die bereits zugesicherten 100 Milliarden Euro nicht ausreichen werden. Weder entsprechen sie den Notwendigkeiten noch den Fairness- und Gerechtigkeitsüberlegungen im globalen Kampf gegen die Klimakrise. Der Direktor des Energie-, Klima- und Umweltprogramms der IIASA, Keywan Riahi, sagt, dass selbst unter den günstigsten Annahmen die Finanzströme in die Entwicklungsländer auf 250 bis 550 Milliarden Euro jährlich anwachsen müssten.[158]

Ob und wie diese Summen tatsächlich in den globalen Süden fließen werden, bleibt äußerst unklar. Im Gegensatz zu den anderen Investitionsnotwendigkeiten von Anpassung, Minderung und Anpassungshilfen handelt es sich bei den Ausgleichszahlungen um eine moralische Verpflichtung und nicht um einen faktischen finanziellen Druck auf die Regierungen. Wie sich an den bisherigen Verhandlungsergebnissen und tatsächlich geflossenen Geldern zeigt, ist die Bereitschaft, erhebliche Summen in den globalen Süden umzuleiten, gering. Die Ausgabenbelastung von Ausgleichszahlungen wird sich vor diesem Hintergrund vermutlich in Zukunft nicht dramatisch verändern.

GESAMTKOSTEN DER TRANSFORMATION IM ÜBERBLICK

Im Angesicht der Fülle an Finanzierungsnotwendigkeiten wird klar, dass die Transformation nicht billig zu haben sein wird. Im Gegenteil müssen wir die finanziellen Mittel rasch aufstellen, um die Transformation zur Klimaneutralität auch Realität werden zu lassen. Darüber, wie hoch die Ausgaben sein werden, scheiden sich die Geister. Die Bandbreiten, die wir dazu in den internationalen Forschungsarbeiten finden, sind groß und haben unterschiedlichste Abgrenzungen. So betrachten die Studien meist verschiedene Sektoren und Regionen oder werfen einen Blick auf Klimaschutz- oder Anpassungsinvestitionen. Sie sehen sich an, welche Investitionen zusätzlich notwendig wären, um die Klimaziele zu erreichen, oder sie errechnen einen Gesamtinvestitionsbedarf. Auch unterscheiden sich die Studien oft in den von ihnen betrachteten Zeiträumen: Bis 2030 oder 2050 sind hier nur die gängigsten Varianten. Neben der reinen Finanzierungshöhe ist im Zeitraum in der wirtschaftspolitischen Praxis auch relevant, wann die Investitionen stattfinden müssen, um die Ziele zu erreichen. Auch hier unterscheiden die Studien zwischen den Analyseansätzen einer gleichmäßigen Aufteilung der Finanzierung bis 2030 oder 2050 und dem Ansatz, am Beginn die Hauptlast der Finanzierungsnotwendigkeit zu sehen.

Angesichts der unterschiedlichen Zugänge, Abgrenzungen und zeitlichen Abläufe wird deutlich, warum die Prognose der Investitionsnotwendigkeiten mit Unsicherheit behaftet und naturgemäß schwierig ist. Die Berechnungen, die wir aus den aktuellen Forschungen erhalten, sind daher bestenfalls grobe Schätzungen. Insbesondere trifft dies auch auf die Dimension der Anpassungskosten zu. Hier kommt nochmals erschwerend hinzu, dass die Wissenschaft des Klimawandels selbst mit Unsicherheiten behaftet ist. Exakte Prognosen über die geographischen Auswirkungen und das Auftreten von Extremwetterereignissen sind nahezu unmöglich. Hinderlich ist auch, dass die bisherigen Schätzungen vermutlich ein optimistisches Bild der Auswirkungen gezeichnet haben. Selbst der britische Ausschuss für Klimawandel hält in seinen Arbeiten fest, dass sowohl die Kosten als auch die Vorteile einer tiefgreifenden Umstrukturierung unserer Wirtschaft in Richtung der Klimaneutralität nicht genau bekannt sind oder sein können.[159] Aber schlussendlich ist eine exakte Bezifferung auch nicht wirklich notwendig. Es reicht, wenn wir wissen, inwieweit sich die Bedingungen entwickeln werden.

Anhand dieser Schätzungen und Prognosen der unterschiedlichsten Studien ergibt sich eine Bandbreite an notwendigen Investitionsausgaben. Diese Bandbreite bewegt sich zwischen einem und drei Prozent des jährlichen Bruttoinlandsprodukts. So schätzt die Boston Consulting Group die notwendigen Mehrinvestitionen für

Deutschland bis 2030 auf 2,5 Prozent des jährlichen Bruttoinlands-produkts.[160] Die Europäische Kommission rechnet wiederum mit einem jährlichen Investitionsausmaß von 2,61 Prozent des europäischen Bruttoinlandsprodukts.[161] Haushalte und Unternehmen müssen erst dazu gebracht werden, durch den Einsatz von Förderungen das Notwendige zu tun, und zwar rasch, wie Marc Robinson argumentiert.[162] Und es ist auch klar, dass die Fülle an Investitionen nicht nur Aufgabe des Staates allein sein kann. Der Staat selbst kann nur einen kleinen Teil der Gesamtkosten der gesamtgesellschaftlichen Klimaschutz- und Anpassungsinvestitionen tragen. Die Steuerzahler:innen werden über den Staat nur einen Teil der Investitionskosten selbst stemmen müssen. Den Rest muss der private Sektor, also Unternehmen und Haushalte, tragen. Eine große, aber keine unmögliche Aufgabe, schenkt man den Zahlen und Schätzungen der Expert:innen Glauben. Jedenfalls sind die Investitionen notwendig, um die Europäische Union auf den schmalen Pfad in Richtung Klimaneutralität zu bringen.

DIE FÖRDERUNG DES UMBAUS HIN ZUR KLIMANEUTRALITÄT IST KEINE EINBAHNSTRASSE

Um die Klimaziele zu erreichen, wird viel Geld in grüne Investitionen gelenkt werden müssen. Marc Robinson, Ökonom und ehemaliger Berater der Weltbank, weist zu Recht darauf hin, dass die tatsächlichen Kosten höher ausfallen werden, als es tatsächlich notwendig wäre.[163] Er spricht hier von der Notwendigkeit der finanziellen Förderungen im Umstieg auf grüne Technologien in der breiten Masse der Wirtschaft. Die Investitionen müssen demnach nicht nur sinnvoll und wirtschaftlich darstellbar sein, sondern Unternehmen und Haushalte müssen durch gezielte Förderungen dazu gebracht werden, das Notwendige rasch zu tun. So fördert der Staat auch Unternehmen und Haushalte, für die der Umstieg eigentlich selbst finanzierbar wäre. Es geht hier also nicht nur um eine Hilfestellung per se, sondern darum, Marktchancen für neue

Wirtschaftszweige zu eröffnen und den Umstieg als Gesellschaft rascher zu bewerkstelligen. Das Mittel der Wahl vieler Regierungen dazu sind Förderungen.

Für große Unternehmen, insbesondere die energieintensive Industrie mit ihren langen Investitionszyklen und teuren Technologien, werden solche Förderungen rasch sehr teuer. Die Europäische Union und die Mitgliedstaaten unterstützen diesen für die volkswirtschaftliche Entwicklung wichtigen Sektor im Umstieg in Richtung Klimaneutralität mit Milliarden Euro. Nicht nur Unternehmen in Anpassungsschwierigkeiten, sondern auch Unternehmen, denen es bisher wirtschaftlich gut ging und die satte Gewinne schreiben. Damit wir die Klimaziele aber in der notwendigen Zeit erreichen, wird es neben Ge- und Verboten, wie zum Beispiel dem Aus für Verbrennungsmotoren, eben auch Förderungen geben müssen. Denn große Investitionen wirken wie oben skizziert auch lange nach. Wenn ein Stahlunternehmen seine Produktionsanlagen auf die Nutzung erneuerbarer Energie umstellen muss, bedeutet dies auch Investitionsentscheidungen für die nächsten Jahrzehnte. Dementsprechend sind Entscheidungen über solche Investitionen mit hohen Unsicherheiten verbunden: Unsicherheiten darüber, ob ausreichend erneuerbare Energien erzeugt und bezogen werden können, Unsicherheiten über die Nachfrage nach den Produkten und Unsicherheiten darüber, ob die politische Stoßrichtung und Regulierung glaubwürdig und stabil sind. In der wissenschaftlichen Diskussion bezeichnet man die Summe dieser Unsicherheiten auch als Pfadunsicherheit. Umso höher diese Pfadunsicherheit eingeschätzt wird, umso stärker wirkt sie als Hemmnis für die Durchführung der Investitionen. Damit die Investitionen im notwendigen Ausmaß und mit der erforderlichen Geschwindigkeit durchgeführt werden, braucht es Sicherheit. Zwar kann die Politik keine hundertprozentige Sicherheit bieten, aber sie kann die Pfadunsicherheit reduzieren. Investitionsförderungen, Abnahmeverpflichtungen für Produkte zu bestimmten Zeitpunkten, das glaubwürdige Durchsetzen von Zielen und die Kontrolle der Zielerreichung sind dafür wichtige Instrumente. Doch wenn die Steuerzahler:innen in Form von staatlichen Hilfestellungen die unternehmerischen Risiken im Umbau mitübernehmen, müssen sie dafür auch entschädigt werden. Die Innovationsökonomin Mariana Mazzucato und der Entwicklungsökonom Dani Rodrik argumentieren deshalb, dass es nicht nur ausreicht, die Investitionen in die gesellschaftlich gewünschte Richtung zu lenken, sondern dass die Vorteile, die durch diese Investitionen entstehen, so weit wie möglich verbreitet werden sollen.[164]

In der förderrechtlichen Praxis versucht man dies mit Konditionalitäten zu gewährleisten. Als Konditionalitäten bezeichnet man die Bedingungen, die an eine Förderung, einen Abnahmevertrag oder staatliche Bürgschaften oder Garantien geknüpft werden – nach Mazzucato und Rodrik ein wirtschaftspolitisch mächtiges Instrument zur aktiven (Mit-)Gestaltung und Steuerung von Investitionen sowie zur Erschaffung und zum Aufbau von neuen Märkten. Das Design der Förderungen ist die große technische Herausforderung. Es gibt die Richtung der Investitionslenkung vor und muss gleichzeitig genügend Raum für unterschiedliche Umsetzungsoptionen offenlassen. Schließlich kennen die handelnden Akteure ihr Umfeld, in dem sie agieren, viel besser als die Verwaltung der Förderabwicklung.

Doch wie genau könnten die Bedingungen aussehen, an die Förderungen und Garantien geknüpft werden können? Zur Beantwortung dieser Frage hilft ein Blick in die Länder dieser Welt und in die Geschichte. Förderbedingungen können vielfältigste Formen annehmen. Ein Ziel kann es sein, den Zugang zu Produkten und Dienstleistungen für mehr Menschen zu ermöglichen oder die Leistbarkeit zu gewährleisten. Ein Beispiel aus der jüngeren Vergangenheit war die Entwicklung eines COVID-19-Impfstoffes zu günstigen Preisen durch Astra Zeneca. Auch der Auf- und Ausbau wünschenswerter grüner Technologien kann ein Ziel sein, weshalb

Gelder an Förderbedingungen geknüpft werden. Um die Vorteile der Förderungen möglichst breit zu verteilen, können auch Formen der Gewinnbeteiligung oder eine Verpflichtung zur Reinvestition von Gewinnen in Ausmaß, räumlichen Zielgebieten oder durch die Bestimmung der Art der Reinvestition verpflichtend sein. Beispielhaft für diese Form der Bedingungen sind regionale Entwicklungsprogramme. Zu guter Letzt kann die Förderung auch an die Bedingung der Stärkung von Mitbestimmung bei betrieblichen Entscheidungen, die Verpflichtung zur Einrichtung eines Betriebsrats oder die Tariftreue geknüpft werden. Wie man an diesen Beispielen bereits sieht, sind die Möglichkeiten der Gestaltung mannigfaltig.

Der Bedarf an Klimaschutz- und Anpassungsinvestitionen ist groß. Dem Staat kommt nicht nur die Rolle als Finanzier zu, sondern er erfüllt auch die Funktion, die Investitionen gezielt in die gewünschte Richtung einer klimaneutralen Wirtschaft zu lenken. Es muss uns aber auch klar sein, dass, wenn enorme Fördermittel fließen, die Vorteile, die aus den dadurch angestoßenen Investitionen entstehen, möglichst breit in der Gesellschaft verteilt werden müssen. Schließlich übernehmen dadurch die Steuerzahler:innen auch ein Stück weit das Risiko und die Unsicherheit, die mit solchen großen Investitionen verbunden sind.

INVESTITIONEN ALS WEGBEREITER IN EINE KLIMANEUTRALE ZUKUNFT

Der Klimakrise ist es egal, wie wir zu der Finanzierung der Investitionen stehen. Schlussendlich ist die Investitionsentscheidung bereits durch die Klimakrise selbst gefallen. Wir haben nun nur noch die Wahl zwischen Investitionen, die uns dabei helfen werden, die Klimakrise abzumildern, und Investitionen, die wir tätigen müssen, um uns an die Klimakrise anzupassen. Investieren wir zu wenig in den Klimaschutz, werden die Kosten der Anpassung deutlich steigen. Investieren wir ausreichend in den Klimaschutz, können wir darauf hoffen, die Kosten der Anpassung weiter zu reduzieren. In jeder dieser Varianten ist aber klar: Die Investitionen müssen kommen.

WOHIN WIR GEHEN ...

Die immer häufiger werdenden langanhaltenden Hitzewellen und eine Energiekrise haben die Regierung nun zum beherzten Handeln bewegt. Die Regierung verabschiedete mehrere große Förderprogramme zum Tausch fossiler Heizsysteme. Das Motto „Raus aus Öl und Gas" soll mit Leben erfüllt und rasch Realität werden. **HELMUTS** Unternehmen profitiert von den Ausstiegsplänen und den neu ins Leben gerufenen Förderprogrammen. Rechtzeitig hat er die Zeichen der Zeit erkannt und seine Mitarbeiter:innen in Richtung nachhaltiger Heizsysteme geschult und weitergebildet.

Darüber hinaus bietet seine Firma seit kurzem nun auch Energieberatung als neue Dienstleistung an. Und die Nachfrage? Seit die Regierung den endgültigen Ausstieg aus fossilen Energieträgern in der Raumwärme bis 2040 glaubwürdig als Ziel vorgegeben hat und die Förderprogramme gegriffen haben, brummt das Geschäft mehr als je zuvor. Helmut musste bereits neue Mitarbeiter:innen einstellen, um die Flut an neuen Aufträgen bewältigen zu können.

Auch die Firma, in der **AHMED** und seine Kolleg:innen beschäftigt sind, ist auf einem guten Weg in die Zukunft. Neben dem Programm zum Heizsystemtausch hat die Regierung ebenfalls beschlossen, alle öffentlichen Gebäude in den nächsten Jahren thermisch und energetisch zu sanieren. Erst vor ein paar Tagen hat das Unternehmen einen Großauftrag der Regierung erhalten. Sie sollen die Schulgebäude technisch auf Vordermann bringen. Das Ziel ist, Energie zu sparen. Man ist auch eine neue Kooperation mit einem ortsansässigen Planungsbüro eingegangen. Ziel der Kooperation ist es, sowohl die thermische als auch die energetische Sanierung aus einer Hand anbieten zu können. Demnach sollen auf die Schulgebäude auch Photovoltaikanlagen gebaut werden. Die Schulgebäude sollen nicht nur effizienter im Energieverbrauch werden, sondern in Zukunft auch selbst grünen Strom erzeugen.
Viele Quadratmeter an Fläche, die bisher ungenutzt brach lagen, sollen in Zukunft einen Beitrag zur Energiewende leisten.

KAPITEL 9

DAS LIEBE GELD UND DIE TRANSFORMATION

WOHER WIR KOMMEN ...

ALINA, 32, ist nun schon seit einigen Jahren im Finanzministerium tätig und dort gemeinsam mit vielen Kolleg:innen für Budgetfragen zuständig. In den letzten Jahren nahm sie im politischen Diskurs einen wachsenden Druck für die Lockerung der strengen Budgetregeln wahr. Immer mehr Anforderungen wurden an das Finanzministerium kommuniziert und es stellt sich die schwierige Frage, ob man diesen wachsenden Anforderungen im bestehenden Regelwerk noch gerecht werden kann.

Aber nicht nur in den Ministerien beschäftigt man sich mit den wachsenden finanziellen Anforderungen. Auch bei den privaten Banken herrscht seit einiger Zeit Unruhe, wie **CHRISTIAN**, 28, in seinem Arbeitsalltag merkt. Direkt im Anschluss an sein Studium fing er in einer der großen nationalen Banken zu arbeiten an. Geldpolitik, Finanzmärkte und die realpolitische Macht, die ihnen innewohnt, haben ihn immer schon fasziniert. In seinem Studium lernte er viel über die Theorien und Methoden und nun ist er selbst Teil der Praxis geworden. Doch was ihm besonders auffällt, ist die Dynamik der Branche. In den letzten Jahren sind

Nachhaltigkeit und Soziales immer mehr im Munde der Finanz-
branche. Es deuten sich große Veränderungen an.

DOMINIK, 52, arbeitet in einem großen börsennotierten Unternehmen.
Das Unternehmen ist schon seit mehreren Jahrzehnten im Öl- und
Erdgasgeschäft tätig. Seit geraumer Zeit kämpft es immer mehr
mit dem schlechten Image und die Investor:innen bleiben aus.
Und das, obwohl das Unternehmen spannende Projekte im Bereich
der erneuerbaren Energien entwickelt hat.

Die grüne Transformation erfordert große und langfristig ausge-
richtete Investitionen, sowohl von staatlicher als auch von privater
Seite. Damit die notwendigen Investitionen Realität werden können, braucht es enorme politische, technologische und ökonomische Kraftanstrengungen und viele Wege, um das Ziel zu erreichen.
Welchen Weg wir schlussendlich einschlagen, hängt weitgehend
von den Erwartungen des privaten Sektors ab. Erwartungen über
die Entwicklung der zukünftigen Nachfrage nach Produkten und
Dienstleistungen, über die Durchsetzungsfähigkeit von Technologien und Geschäftsmodellen und über die Stabilität der politischen Regulierung. Denn in unserem aktuellen kapitalistischen
Wirtschaftssystem wird für die schnelle Verbreitung neuer Technologien und klimaneutraler Produktion entscheidend sein, ob die
privaten Akteure erwarten werden, dass sich ihre Investitionen
rechnen. Die Klima- und Energiepolitik muss radikal genug sein,
um die Erwartungen grundlegend zu verändern und private Akteure dazu zu bringen, die Investitionserfordernisse der grünen
Transformation zu erfüllen.[165]
Neben den eigenen Investitionen, die der Staat selbst in der
Transformation tätigen muss, kann er über die Gestaltung des Politikrahmens und zielgerichtete wirtschaftspolitische Maßnahmen

dazu beitragen, wirtschaftliche Fakten zu schaffen. Die wirtschaftspolitischen Instrumente dazu sind vielfältig. Sie reichen von Förderungen zur strategischen (Weiter-)Entwicklung von Technologien
über Vorschriften zur Haltbar- und Wiederverwertbarkeit bis hin
zu gezielter Unterstützung der Leistbarkeit klimaneutraler Produkte und Dienstleistungen. Ziel ist der Auf- und Ausbau neuer nachhaltiger Märkte, in denen sich klimaneutrale Geschäftsmodelle und
-praktiken durchsetzen können. Der Staat muss die in seinem
Verantwortungsbereich liegenden Investitionen umsetzen und
gleichzeitig den politischen Rahmen schaffen, damit sich die Erwartungen der privaten Akteure in Richtung Klimaneutralität neu
ausrichten. Eine finanzpolitische Mammutaufgabe. Doch schenkt
man der Studienlage Glauben, ist es eine Aufgabe, die mit genügend
politischem Mut bewältigbar ist.

Es braucht dazu zweierlei: den notwendigen finanziellen Spielraum und den politischen Willen, private Investitionen in Richtung
grüner Investitionsprojekte zu lenken. Mit einem Kraftakt des Staates Hand in Hand mit privaten Akteuren kann die Klimawende
gelingen. Natürlich nur unter der Voraussetzung, dass die notwendigen rechtlichen und finanziellen Rahmenbedingungen für den
Staat, die Unternehmen und die Haushalte geschaffen werden.

FINANZIELLEN SPIELRAUM FÜR DIE NOTWENDIGEN STAATLICHEN INVESTITIONEN SCHAFFEN

Um die großen Investitionsanforderungen zu bewältigen, wird es
aber mehr benötigen als den reinen politischen Willen. Um den Weg
zur Klimaneutralität zu gehen, müssen private Investitionen aktiv
umgelenkt und zusätzliche öffentliche Investitionen mobilisiert
werden. Damit dies gelingt, braucht es gesetzliche Rahmenbedingungen für den Staat selbst, aber auch für private Investor:innen.
Mit zunehmender Dringlichkeit der Klimakrise wird auch der Druck
auf die öffentlichen Finanzen wachsen. Deshalb ist es schon vorausschauend von großer Bedeutung, die finanziellen Spielräume in den

staatlichen Budgets für die notwendigen Investitionen zu schaffen. Eine Studie des österreichischen Wirtschaftsforschungsinstituts[166] aus dem Jahr 2020 beleuchtet den finanziellen Spielraum der Europäischen Union vor diesem Hintergrund kritisch. Die Autor:innen argumentieren, dass der finanzielle Rahmen der Europäischen Union, der Stabilitäts- und Wachstumspakt, nicht genügend Flexibilität aufweist, um auf die Herausforderungen angemessen reagieren zu können. An diese Analyse schließt sich auch das Wiener Institut für Internationale Wirtschaftsvergleiche an. Auch dieses mahnt eindringlich, dass der aktuelle finanzielle Rahmen der Europäischen Union nicht ausreicht, um die öffentlichen Investitionen zu tätigen, die für die Erreichung der Klimaziele notwendig sind.[167] Die Autoren, Philipp Heimberger und Andreas Lichtenberger, sprechen sich daher für die Einrichtung eines permanenten EU-Klima- und Energieinvestitionsfonds aus. Er soll mit Zuschüssen im Ausmaß von mindestens einem Prozent der EU-Wirtschaftsleistung zur Finanzierung öffentlicher Investitionen herangezogen werden. Mit der Einrichtung eines solchen Fonds würde sich der finanzielle Spielraum der Mitgliedstaaten wesentlich erweitern. Der Fonds würde den Mitgliedsstaaten erlauben, wichtige Investitionen in die grüne Wende zu tätigen und gleichzeitig die EU-Fiskalregeln einzuhalten. Ebenso kann die Einführung einer „grünen goldenen Investitionsregel" den Verschuldungsspielraum der Mitgliedstaaten für grüne Investitionen erweitern. Die wirtschaftswissenschaftliche Denkfabrik Bruegel (Brussels European and Global Economic Laboratory) sieht eine solche Regel als vielversprechendste Option zur erfolgreichen Finanzierung der Klimawende.[168] Im Anbetracht des Ausmaßes der notwendigen Investitionen und des damit verbundenen Finanzierungsbedarfs ist akuter Handlungsbedarf angesagt. Denn wie Michael Hüther, Direktor des Instituts der deutschen Wirtschaft, bereits 2019 eindringlich betonte: „Die grüne Null und die schwarze Null sind nicht vereinbar – aus Gründen der ökonomischen Effizienz und gerechter Lastenverteilung."[169]

FISKALISCHE REGELN DER EUROPÄISCHEN UNION

Die fiskalischen Regelungen der Europäischen Union setzen sich aus verschiedenen Schlüsselinstrumenten zusammen. So sollen der Stabilitäts- und Wachstumspakt, der Überwachungsprozess des Europäischen Semesters und der Fiskalpakt als Ergänzungsabkommen die budgetäre Disziplin der Mitgliedstaaten sicherstellen. Letzteres Instrument soll die Koordinierung und Überwachung der Wirtschaftspolitik in der Eurozone stärken.

Die Regelungen sollen nachhaltiges Wachstum und finanzielle Stabilität in der Europäischen Union fördern. Die Mitgliedstaaten sind angehalten, sich koordiniert darum zu bemühen, wirtschaftliche Ungleichgewichte innerhalb der Europäischen Union zu vermeiden und die Haushaltsverantwortung zu wahren. Zentraler Grundsatz ist die Vermeidung „übermäßiger" Defizite in den Staatshaushalten.

Der Stabilitäts- und Wachstumspakt legt dafür Defizit- und Verschuldungsgrenzen fest. Die wichtigsten Bestimmungen sind:

- Defizitregel: Die Mitgliedstaaten sollen ihre jährlichen Haushaltsdefizite auf maximal drei Prozent des Bruttoinlandsprodukts (BIP) beschränken.

- Schuldenregel: Die Verschuldung der Staatshaushalte der einzelnen Mitgliedsstaaten soll 60 Prozent des Bruttoinlandsprodukts nicht überschreiten oder sich zumindest in Richtung dieses Schwellenwertes entwickeln.

- Makroökonomische Ungleichgewichte: Der Prozess des Europäischen Semesters soll die wirtschaftlichen Entwicklungen in den Mitgliedstaaten überwachen und Empfehlungen zur Vermeidung von makroökonomischen Ungleichgewichten abgeben.

Das Ergänzungsabkommen des Fiskalpakts sieht vor, dass die Mitgliedstaaten Schuldenbremsen in ihre nationalen Rechtsvorschriften aufnehmen und Maßnahmen zur Korrektur von Haushaltsdefiziten ergreifen. Werden die fiskalischen Regelungen verletzt, müssen die Mitgliedstaaten Haushalts- und Wirtschaftsprogramme mit Maßnahmen zum Abbau der Verschuldung der EU-Kommission und dem Europäischen Rat vorlegen und diese genehmigen lassen.

Um zumindest ein gewisses Maß an Flexibilität in Krisenfällen zu gewährleisten, können in Situationen während eines „außergewöhnlichen wirtschaftlichen Umfelds" Klauseln aktiviert werden, die den Mitgliedsstaaten mehr Spielraum für fiskalische Maßnahmen geben. Dies geschah unter anderem während der COVID-19-Pandemie oder im Zuge der Energiekrise.

FINANZIELLE RISIKEN, ZENTRALBANKEN UND FINANZAUFSICHTSBEHÖRDEN IM SOG DER KLIMAKRISE

In den Finanzzentren dieser Welt ist seit ein paar Jahren „Green Finance" das geflügelte Wort. Zentralbanken und Finanzaufsichtsbehörden engagieren sich aber nicht aus purer Liebe zum Klima im Bereich der „grünen Finanzierung". Ihr Ziel, entsprechend ihrem politischen Mandat, ist, die finanzielle Stabilität zu wahren. Mit ihren Konsequenzen stellt die Klimakrise ein ernstzunehmendes wirtschaftliches Risiko für Haushalte und Unternehmen dar. Die mit der Klimakrise verbundenen finanziellen Risiken sind vielfältig und betreffen die verschiedensten Aspekte der wirtschaftlichen Tätigkeit. Besondere Bedeutung haben Versicherungsrisiken, Betriebsrisiken, Wertminderungen und Kreditrisiken.

Mit der zunehmenden Häufigkeit und Intensität von Überschwemmungen, Bränden, Dürren und Stürmen steigen die Schadenskosten. Die Schadensansprüche, die dadurch an die Versicherungsunternehmen gestellt werden, stellen diese sodann vor erhebliche finanzielle Herausforderungen. Man bezeichnet dies als Versicherungsrisiken. Für manche Haushalte und Unternehmen können rasant steigende Versicherungsrisiken zu einem hohen Anstieg der Versicherungsprämien führen. Diese belasten die Budgets der Haushalte und Unternehmen. In äußersten Extremsituationen kann sogar eine Form der Unversicherbarkeit entstehen.

Für Unternehmen in besonders stark von der Klimakrise betroffenen Sektoren und Branchen wie Landwirtschaft, Energie und Bauwesen kann die Zunahme an physischen Schäden an Vermögenswerten, Unterbrechungen in den Lieferketten oder erhöhten Betriebskosten die Betriebsrisiken enorm ansteigen lassen. Gerade die physischen Schäden an Gebäuden und Produktionsanlagen können zu einer raschen Wertminderung führen. Ebenso können regulatorische Risiken infolge verschärfter Umweltauflagen eine solche Wertminderung herbeiführen. Ein Anstieg der Kreditrisiken ist die Folge. Von zusammenbrechenden Lieferketten, Naturkatastrophen und klimabedingten Veränderungen stark betroffene Unternehmen können unter Umständen ihre Kreditverpflichtungen nicht mehr erfüllen. Dies wiederum setzt Banken und andere Kreditinstitutionen einem zusätzlichen Risiko aus. Eine komplexe Gemengelage aus unterschiedlichsten Risiken, die in ihrem Zusammenspiel unkalkulierbar werden können.[170]

Banken, Kreditinstitutionen und Versicherungen sind daher über die vielfältigen Wirkungsmechanismen durch die Klimakrise verursachten finanziellen Risiken ausgesetzt. Diese Risiken sind in ihren Wirkungen oft komplex und von den unterschiedlichsten Faktoren abhängig. Die geografische Lage, die Branche, das Geschäftsmodell, die regionalen und globalen Lieferverflechtungen und die Fähigkeiten der Unternehmen, sich auf die Veränderungen einzustellen, beeinflussen die finanziellen Risiken, denen Unternehmen, Haushalte und schlussendlich in Summe der Risiken auch Staaten ausgesetzt sind.

Entsprechend ihres politischen Mandats, die finanzielle Stabilität zu wahren, widmen sich Zentralbanken und Finanzaufsichtsbehörden zunehmend dem Thema der klimabezogenen finanziellen Risiken und der „grünen Finanzierung". Darin begründet sich auch die Stoßrichtung der Zentralbanken und Finanzaufsichtsbehörden, die Finanzierung grüner Investitionsprojekte zu unterstützen. Denn mit einem erfolgreichen Kampf gegen die Klimakrise reduzieren sich auch die Risiken, die mit einem weiteren Voranschreiten der klimabedingten Veränderungen verbunden sind.

Darüber hinaus schafft der Ausstieg aus fossilen Energieträgern enorme Investitionsmöglichkeiten. Zentralbanken und Aufsichtsbehörden spielen eine zentrale Rolle für einen reibungslosen Übergang des Finanzsystems von der Finanzierung alter fossiler Industrien zur Finanzierung einer neuen grünen Wirtschaft. Somit kann das Finanzsystem ein wesentlicher Puzzlestein für die Finanzierung der grünen Wende werden. Aber, und das ist ein ganz wichtiger Aspekt, es kann entschlossenes politisches Handeln der Regierungen am Weg zur Klimaneutralität nur ergänzen, jedoch nicht ersetzen.[171]

Die Instrumente, mit denen Zentralbanken, Kreditinstitute und Aufsichtsbehörden den grünen Wandel unterstützen können, sind ebenso vielfältig wie die Risiken. Zum Beispiel können Zentralbanken über direkte Ankaufprogramme von Anleihen grüner Sektoren oder Auf- und Abschläge für grüne und fossile Sicherheiten bei der Kreditvergabe Investitionen lenken. Andrew McConnell, Boyan Yanovski und Kai Lessmann argumentieren, dass Zentralbanken durch die Unterscheidung zwischen „grünen" und „fossilen" Sicherheiten bei der Kreditvergabe an Geschäftsbanken einen wichtigen Beitrag zur Eindämmung der Klimakrise leisten können. Abschläge für fossile Sicherheiten haben direkte Auswirkungen auf die Finanzierungskosten von fossilen Investitionen und verschieben das Verhalten zugunsten grüner Anlagegüter. Im Zusammenspiel mit einer CO_2-Bepreisung können sich Vergabevorschriften und Regulierung gegenseitig ergänzen und rasch zur Emissionsreduzierung beitragen.[172]

Einen anderen Weg schlägt Paul De Grauwe, Professor für Internationale Wirtschaft an der Universität Leuven und der London School of Economics, vor. Er betont die Möglichkeit der Zentralbanken, im Rahmen ihrer Anleihenkaufprogramme (Quantitative Easing) lenkend im Sinne der grünen Wende einzugreifen. Ihm zufolge könnte die Europäische Zentralbank ihre alten Anleihen durch neue „Umweltanleihen" ersetzen. Dies hätte keine Wirkung auf die Inflation, da die Zentralbank dadurch kein neues Geld schaffen würde. Nach De Grauwe kann die Europäische Zentralbank über diesen Weg ihre Geldschöpfungskapazität für die Unterstützung von Umweltinvestitionen nutzen.[173]

Eine weitere Möglichkeit existiert mit den nationalen Entwicklungsbanken. Die britische Innovationsökonomin Mariana Mazzucato betont die großen Potenziale der nationalen Entwicklungsbanken in der aktiven Gestaltung von Märkten.[174] Ihr zufolge geht die Rolle der nationalen Entwicklungsbanken weit über jene des Marktregulierers hinaus. Entwicklungsbanken können eine starke Rolle in der Marktgestaltung und -schaffung übernehmen und eine entscheidende Rolle bei der Unterstützung der grünen Transformation spielen, indem sie Finanzmittel für nachhaltige Projekte und Industrie bereitstellen.[175] Das hilft nicht nur, Marktversagen zu überwinden, sondern auch, den Zugang zu Finanzmitteln zu verbessern und Finanzierungskosten zu reduzieren.[176]

Zum Beispiel vergibt die Europäische Investitionsbank (EIB)[177] gezielt Kredite, um die Finanzierung von grünen Projekten zu unterstützen. Dies geschieht entlang der Prioritäten des Europäischen Grünen Deals. Priorität haben Projekte, die dem Ausbau der erneuerbaren Energien, der Steigerung von Energieeffizienz sowie der Durchsetzung nachhaltigen Verkehrs und des Umweltschutzes dienen.

GRÜNE GELDPOLITIK

Der Begriff der grünen Geldpolitik ist ein junger und kann je nach Zentralbank und politischen und institutionellem Umfeld unterschiedlich interpretiert werden. Grundsätzlich meint eine grüne Geldpolitik die gezielte Anwendung von geldpolitischen Instrumenten und Maßnahmen durch die Zentralbanken und andere Finanzinstitutionen mit dem Ziel, Klimaschutz und eine nachhaltige Entwicklung zu unterstützen.

Elemente einer grünen Geldpolitik können die Unterstützung von grünen Finanzierungen durch die Beeinflussung von Finanzierungskosten für umweltfreundliche Projekte oder die Berücksichtigung von Umweltrisiken bei der Bewertung und Vergabe von Krediten sein.

Im wirtschaftswissenschaftlichen Diskurs gibt es eine lebhafte Debatte über die Wirksamkeit von grüner Geldpolitik. Einige Autor:innen argumentieren, dass sie zu Marktineffizienzen und zur Bevorzugung bestimmter Branchen führen könnte. Dies widerspräche dem Gebot der „Marktneutralität".

AUCH UNTERNEHMEN UND HAUSHALTE SIND GEFORDERT: DIE LENKUNG PRIVATER FINANZSTRÖME

Zur Erreichung der Klimaziele und vor dem Hintergrund der enormen Investitionserfordernisse wird es nicht ausreichen, dass Staaten investieren und die Zentralbanken und andere Finanzinstitutionen finanziell unterstützen. Es wird darüber hinaus notwendig sein, auch private Finanzströme in Richtung einer klimaneutralen Produktion und eines klimaneutralen Konsums umzulenken. Es braucht deshalb zusätzlich eine nachhaltige und zielgerichtete Finanzregulierung. Die Europäische Union möchte daher im Zuge des Europäischen Grünen Deals Investitionsentscheidungen in Richtung einer klimaneutralen Zukunft unterstützen.

Dazu entwickelte die Europäische Kommission zwei zentrale Instrumente: die EU-Taxonomie-Verordnung und die Nachhaltigkeitsberichterstattung (Corporate Sustainability Reporting Directive, CSRD). Die EU-Taxonomie-Verordnung zielt darauf ab, eine gemeinsame Klassifizierung für nachhaltige wirtschaftliche Aktivitäten zu schaffen. Dazu legt die Verordnung Kriterien fest, anhand derer Unternehmen beurteilen können, inwieweit ihre Tätigkeiten ökologisch nachhaltig sind. Anhand der Kriterien soll es Investor:innen, Unternehmen und Konsument:innen leichter möglich sein, informierte Investitionsentscheidungen zu treffen und damit einen Beitrag zur Erreichung der Klimaziele zu leisten. Dadurch kann die EU-Taxonomie-Verordnung erhebliche Auswirkungen auf die Vergabe von Krediten haben. Sie trägt dazu bei, dass Umweltkriterien stärker in den Kreditvergabeprozess einfließen.

Während die EU-Taxonomie-Verordnung die Kriterien zur Beurteilung von nachhaltigen Investitionen ermöglichen soll, zielt die europäische Nachhaltigkeitsberichterstattung darauf ab, Transparenz und Vergleichbarkeit der wirtschaftlichen Tätigkeiten von Unternehmen zu erhöhen. Die Nachhaltigkeitsberichterstattung legt dazu Anforderungen und Standards fest. Unternehmen müssen entsprechend ihrer Offenlegungspflichten Informationen über die

Auswirkungen ihrer wirtschaftlichen Tätigkeit auf Umwelt und Soziales in ihren Jahresberichten veröffentlichen. Die umfassenden Informationen dienen Investor:innen, Unternehmen und Haushalten für Investitionsentscheidungen. Aber sie sollen auch innerhalb der Unternehmen eine ganzheitliche Sichtweise auf die Unternehmenstätigkeit und deren sozialen und ökologischen Auswirkungen fördern. Trotz der positiven Auswirkungen, die beide Initiativen auf die Lenkung privater Investitionen ausüben werden, gibt es auch Kritik. So wird immer wieder ins Feld geführt, dass unzureichende Kontrolle der tatsächlichen Umsetzung von Maßnahmen, die in der Nachhaltigkeitsberichterstattung angeführt sind, eine Form des Greenwashings begünstigen kann. Ebenso wird in der praktischen Umsetzung der EU-Taxonomie-Verordnung der hohe administrative Aufwand kritisiert, der vor allem kleinere Unternehmen vor große Herausforderungen stellt.

Trotz dieser Kritik sind beide Instrumente ein Schritt hin zur Lenkung nachhaltiger Investitionen. Informationspflichten und Finanzregularien sind wirtschaftspolitische Instrumente, die das Potenzial besitzen, privatwirtschaftliche Investitionsentscheidungen in Richtung sozialer und ökologischer Nachhaltigkeit umzulenken. Das ist insbesondere wichtig, da es für die politische Gestaltung der Transformation ein Zusammenspiel aus öffentlichem und privatem Kapital brauchen wird. Das Ausmaß an notwendigen Investitionen wird weder der Staat noch der Privatsektor allein stemmen können. Es liegt in der Hand der Politik, die Rahmenbedingungen so zu gestalten, dass sie ein Zusammenspiel ermöglichen. Wie die aktuelle Studienlage zeigt, ist auch die Finanzierung der Investitionen kein unmögliches Unterfangen. Es braucht nur Mut und eine beherzte Politik, die den Rahmen für wirtschaftliche Entscheidungen gestaltet, sodass die Finanzierung gesichert ist und die Investitionen einen Beitrag zur Erreichung der Klimaziele leisten.

WARUM INVESTITIONEN IN DIE SOZIALÖKOLOGISCHE TRANSFORMATION WIRTSCHAFTLICH SINNVOLL SIND

Wenn wir es schaffen, den Staat als Regulator, Strategen und wirtschaftlichen Akteur zu nutzen, wird es uns möglich sein, die notwendigen Investitionen in Richtung einer klimaneutralen Zukunft Realität werden zu lassen. Die Finanzierung der Investitionen ist nicht nur eine Bürde, sondern sie schafft auch neue wirtschaftliche Chancen. Investitionen in den Klimaschutz und in die Anpassung an die Klimakrise sind aus mehreren Gründen wirtschaftlich sinnvoll. Langfristig tragen sie zu einer Kostenersparnis bei. Investitionen in Energieeffizienz tragen darüber hinaus dazu bei, den Energieverbrauch zu reduzieren. Dadurch senken sie die Betriebskosten und reduzieren die Abhängigkeit von fossilen Energieträgern. Die Verringerung dieser Abhängigkeit ist politisch bedeutsam. Spätestens die Energiekrise hat uns diese Lektion leidvoll erteilt.

Neben der Kostenersparnis können Klimainvestitionen auch im Rahmen eines Risikomanagements gesehen werden. Die Klimakrise geht mit enormen finanziellen Risiken in Form von Naturkatastrophen, Versorgungsstörungen und regulatorischen Änderungen einher. Klimainvestitionen können Staaten, Unternehmen und Haushalten dabei helfen, sich besser gegen diese Risiken zu wappnen und damit ihre Widerstandsfähigkeit zu erhöhen.

Schlussendlich entfalten sich mit den Investitionen vielfältigste Marktchancen. Neue Märkte für nachhaltige Produkte und Dienstleistungen werden entstehen und fossile Geschäftsmodelle verdrängen. Technologische und soziale Innovation können hier die Basis für eine klimafreundliche Produktion und einen nachhaltigen Konsum legen. Unternehmen wie Haushalte werden davon profitieren, indem Wertschöpfung, Beschäftigung und Einkommen geschaffen werden.

WOHIN WIR GEHEN ...

Das Diktat der leeren Kassen ist abgesagt! Nachdem man sich in einem politischen Kraftakt dazu durchgerungen hat, grüne Zukunftsinvestitionen zu erleichtern und das fiskalische Korsett ein wenig aufzuschnüren, ist nun der Weg frei für den Weg in die Klimaneutralität.

ALINA und ihre Kolleg:innen im Finanzministerium wurden beauftragt, die wichtigsten und effektivsten Investitionsvorhaben zu priorisieren, die Finanzierung zu sichern und in einen Umsetzungsplan zu gießen. Als Erstes steht die Sanierung der öffentlichen Gebäude am Programm. Gleichzeitig sollen brachliegende Dachflächen zur Erzeugung von Sonnenenergie verwendet werden. Ein staatliches Investitionsprogramm, das Einkommen, Jobs und heimische Wertschöpfung in den nächsten Monaten und Jahren garantieren wird.

In der Bank, in **CHRISTIAN** arbeitet, gibt es viel Neues. Vor ein paar Wochen wurde eine neue Abteilung für „Grüne Finanzen" frisch aus der Taufe gehoben, und nun eilen neue Kolleg:innen durch die Gänge. Nachdem strikte und eindeutige Kriterien für grüne Anlageprodukte über eine Verordnung festgelegt wurden, kam ordentlich Bewegung in die Sache. Vormals als Nischenprodukte abgekanzelt, spielt die soziale und ökologische Verantwortung bei der Vergabe von Krediten und bei den Produkten zur Finanzanlage eine immer größere Rolle. Diese Entwicklungen zwangen den Finanzsektor zu handeln und sein Produktportfolio entsprechend anzupassen.

EINE GRÜNE REVOLUTION

Dies merkt auch **DOMINIK**, da plötzlich auch in seinem großen börsennotierten Unternehmen die Abteilung für Unternehmensstrategie komplett neu aufgestellt wurde. Hauptaufgabe dieser Abteilung ist die Beratung des Managements in der Neuaufstellung des Unternehmens. Denn schließlich war es bisher ganz groß im Öl- und Gasgeschäft tätig. Angesichts des Voranschreitens der Klimakrise, der politischen Klimaziele und der daraus abgeleiteten Regulierungen muss das Unternehmen reagieren und seine Geschäftsmodelle neu denken. Eine zentrale Säule dafür ist Produktdiversifizierung, das heißt, das Unternehmen investiert in gänzlich neue Geschäftsfelder. So ist bereits geplant, Windkraftanlagen und Solarparks zu errichten und das Ölgeschäft langsam auslaufen zu lassen. Diese Initiativen fließen auch in die Nachhaltigkeitsberichterstattung des Unternehmens ein, denn ohne diese Maßnahmen wäre es für das Unternehmen immer schwieriger geworden, an neue Kredite für Investitionen zu gelangen.

HOFF

NUNG

TEIL DREI

KAPITEL 10

VON MITBESTIMMUNG, POLITISCHER STEUERUNG UND DEMOKRATIE

WOHER WIR KOMMEN...

THERESA, 16, ist wütend! Die Regierungen vieler Nationalstaaten rund um den Globus verfehlen wieder einmal ihre selbst-
gesteckten und vereinbarten Klimaziele. Deshalb führt Theresas
Weg gemeinsam mit anderen Jugendlichen vor die Gerichtshöfe.
Sie klagen die Staaten aufgrund ihrer unzureichenden Klimaschutzbemühungen. In ihrer Klage argumentieren sie, dass die ständig
steigenden Emissionen, die den Klimawandel weiter verschärfen,
ihre Menschenrechte verletzen. Sie sehen das Recht auf Leben, auf
Freiheit von Folter, unmenschlicher oder erniedrigender Behandlung,
Privatsphäre und Familienleben sowie das Recht, nicht aufgrund
des Alters diskriminiert zu werden, durch zu wenig Ambition im
Klimaschutz gefährdet. In ihren Konsequenzen droht die Klimakrise
die Zivilisation, wie wir sie kennen, zu gefährden. Bei ihrer Klage

unterstützt werden die Jugendlichen von internationalen Menschen-
rechtsorganisationen, Umwelt-NGOs und Umweltjurist:innen.

SONJA ist seit über 40 Jahren mit Leib und Seele Gewerkschafterin.
Seit ihrer Kindheit hat sie sich immer für andere eingesetzt, und
Ungerechtigkeit war ihr immer ein großer Dorn im Auge. In den vielen
Jahren als Belegschaftsvertreterin hat sie sich immer engagiert
für ihre Kolleg:innen eingesetzt und etliche Verbesserungen am
Arbeitsplatz durchgesetzt – zusätzliche Weiterbildungsmöglich-
keiten, Maßnahmen zur Gesundheitsvorsorge und ein betrieb-
liches Mobilitätsmanagement, um nur ein paar zu nennen. Doch die
Branche, in der sie und ihre Kolleg:innen beschäftigt sind, kommt
neuerdings gehörig unter Druck, denn die Fahrzeugindustrie steht
durch die Elektromobilität und die starke Konkurrenz aus den USA
und China mitten in einem großen Umbruch. Es stellen sich damit für
die heimische Wirtschaft und die Zukunft der Beschäftigung in der
Region große Fragen. Niemand ist sich sicher, wie mit diesen neuen
Entwicklungen umgegangen werden soll.

ASIF studiert seit letztem Herbst Umwelt- und Ressourcen-
management. Ausschlaggebend für seine Studienwahl waren
nicht zuletzt die Klimastreiks, an denen er regelmäßig teilnahm.
Je mehr er sich mit der Thematik Umwelt, Naturschutz und
Klimakrise auseinandersetzte, desto mehr wuchs auch sein
Interesse, einen eigenen Beitrag zu leisten. In seiner Heimatgemeinde gründete sich vor Kurzem eine eigene Interessens-
gruppe aus Umweltbewegten. Sie wollen gemeinsam praktikable
ökologische Lösungen für ihre Gemeinde entwickeln und in
Umsetzung bringen. Asif war eines der Gründungsmitglieder.
Darüber, wie es mit der Gruppe weitergehen soll und was das
nächste Projekt sein soll, wird gerade beratschlagt.

Der 12. Dezember 2019 war für die Europäische Union und die Entwicklung Europas in den folgenden Jahren ein besonders wichtiger Tag. An diesem Tag konnten sich die Mitgliedstaaten der Europäischen Union zu dem gemeinsamen Ziel durchringen, bis spätestens 2050 Klimaneutralität zu erreichen. Damit würde Europa auch den Verpflichtungen nachkommen, die im Rahmen des Pariser Klimaschutzabkommens vereinbart wurden. Der Dezember 2019 und die Präsentation des Europäischen Grünen Deals sind deshalb bedeutend, da der Grüne Deal die Strategie der Europäischen Union ist, mit der sie das Ziel der Klimaneutralität erreichen will.

Mit dem Grünen Deal wird auch das Ausmaß der Transformation politisch anerkannt. Die EU selbst betont in ihren Dokumenten, Strategiepapieren und Aussendungen immer wieder, dass ein ganzheitlicher und sektorübergreifender Ansatz dafür notwendig ist. Alle Politikfelder sind in der Transformation relevant und müssen zum übergeordneten Klimaziel beitragen. Unsere alte und gelebte Praxis der Politikgestaltung wird angesichts des schieren Ausmaßes der nötigen Transformation hinfällig. Hatte man vorher in einzelnen und oft losgelösten Politikfeldern agiert, fordert die Transformation von uns, die Politikfelder gemeinsam zu denken. Schließlich betrifft die Reorganisation unserer Produktions- und Lebensweisen nicht nur ein Politikfeld, sondern liegt quer zu allen. Wir müssen Klima-, Umwelt-, Industrie-, Energie-, Landwirtschafts-, Finanz-, Verkehrs- und Sozialpolitik in ihrer Verflochtenheit gemeinsam denken. Das macht die Politikgestaltung um einiges komplexer und die Interessenslagen vielfältiger. Der Koordinationsbedarf nimmt zu und Wirkungsketten von gesetzten Politikmaßnahmen werden oft schwerer nachvollziehbar.

Auch liegen transformationspolitische Ansätze nicht nur quer über den einzelnen Politikfeldern, sondern ebenso quer über alle politischen Ebenen. Als Querschnittsmaterie betrifft die Transformation alle Formen des staatlichen Handelns. Bund, Länder und Gemeinden spielen alle eine wichtige Rolle bei der Steuerung und Umsetzung wirtschaftspolitischer Maßnahmen, welche die Transformation in Richtung Klimaneutralität bremsen oder beschleunigen können. Im Fachvokabular spricht man von einer Mehrebenenpolitik oder auch „Multi-Level-Governance". Die Europäische Union, die Mitgliedstaaten selbst, Bundesländer oder Regionen sowie Kommunen und Gemeinden haben allesamt unterschiedliche politische Kompetenzen und können sich gegenseitig verstärken oder sogar blockieren. Eine Transformationspolitik, welche die unterschiedlichen politischen Ebenen braucht, steht auch hier vor Abstimmungs- und Koordinierungsherausforderungen. Insbesondere, da die unterschiedlichen politischen Ebenen auch unterschiedliche politische Interessen verfolgen können und gleichzeitig unterschiedliche Entscheidungsbefugnisse haben. So liegen zum Beispiel für die Umsetzung der Transformation wichtige politische Kompetenzen wie für Raumordnung, Verkehr, kommunale Infrastrukturen und Gebäude auf unterschiedlichen politischen Ebenen.

Darüber hinaus liegt die Gestaltung und Steuerung von Transformationsprozessen nicht nur bei der Politik oder der öffentlichen Verwaltung. Vielmehr sind sie geprägt durch ein Zusammenspiel von staatlichen, wirtschaftlichen und zivilgesellschaftlichen Akteuren. Die Akteurskonstellationen werden dadurch noch um einiges vielfältiger, ebenso wie die unterschiedlichen Handlungslogiken und Interessenslagen. Umwelt- und sonstige NGOs, zivilgesellschaftliche Bewegungen wie Fridays for Future oder Freiwilligenverbände – sie alle spielen in der Transformation eine wichtige Rolle.

Anhand dieser unterschiedlichen Akteurskonstellationen, staatlichen Handlungsebenen und verflochtenen Politikfelder wird der enorme Abstimmungs-, Koordinations- und Kontrollaufwand deutlich. Zusammengefasst wird diese äußerst komplexe Angelegenheit mit dem Begriff der „Governance". Als Governance bezeichnet man die Art und Weise, wie Entscheidungen getroffen und umgesetzt werden. Tatsächlich gibt es kein eindeutiges deutsches

GOVERNANCE UND DIE SOZIALÖKOLOGISCHE TRANSFORMATION

Als Governance bezeichnet man die Art und Weise, wie Staatsverwaltungen, Organisationen und Gemeinschaften geführt, geleitet und kontrolliert werden. Im Kern beschäftigt sich Governance mit Fragen der Gestaltung von Prozessen, Strukturen und Mechanismen, deren Ziel es ist sicherzustellen, dass effizient und verantwortungsvoll gearbeitet wird, die gesteckten Ziele erreicht werden und den Erwartungen von den wichtigsten Interessensgruppen bestmöglich entsprochen wird. Wichtige Aspekte sind Transparenz, Rechenschaftspflichten, Integrität, Prozessgestaltung zur Entscheidungsfindung sowie die Einhaltung und Kontrolle von Regeln und Vorschriften.

Grundsätzlich müssen Fragen der Governance auch nicht ausschließlich auf staatliches Handeln beschränkt werden. Ebenso können sie die Beziehung zwischen Regierungen und Bürger:innen, zwischen Unternehmen und Eigentümer:innen, zwischen Shareholder:innen und Beschäftigten sowie zwischen anderen relevanten Parteien beschreiben.

Im Zusammenhang mit der Gestaltung der sozialökologischen Transformation geht es darum, wie Regierungen, Unternehmen, Interessensverbände und Zivilgesellschaft zusammenarbeiten, um den Übergang zu einer klimaneutralen Wirtschaft und Gesellschaft zu ermöglichen. Im Detail geht es darum, wie die Planung, Umsetzung und Kontrolle von Politiken, Programmen und Maßnahmen gestaltet wird, um Umweltbelastungen zu reduzieren, soziale Ungleichheiten zu verringern, natürliche Ressourcen nachhaltiger zu nutzen und die Widerstandsfähigkeit gegenüber den Auswirkungen der Klimakrise zu stärken.

Ein wichtiger Aspekt für ein Gelingen der Umsetzung von Transformationspolitiken ist die Mitbestimmung bei bzw. die Beteiligung an den Planungs-, Umsetzungs- und Kontrollprozessen. Der Prozessgestaltung kommt daher in Transformationsfragen auch ein hoher Stellenwert zu. Die Stimmen und Bedürfnisse der unterschiedlichsten Interessensgruppen müssen Berücksichtigung finden, und ein Interessensausgleich wird angestrebt. Transparenz, Rechenschaftspflichten und die Stärkung demokratischer Prinzipien sollen sicherstellen, dass die Transformation gerecht und inklusiv ist und genügend politischen Rückhalt erfährt, um die Klimaziele zu erreichen.

Äquivalent zum Begriff der Governance. Am nächsten gelangt man noch mit der Übersetzung „gute Staatsführung". Wobei wir bereits gesehen haben, dass die Governance einer sozialökologischen Transformation nicht nur das staatliche Handeln umschließt, sondern auch andere Akteurskonstellationen in ihrem Zusammenspiel mit dem Staat berücksichtigt.

Auf einer abstrakten Ebene stellen diese Anforderungen an die politische Gestaltung von Transformationsprozessen aber eine große Frage, und zwar, inwieweit es das politische System schafft, die ökologische Frage und damit verbundene soziale, wirtschaftliche und gesellschaftliche Konflikte über Geschwindigkeit, Ausmaß und Betroffenheit durch die Transformation angemessen und in der verbliebenen Zeit zu bearbeiten.[178]

WARUM DAS GELINGEN DER SOZIALÖKOLOGISCHEN TRANSFORMATION AUCH EINE FRAGE DER MITBESTIMMUNG UND TEILHABE IST

Die Soziologen Steffen Mau, Thomas Lux und Linus Westheuser aus Berlin, die wir schon in Kapitel 2 kennengelernt haben, weisen in ihren sozialwissenschaftlichen Untersuchungen nach, dass es innerhalb der deutschen Bevölkerung einen breiten gesellschaftlichen Konsens über die menschenverursachte Klimakrise und die Notwendigkeit des Klimaschutzes und der Transformation gibt. Dies zeigen auch andere Befragungen wie zum Beispiel jene des Eurobarometers. 93 Prozent der Europäer:innen sehen die Klimakrise als ernstes Problem für die Welt und mehr als die Hälfte findet, dass der Übergang hin zu einer grünen Wirtschaft beschleunigt werden muss. Unabhängig davon rangiert zum Beispiel in Deutschland der Themenkomplex Energie, Versorgung und Klima schon seit Jahren immer unter den politischen Top-Themen bei Befragungen.[179] Ähnliches gilt nicht nur für den Klimaschutz, sondern ebenso für die Anpassung an die sich verändernden klimatischen Bedingungen. Eine Befragung von 18.000 Österreicher:innen in achtzig Klimawandelanpassungsregionen (KLAR) des österreichischen Klima- und Energiefonds zeigte 2023 unter anderem, dass 84 Prozent der Befragten Anpassungen an den Klimawandel für eher oder unbedingt notwendig ansehen.[180]

Doch ein hohes vorhandenes Klimabewusstsein allein führt nicht automatisch zu entsprechenden Handlungen oder einem klimafreundlichen Wahlverhalten an den Urnen Europas. Wie

Vertreter:innen der Psychologists for Future nicht müde werden zu betonen, wird der gesellschaftliche Umgang mit der Klimakrise zutiefst geprägt von Wahrnehmungen, Gefühlen und gefühlten Wahrheiten.[181] Es muss daher auch darum gehen, wie transformationspolitische Maßnahmen wahrgenommen werden und ob sie praxistaugliche und realistische Alternativen zu fossilen Strukturen und Verhaltensweisen bieten können. Bereits existierende wirtschaftliche Sorgen führen generell zu einer höheren Skepsis gegenüber Transformationsprozessen und können den notwendigen Übergang in ein postfossiles Zeitalter gehörig ausbremsen. Dazu reicht es bereits aus, wenn der Prozess der Transformation bzw. wirtschaftspolitische Maßnahmen, die auf die Transformation abzielen, nicht als fair wahrgenommen werden.[182]

Wie Steffen Mau und Kollegen argumentieren, handelt es sich bei den öffentlichen Debatten um Transformationsskepsis und Klimakrise nicht um tatsächliche Zielkonflikte, sondern um Ungleichheitskonflikte entlang der Fragen, wer wann und in welchem Ausmaß die Transformationslasten trägt. Die Tendenz zur Transformationsskepsis ist am stärksten bei Menschen in wirtschaftlich prekären Positionen und bei jenen, bei denen Spielräume für ökologisches Handeln nur begrenzt vorhanden sind. Dort, wo die individuellen wirtschaftlichen Kapazitäten die Möglichkeiten beschränken, ökologische Alternativen tatsächlich in Anspruch zu nehmen, wird der Ethos eines freiwilligen Verzichts, der eher der gebildeten Mittelschicht entspricht, ablehnend gesehen und als Angriff auf Wahlfreiheit und legitime Momente des Luxus wahrgenommen.[183] Nicht umsonst betont der österreichische Spezialreport des Austrian Panel on Climate Change (APCC), dass es derzeit schwierig ist, klimafreundlich zu leben.[184] Damit klima- und transformationspolitische Maßnahmen von davon Betroffenen nicht als Zumutung und unpassend empfunden und dann politisch abgelehnt werden, muss es deshalb in der Gestaltung der Transformation auch darum gehen, gesellschaftliche Strukturen und Kontexte sowie die einzelnen wirtschaftspolitischen Maßnahmen so zu gestalten, dass sie realistische Optionen für klimafreundliche Verhaltensweisen sind. Und nur dann werden sie auch den breiten gesellschaftlichen Rückhalt erfahren, der eine rasche und tatsächliche Umsetzung erst ermöglicht.

Man sieht an diesen Zusammenhängen deutlich, dass eine generelle hohe Zustimmung zum Klimaschutz und ein Bewusstsein für die Verursachung nicht ausreichen, um Klimaneutralität Realität werden zu lassen. Alle großen Überlegungen zu Programmen, Maßnahmen und Projekten der Transformation werden scheitern, wenn sie schlussendlich gesellschaftlich nicht mitgetragen werden. Die Frage, die daran anschließt, ist eine der Governance der Transformationspolitik. Und zwar: Wie und mit welchen Mitteln gestalten wir Programme und Maßnahmen, damit sie auch breit mitgetragen werden?

Sanna Markkanen und Annela Anger-Kraavi von der Universität Cambridge betonen in diesem Zusammenhang die Ausgestaltung wirtschafts- und klimapolitischer Maßnahmen. Die Forscherinnen argumentieren, dass für den Erfolg von klimapolitischen Maßnahmen, die auch den Anspruch der sozialen Gerechtigkeit erfüllen, die unterschiedlichen Ausgangslagen (Kontextfaktoren) in der Konzeption der Programme und Maßnahmen berücksichtigt werden müssen. Außerdem sind sie der Meinung, dass im Design der Maßnahmen (Policy-Design) die betroffenen Interessensgruppen, politischen Umsetzer:innen und die Zivilgesellschaft eingebunden werden müssen und dass die Maßnahmen in Folge immer wieder im Hinblick auf ihren Beitrag zur Zielerreichung und ihre Effekte evaluiert werden müssen (Policy-Umsetzung).[185] Transparente Prozesse, nachvollziehbare Ziele, Glaubwürdigkeit in der Umsetzung und Berücksichtigung der unterschiedlichen Interessen werden so zum Qualitätssiegel für transformationspolitische Maßnahmen.

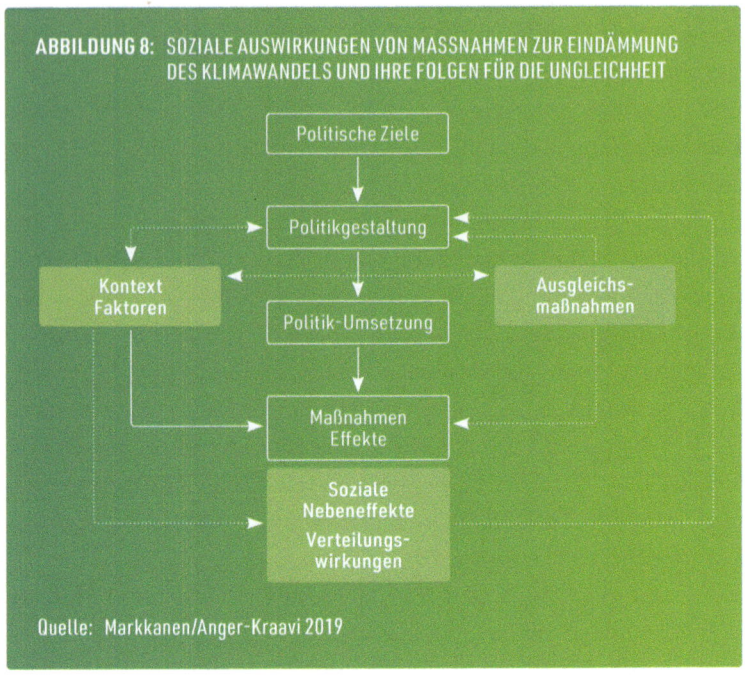

ABBILDUNG 8: SOZIALE AUSWIRKUNGEN VON MASSNAHMEN ZUR EINDÄMMUNG DES KLIMAWANDELS UND IHRE FOLGEN FÜR DIE UNGLEICHHEIT

Politische Ziele

Politikgestaltung

Kontext Faktoren

Ausgleichs-maßnahmen

Politik-Umsetzung

Maßnahmen Effekte

Soziale Nebeneffekte Verteilungs-wirkungen

Quelle: Markkanen/Anger-Kraavi 2019

Egal, ob wir klima- und wirtschaftspolitische Maßnahmen auf lokaler, regionaler, nationaler oder europäischer Ebene umsetzen, wird es einen besonderen Fokus auf die Bedeutung und Qualität der Politikgestaltung in der Transformation brauchen. Es gilt auch hier: „One size fits all" gibt es nicht. Wir müssen dazu die unterschiedlichen Ausgangslagen, Betroffenheiten und Auswirkungen berücksichtigen. So vielfältig, wie die Herausforderungen im Detail aussehen werden müssen, so unterschiedlich werden auch die Antworten auf sie ausfallen. Ein Such- und Lernprozess steht an.

DIE GOVERNANCE DER TRANSFORMATION ALS GESELLSCHAFTLICHER SUCH- UND LERNPROZESS

Der Weg durch eine Transformation der Produktions- und Lebensweisen wird kein einfacher sein. Er wird auch kein geradliniger und gleichmäßiger sein. Ganz im Gegenteil wird er steinig und voll mit Schlaglöchern sein und entlang von steilen Klippen über kaum ausgetretene Pfade führen. Die Lösungen, die wir entlang des Wegs zur Klimaneutralität brauchen und finden werden, werden sich ebenso wie die vielzähligen Herausforderungen stark voneinander unterscheiden und in unterschiedlichen Geschwindigkeiten ablaufen. Ein komplexes Unterfangen, das als ersten Schritt einen Raum für die gemeinsame Suche nach Lösungswegen, die Aushandlung von Interessensgegensätzen und die Koordination zwischen allen Beteiligten braucht. Unsere Demokratie und unsere demokratischen Prozesse werden sich an die neuen Bedingungen in der Klimakrise anpassen müssen. Die Frage, die wir uns daher stellen müssen, ist, wie Demokratie in den stürmischen Zeiten der Transformation und im Sog der Klimakrise aussehen kann, welche Spielräume existieren und wie wir unter dem enormen Zeitdruck zu tragfähigen Lösungen finden können.

Zuallererst brauchen wir eine Vision oder eine Vorstellung davon, wie der Weg hin zur Klimaneutralität für die unterschiedlichen Wirtschaftsbereiche und gesellschaftlichen Gruppen aussehen kann. In den letzten Jahren wurden genau zu diesem Zweck verschiedene Methoden entwickelt. Ihnen allen gemein ist ein starkes Element der Mitbestimmung und Teilhabe in der Gestaltung von Übergangspfaden und daraus abzuleitenden Maßnahmen, wie diese Pfade eingeschlagen werden können.[186]

Auch die Europäische Kommission verfolgt einen Ansatz zur gemeinsamen Entwicklung von Übergangspfaden für die grüne und digitale Transformation. Durch die gemeinsame Bearbeitung und Entwicklung der Übergangspfade soll vor allem gegenseitiges Verständnis und Vertrauen gefördert und damit die Kooperationsfähigkeit gestärkt werden. Ergebnis dieser Prozesse soll die Bestimmung der wichtigsten Herausforderungen und politischen Stoßrichtungen sein. Aufbauend darauf können die Beteiligten gemeinsam konkrete wirtschaftspolitische Maßnahmen entwickeln, die schlussendlich den Weg in die klimaneutrale Zukunft ebnen sollen. Konkret geht es vor allem um Fragen nach dem Ausmaß an notwendigen Investitionen, nach der Bereitstellung benötigter Kompetenzen und des notwendigen Wissens sowie um Fragen nach strategischen Abhängigkeiten und technologischer Unabhängigkeit. Neben der Entwicklung von Übergangspfaden müssen auch den Wandelprozess begleitende Ausgleichsmaßnahmen gemeinsam entwickelt werden. Denn die Veränderungsprozesse müssen sich zwar systemisch vollziehen, haben aber immer im ganz Konkreten Auswirkungen auf spezifische Regionen, Unternehmen und Beschäftigte. Hier kommt wieder das Element einer koordinierten Mehr-Ebenen-Politik (Multi-Level-Governance) ins Spiel. Es braucht nicht nur auf der Ebene der Europäischen Union Ziele, Pfade und Maßnahmen, sondern auch auf lokaler, regionaler und nationaler Ebene.

So unterschiedlich, wie die einzelnen Regionen und Länder der Europäischen Union in ihrer Geografie sind, sind sie es auch in ihren Institutionen und politischen Spielregeln. Die Vielfältigkeit ist für ein gemeinsames koordiniertes Vorgehen bei den großen wirtschaftspolitischen Fragen oft eine Herausforderung, gleichzeitig ist sie aber auch eine enorme Chance, voneinander zu lernen. Die Vielfältigkeit bedeutet aber auch, dass einheitliche Blaupausenlösungen für die Transformation zur Klimaneutralität nicht existieren.

Doch die Literatur gibt uns zumindest ein paar Skizzen für die Politikgestaltung in der Transformation in die Hand. Sie identifiziert wichtige Elemente: eine Selbstbindung der Politik über Verfassungsklauseln und eine Verrechtlichung, eine Interessensbündelung in eigens zuständigen Behörden oder Agenturen mit Klage- oder Vetorechten sowie eine Demokratisierung von Entscheidungen über die breite Einbindung von Stakeholdern.

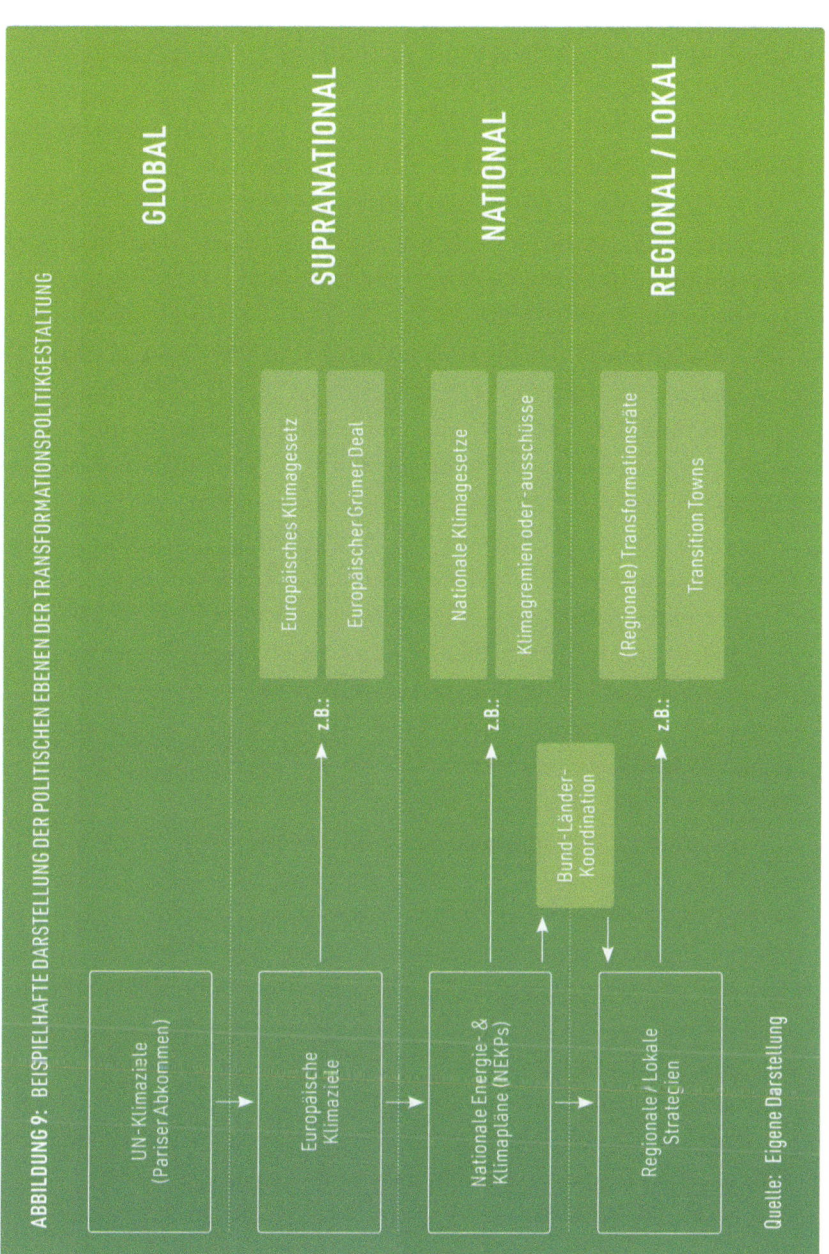

ABBILDUNG 9: BEISPIELHAFTE DARSTELLUNG DER POLITISCHEN EBENEN DER TRANSFORMATIONSPOLITIKGESTALTUNG

GLOBAL

UN-Klimaziele (Pariser Abkommen)

SUPRANATIONAL

z.B.:
Europäisches Klimagesetz
Europäischer Grüner Deal

Europäische Klimaziele

NATIONAL

z.B.:
Nationale Klimagesetze
Klimagremien oder -ausschüsse

Nationale Energie- & Klimapläne (NEKPs)

Bund-Länder-Koordination

REGIONAL / LOKAL

z.B.:
(Regionale) Transformationsräte
Transition Towns

Regionale / Lokale Strategien

Quelle: Eigene Darstellung

DIE NOTWENDIGE SELBSTBINDUNG DER POLITIK AN ZIELE, PFADE, PLÄNE UND KLIMAKLAGEN

Eine Selbstbindung der Politik über eine Verrechtlichung von Klimaschutzfragen hat zum Ziel, politische Stabilität über Wahlperioden hinaus zu bieten und gleichzeitig den Handlungsspielraum im Sinne der Zielerreichung einzuschränken. Eine solche rechtliche Selbstbindung gibt damit auch ein gewisses Maß an Plan- und Erwartbarkeit in den turbulenten Zeiten der großen und tiefgreifenden Veränderungen. Darüber hinaus eröffnet die Verrechtlichung von Klimaschutz oder Klimaschutzzielen den rechtlichen Weg bei Zielverfehlung. Der wichtigste internationale und rechtlich verbindliche Vertrag ist das Pariser Klimaabkommen, das von den 196 Vertragsparteien im Jahr 2015 auf der UN-Klimakonferenz angenommen wurde und mit November 2016 in Kraft getreten ist. Im Pariser Klimaabkommen vereinbarten die Staaten, den Anstieg der globalen Durchschnittstemperaturen auf deutlich unter zwei Grad Celsius gegenüber dem vorindustriellen Niveau zu halten und sich darum zu bemühen, den Temperaturanstieg auf 1,5 Grad Celsius zu beschränken.[187] Seit 2020 müssen die Länder ihre nationalen Klimaschutzpläne vorlegen, die als nationale Klimaschutzbeiträge (NDCs) bekannt sind. Sie sollen zeigen, wie die Länder vorgehen, um ihre Klimaschutzvereinbarungen zu erfüllen.

Um die international vereinbarten und rechtlich verbindlichen Klimaziele des Pariser Abkommens zu erreichen, hat sich die Europäische Union im Jahr 2021 mit dem Europäischen Klimagesetz – dem Kern des Europäischen Grünen Deals – den Rahmen für die Maßnahmen gesetzt, die von der EU und ihren Mitgliedstaaten ergriffen werden müssen, um die Netto-Treibhausgasemissionen zu senken und Klimaneutralität bis zum Jahr 2050 zu erreichen.[188]

Die Umsetzungsschritte und Beiträge der einzelnen Mitgliedstaaten zum Erreichen der Europäischen Klimaziele werden in nationalen Plänen, den Nationalen Energie- und Klimaplänen (NEKPs), und entlang der Dimensionen Dekarbonisierung, Energieeffizienz, Energiesicherheit, Energiebinnenmarkt sowie Forschung, Innovation und Wettbewerbsfähigkeit dargestellt. Die Erstellung und Umsetzung dieser nationalen Pläne erfordert eine enge Koordinierung aller Regierungsabteilungen, und die Pläne zielen unter anderem darauf ab, Ländern, Kommunen, Unternehmen und Haushalten eine gewisse Planungssicherheit zu geben.[189]

Die Pläne selbst und die Umsetzung der darin enthaltenen Maßnahmen unterscheiden sich trotz der vereinheitlichten Dimensionen, die in den Plänen berücksichtigt werden müssen, zwischen den Mitgliedstaaten oft deutlich. Das ist auch logisch, da die einzelnen Nationalstaaten aufgrund ihrer Wirtschaftsstruktur, ihrer Institutionen und politischen Prozesse und Geografien vor unterschiedlichen Herausforderungen stehen. Eines der bisherigen Vorreiterländer in Sachen Klimaschutz ist Schweden. Bereits im Jahr 2010 richtete Schweden einen parteiübergreifenden Ausschuss zur Vorbereitung der Umsetzung der Umweltziele, das „Environmental Target Preparatory", ein. Er erarbeitete in den Jahren 2014–2016 einen Vorschlag für den klimapolitischen Rahmen und ein langfristiges Emissionsziel Schwedens für das Jahr 2045 sowie eine langfristige Klima- und Luftreinhaltestrategie mit Zwischenzielen für 2030 und 2040.[190] Teil des Ausschusses waren neben den sieben im schwedischen Reichstag vertretenen Parteien auch dreißig Expert:innen aus verschiedenen Interessensgruppen. Behörden, Wirtschaft, Wissenschaft, Umweltorganisationen und Gewerkschaften beteiligten sich an den Sitzungen und Arbeiten. Zwei wichtige Maßnahmen waren Ergebnis dieser Vorarbeiten: das schwedische Klimagesetz mit den klimapolitischen Aktionsplänen und der schwedische Rat für Klimapolitik.

Das schwedische Klimagesetz regelt die klimapolitische Arbeit der Regierung, die Ziele und die Art und Weise der Durchführung. Die nationalen Emissionsziele wurden festgelegt, und haushalts- und klimapolitische Ziele sollen ineinandergreifen. Das Klimagesetz sieht dazu vor, dass die gewählte Regierung jedes Jahr mit dem

Haushaltsentwurf einen Klimabericht und ein Jahr nach ordentlichen Parlamentswahlen einen klimapolitischen Aktionsplan vorlegen muss. Dieser Aktionsplan soll die Maßnahmen der Regierung zum Erreichen der Klimaziele für die geltende Legislaturperiode darstellen. Der letzte Klimaaktionsplan wurde im Jahr 2023 vorgelegt, erntete jedoch viel Kritik, da er eher als Rück- denn als Fortschritt in Sachen Klimaschutz gesehen wird. Den Kritiker:innen zufolge droht Schweden mit dem vorgelegten Plan, seine Stellung als Vorreiter zu verlieren.[191]

Neben dem schwedischen Klimagesetz wurde als Teil des klimapolitischen Rahmens der schwedische Rat für Klimapolitik eingerichtet. Dieser setzt sich aus Wissenschaftler:innen in den Forschungsbereichen der Klima-, Wirtschafts-, Sozial- und Verhaltenswissenschaften zusammen. Die Aufgabe des Rates ist zu prüfen, inwieweit die Politik der Regierung und des schwedischen Reichstags mit den beschlossenen Klimazielen vereinbar ist, wo Handlungsbedarf besteht und wie die sozialen Wirkungen geplanter Maßnahmen aussehen.

Die schottische Regierung rief im Jahr 2018 ein ähnliches Gremium ins Leben. Die schottische Kommission für den gerechten Übergang („Just Transition Commission") ist ebenfalls ein die Regierung beratendes Gremium, dessen Hauptziel die Unterstützung bei der Erstellung und der Überwachung von Übergangsplänen in eine klimaneutrale Zukunft Schottlands ist. Die Entwicklung dieser Pläne erfolgt ähnlich wie beim schwedischen Beispiel unter Einbindung von Kommunen, Gewerkschaften und Unternehmen.[192]

Beide Beispiele zeigen exemplarisch, wie eine Verrechtlichung der verbindlichen Klimaziele in nationalen Kontexten in Form von Klimagesetzen aussehen und wie die Verankerung in den eigenen Institutionen ablaufen kann. Erweitert man diese Liste der Beispiele, finden sich immer wieder Gemeinsamkeiten, aber ebenso zeigen sich vielfältige Unterschiede in der Umsetzung. Trotzdem bedeuten solche Verrechtlichungswege noch lange nicht, dass die Regierun-

gen in der Realpolitik genügend politischen Willen und Mut aufbringen, um die Transformation Realität werden zu lassen. Immer
wieder scheitern Regierungen daran, ihren internationalen Verpflichtungen nachzukommen. Die Selbstbindung durch Verrechtlichung ermöglicht aber in solchen Fällen ein juristisches Vorgehen.
In jüngerer Vergangenheit tauchte es immer häufiger in den Medien
auf: in Form von Klimaklagen.

Die Verrechtlichung von Klimazielen und Transformationspfaden eröffnet den Rechtsweg bei absehbarer Nichterreichung und
Zielverfehlung. So wurden in den letzten Jahren sogenannte „Klimaklagen" immer häufiger. Im Statusbericht über globale Klimastreitigkeiten berichtet das Umweltprogramm der Vereinten Nationen (UNEP), dass sich die Menschen immer häufiger an die
Gerichte wenden, um die Regierungen oder Unternehmen dazu zu
bewegen, die von ihnen gesteckten Klimaziele tatsächlich auch zu
erreichen. Gab es im Jahr 2017 884 Klagen in 24 Ländern, wuchs die
Zahl der Fälle bis Dezember 2023 auf 2.180 klimabezogene Fälle in
65 Gerichtsbarkeiten an. Darunter fallen neben internationalen und
regionalen Gerichten auch Tribunale, quasi-richterliche Gremien
oder andere Rechtsprechungsorgane, wie Sonderverfahren bei den
Vereinten Nationen oder Schiedsgerichte.[193] Hauptankläger:innen
der Verfahren sind Kinder oder Jugendliche, Frauengruppen, lokale
Gemeinschaften und indigene Völker, also jene, die besonders unter
den Auswirkungen der Klimakrise leiden (werden). Die Klagen dienen unter anderem dazu, klimapolitische Reformen auf der ganzen
Welt voranzutreiben und die Regierungen zur Einhaltung der von
ihnen vereinbarten Ziele zu zwingen.[194] Eine erste Klimaklage von
Schweizer Seniorinnen war im April 2024 vor dem Europäischen
Gerichtshof für Menschenrechte in Straßburg erfolgreich. Der Richter gab den Seniorinnen recht, dass Seniorinnen besonders unter
der Zunahme von Hitzeextremen leiden und dadurch verletzlich
sind. Die Schweiz habe durch unzureichenden Klimaschutz damit
die Menschenrechte der Klägerinnen verletzt.[195] Dieses Urteil hat

historische Bedeutung, da es als Präzedenzfall vor Gerichten Europas dienen kann.

INTERESSENSBÜNDELUNG IM NAMEN VON KLIMASCHUTZ UND TRANSFORMATION

Damit wirtschaftspolitische Maßnahmen mit dem Ziel der Transformation Realität werden, braucht es in der Demokratie ausreichend große Mehrheiten. Wie wir bereits gesehen haben, spielen nicht nur die Qualität der Politikmaßnahmen und die Berücksichtigung ihrer unterschiedlichen verteilungs- und sozialpolitischen Wirkungen eine wichtige Rolle, sondern auch die Frage, ob eine kritische Masse an Akteuren die Maßnahmen für sinnvoll und wichtig erachtet. Im Sinne des Klimaschutzes und einer aktiven Gestaltung der Transformation kommt daher neben der Verrechtlichung der Ziele auch der Interessensbündelung ein großer Stellenwert zu.

Wie so eine Interessensbündelung aussehen kann, zeigen uns wie bei der Verrechtlichung vielfältige internationale Beispiele. So versuchen die Niederlande, regionale Energiestrategien dezentral zu koordinieren. Ihr Fokus liegt auf der Integration der Erzeugung von grünem Strom sowie auf der Wärmewende, also dem Ausstieg aus fossilen Heizsystemen. Zur Entwicklung von regionalspezifisch angepassten Integrations- und Ausstiegsstrategien arbeiten Bürger:innen, Unternehmen, Netzbetreibende, Energiegenossenschaften und zivilgesellschaftliche Organisationen zusammen.[196]

Ein anderes und eines der bekanntesten Beispiele für die gemeinsame Erarbeitung regionaler wirtschaftlicher Entwicklungsstrategien ist jenes der Kohlekommissionen.[197] Im europäischen Kontext von besonderer Bedeutung ist in diesem Zusammenhang der deutsche Kohleausstieg.[198] Die Bundesrepublik Deutschland hat sich politisch dazu verpflichtet, aus der Stromgewinnung durch die Verbrennung von Kohle bis spätestens 2038 auszusteigen. Durch diesen Ausstieg sind die deutschen Kohleabbaugebiete, wie zum Beispiel die Lausitz, das Mitteldeutsche und das Rheinische Revier, wirtschaftlich besonders stark getroffen. Schließlich hängen am Abbau von Kohle bisher Arbeitsplätze, Einkommen und wirtschaftliche Chancen. Um den Ausstieg aus der Kohle politisch organisieren zu können, hat die deutsche Bundesregierung beschlossen, dass betroffene Regionen gezielt in der Entwicklung neuer Wirtschaftsstrukturen unterstützt werden sollen. Teil davon ist der Ausbau der Infrastruktur, was die Ansiedelung neuer Unternehmen und junger Talente fördern soll. Die finanziellen Mittel für die Transformation der Kohleregionen werden mit dem Strukturstärkungsgesetz Kohleregionen (StStG) geregelt. Mit diesem Gesetz unterstützt die Bundesrepublik die Braunkohlereviere im Ausstieg mit insgesamt vierzig Milliarden Euro. Die Gelder sollen den Regionen helfen, die sozialen und wirtschaftlichen Auswirkungen des geplanten Ausstiegs abzufedern, und neue wirtschaftliche Perspektiven für die Menschen in den betroffenen Regionen eröffnen. Im Sinne einer Interessensbündelung werden Kooperation, Maßnahmenentwicklung und Umsetzungskontrolle in den neu eingerichteten Revier- und Begleitausschüssen sowie den Transformationsräten behandelt.[199] Sie treffen auch die Auswahl über die zu fördernden Projekte und einzurichtenden Ausbildungscluster. Bund, Länder, Kommunen, Arbeitgeber:innen und Gewerkschaften sind in den unterschiedlichen Ausschüssen und Gremien vertreten und kooperieren mit anderen lokalen Akteuren und Initiativen.

Eine andere Form der Interessensbündelung schlägt das österreichische Zentrum für Verwaltungsforschung (KDZ) vor. Es sieht im stark föderal geprägten österreichischen politischen System die Schnittstelle zwischen dem Bund und den Ländern als besonders wichtig für die Wirksamkeit der Umsetzung von transformationspolitischen Maßnahmen an. Deshalb regt das KDZ die Einrichtung eines Bund-Länder-Klima-Koordinationsgremiums zur abgestimmten Maßnahmenumsetzung an. Unter dem Leitspruch „Gemeinsame Ziele, geteilte Kompetenzen" soll dieses Gremium eine die Gebietskörperschaften übergreifende Gesamtstrategie zur Reduktion der Treibhausgase erarbeiten und zur besseren Koordination der Maßnahmenumsetzung zwischen den politischen Ebenen dienen.[200]

Ähnlich funktionieren (regionale) Transformationsagenturen. Wolfgang Lexner vom österreichischen Umweltbundesamt und Andreas Novy von der Wirtschaftsuniversität Wien beleuchten die Rolle und Bedeutung von Transformationsagenturen im österreichischen politischen Kontext.[201] Aufgaben dieser regionalen Anlauf- und Koordinationsstellen sind die Entwicklung, Erprobung und Umsetzung von Klimamaßnahmen auf regionaler Ebene, also das gemeinsame Entwickeln und Umsetzen von konkreten regional-spezifischen Lösungen für Herausforderungen in der Transformation. Durch das Bündeln wichtiger regionaler Akteure und deren Mitsprachemöglichkeiten sollen der politische Wille und die Fähigkeit zum gemeinsamen Handeln gestärkt und so auch eine breite politische Akzeptanz und Unterstützung für die Maßnahmen hergestellt werden. Wichtig dafür ist die Einbindung möglichst vielfältiger regionaler Akteure mit unterschiedlichen Wertehaltungen. Rein technisch können die regionalen Transformationsagenturen entweder gänzlich neue Organisationsstrukturen sein oder man kann bereits bestehende Strukturen dazu weiterentwickeln. Novy und Lexner schlagen vor, bestehende Strukturen des Regionalmanagements oder die Projekte der Klimawandelanpassungsregionen (KLAR!) bzw. der Klima- und Energiemodellregionen (KEM) dahingehend weiterzuentwickeln.[202]

DIE SOZIALÖKOLOGISCHE TRANSFORMATION ALS LOKALER MITMACH-PROZESS

Eine Übersetzung des breit in der Bevölkerung vorhandenen Konsenses für den Klimaschutz in konkrete wirtschaftspolitische Maßnahmen wird wie erwähnt nur dann gelingen, wenn es ausreichende Mehrheiten für diese Maßnahmen innerhalb der Bevölkerung gibt. Deshalb zieht sich das Element der Mitbestimmung und Teilhabe durch viele der politischen Steuerungs- und Gestaltungsinstrumente. Unterschiedliche Ausgangslagen, Interessen und Wertehaltungen der Akteure selbst müssen ebenso wie die sozialen und verteilungspolitischen Effekte der Maßnahmen Berücksichtigung finden. Bei aller Komplexität ist die Einbindung der unterschiedlichen Interessensgruppen daher von besonderer Bedeutung. Am deutlichsten wird dies in konkreten lokalen Zusammenhängen.

Ein lokaler und sehr stark zivilgesellschaftlich getriebener Ansatz zur Gestaltung der sozialökologischen Transformation sind die oben beschriebenen Transition Towns, in deren Rahmen kommunale und zivilgesellschaftliche Akteure gemeinsam konkrete Klimaschutz- und Transformationsmaßnahmen für ihre eigene Gemeinde oder Kommune entwickeln. Die Maßnahmen, die dabei entstehen, sind so vielfältig wie die Menschen und die Orte, an denen sie leben: Reparaturkaffeehäuser, Tauschkreise, Förderung der aktiven Mobilität, Urban Gardening und vieles mehr. Mittlerweile gibt es ein breites globales Netzwerk an Transition Town-Initiativen.[203] Die diesbezügliche Forschung ist jedoch in Organisation und Umsetzung voraussetzungsvoll. Inwieweit sich die Initiativen nachhaltig etablieren und wie wirkmächtig sie werden, hängt maßgeblich von den vor Ort handelnden Personen, deren Wissensstand über Verwaltungs- und Organisationsprozesse sowie der Mitbestimmungs- und Beteiligungskultur der lokalen Verwaltungsbehörden ab.[204]

Transformationsprozesse betreffen aber nicht nur Kommunen und Gemeinden. Sie betreffen auch einzelne Betriebe, vor allem jene, die bisher auf fossile Geschäftsmodelle spezialisiert sind. Betriebliche Mitbestimmung ist grundsätzlich kein neues Thema und schon gar nicht erst mit der Transformation zur Klimaneutralität relevant geworden. In jüngster Vergangenheit führen Gewerkschaften eine Stärkung der betrieblichen Mitbestimmung im Zusammenhang mit der Ökologisierung der Geschäftsmodelle ins Feld. So fordert der Österreichische Gewerkschaftsbund die gemeinsame Entwicklung von Transformationsplänen durch Unternehmensleitungen, Betriebsratskörperschaften und Beschäftigte. Diese Pläne sollen Investitions- und Qualifizierungsszenarien enthalten, die zeigen, wie die betrieblichen Klimaziele erreicht werden können und ob es dazu begleitend betriebliche Organisationsänderungen braucht.[205]

Ein Forscherteam rund um Raymond Markey von der Macquarie Universität in Sydney hat in einer groß angelegten Studie aus dem Jahr 2019 herausgefunden, dass bei Unternehmen, in denen die Mitbestimmung der Beschäftigten stärker ausgeprägt ist, auch das Engagement in Umweltbelangen höher ausfällt als bei anderen.[206] Die Forscher untersuchten dazu 680 Unternehmen – mittelgroße bis große, rein privatwirtschaftliche bis staatliche. Unter Formen der Mitsprache und Beteiligung verstehen sie Teamprozesse wie Runde Tische mit dem Management, aber auch gewählte Arbeitnehmervertretungen. In jenen Unternehmen, in denen unterschiedliche Formen der Mitsprachemöglichkeiten bestehen und in denen Gremien aus Management- und Beschäftigtenvertreter:innen einen ausdrücklichen Auftrag zur Behandlung von Umweltfragen haben, sind die Anstrengungen in Richtung Umwelt- und Klimaschutz besonders stark ausgeprägt. Organisierte Beschäftigte und ein gemeinsam getragenes Ziel führen somit auch zu einem überdurchschnittlichen ökologischen Engagement der Unternehmen.

KLIMADEMOKRATIE DURCH POLITIKGESTALTUNG, MEHREBENENPOLITIK UND STÄRKUNG DER MITBESTIMMUNG

Demokratie ist kein fixer Zustand oder gar Endpunkt. Sie lebt von der Veränderung. Sie ist ein Prozess, und dieser muss sich an neue Herausforderungen immer wieder anpassen. In unseren Lebensspannen haben wir keinen derart tiefgreifenden Wandel erlebt, wie er durch die Klimakrise und den Neuaufbau unserer Gesellschaft und Wirtschaft auf einem nachhaltigen Fundament notwendig wird. Unsere demokratischen Prozesse und Institutionen müssen erst durch Versuch und Irrtum lernen, wie wir als Gesellschaft mit dieser immensen Herausforderung umgehen können.

Wirft man einen Blick auf die aktuellen Entwicklungen rund um den Globus, sehen wir allerorts Initiativen, Überlegungen und Ansätze, wie unsere Demokratie und unsere politischen Prozesse weiterentwickelt werden können. Die Eckpfeiler, auf denen der gesellschaftliche Suchprozess nach einer Klimademokratie ruht, sind die Verrechtlichung und Selbstbindung der Politik, die Interessensbündelung und deren institutionelle Verankerung im politischen System sowie die Stärkung der Mitsprache. Alle drei Pfeiler bewegen sich auf allen politischen Ebenen gleichzeitig und beeinflussen sich wechselseitig. Die Klimakrise hält uns eindringlich vor Augen, dass eine politische Gestaltung von der globalen Politik bis hinunter in die Betriebe notwendig ist, wenn wir ihr erfolgreich begegnen wollen.

Die Gestaltung erfolgreicher Transformationsprozesse ist maßgeblich von den Möglichkeiten zur Mitbestimmung und Teilhabe sowie der Qualität der organisatorischen und administrativen Kooperation und Koordination abhängig. Blaupausen dafür gibt es nicht. Menschen, Orte, Regionen und Staaten sind in ihren historischen Entwicklungen, kulturellen Kontexten und wirtschaftsstrukturellen Voraussetzungen zu unterschiedlich für Einheitslösungen. Die in diesem Kapitel vorgestellten Beispiele erheben keinen Anspruch auf Vollständigkeit. Sie zeigen aber exemplarisch die Vielfalt der Möglichkeiten zur Politikgestaltung und die Voraussetzungen für eine zukunftsgewandte Wirtschaftspolitik des 21. Jahrhunderts. Diese kann schlussendlich die treibende Kraft hinter der sozialökologischen Transformation unserer Wirtschaft sein.

WOHIN WIR GEHEN ...

Die Bemühungen von **THERESA** und ihren Freund:innen, vor Gericht zu ziehen, waren von Erfolg gekrönt. Das Gericht hat entschieden, dass die Klimaziele aufgrund der verfassungsrechtlichen Verankerung des Klimaschutzes einzuhalten sind, und verordnete eine diesbezügliche Verschärfung. Die Regierung ist nun am Zug, um einen Klimaplan vorzulegen, der gewährleisten kann, diese Ziele zu erreichen. Ob der Plan ausreichend sein wird oder ob wieder Jahre mit Nichtstun verstreichen, werden die kommenden Monate zeigen. Jedoch sind sowohl die Jugendlichen als auch die Umwelt-NGOs zuversichtlich, dass die Entscheidung des Gerichts die Politik nun endlich zum beherzten Handeln zwingt.

Der wirtschaftliche und politische Druck sowohl auf die politischen Führungen in den Regionen als auch auf die Unternehmen selbst wurde immer größer. China hat seine Dominanz in der Produktion von Elektrofahrzeugen weiter ausgebaut und strebt den globalen Führungsanspruch in der Elektromobilität an.
Um mit den großen Umwälzungen besser umgehen zu können, haben Bund und Länder gemeinsam mit Arbeitgeber- und Arbeitnehmerverbänden regionale Transformationsräte eingerichtet. Unterstützt durch einen wissenschaftlichen Beirat sollen die Transformationsräte auf die Regionen maßgeschneiderte wirtschafts- und entwicklungspolitische Strategien erarbeiten.

Für **SONJA** ist es nach der langen Zeit als engagierte und von den Kolleg:innen geschätzte Gewerkschafterin eine besondere Ehre, in einen dieser Transformationsräte entsandt zu werden. In der großen Transformation gilt es für alle, die Ärmel hochzukrempeln und gemeinsam nach tragfähigen Lösungen zu suchen. Schließlich wartet die Zukunft nicht.

Die zivilgesellschaftliche Nachhaltigkeits- und Klimainitiative, der **ASIF** angehört, hat gute Neuigkeiten zu verkünden. Sie ist Teil des internationalen „Transition Town"-Netzwerkes geworden und steht im regen Austausch mit anderen Gruppen. Trotz der regionalen Unterschiede und vielfältigen Situationen, in denen sich die einzelnen Initiativen befinden, kann man viel voneinander lernen. Ein weiterer glücklicher Zufall ist Herr Mayer aus der kommunalen Verwaltung. Als passionierter Energiebeauftragter der Stadt sucht er aktiv die Zusammenarbeit mit Asifs Transition Town-Initiative, und gemeinsam konnten sie bereits erste kleine Projekte auf den Weg bringen. Eine verkehrsberuhigte Zone und die Renaturierung einiger Wiesenflächen standen am Programm. Für die nächsten Monate haben sie weitere Projekte in Planung. Alle haben das Gefühl: Es tut sich etwas!

KAPITEL 11

EIN GERECHTER ÜBERGANG ALS WIRTSCHAFTS-POLITISCHES LEITBILD

WOHER WIR KOMMEN...

In **JUTTAS** Heimatort herrscht Ratlosigkeit. Die 33-jährige Anlagen-bauerin arbeitet nun schon seit ihrem Schulabschluss in einem der großen Betriebe der Region. Erst kürzlich hat der Betrieb sein hundertjähriges Bestehen gefeiert. Doch die Auftragszahlen gehen stetig zurück. Beratungsunternehmen konstatieren der Unternehmensleitung immer wieder, es habe im technologischen Wandel hin zu neuen grünen Produkten zu lange zu zögerlich agiert.

Finanzmittel für Forschung und Entwicklung hat das Unternehmen nicht, und Kredite sind aufgrund der Auftragslage und der Prognosen immer schwerer zu bekommen. Vor ein paar Wochen wurde erstmals im Betrieb diskutiert, ob Kurzarbeit angemeldet werden muss oder sogar einige Mitarbeiter:innen entlassen werden.

Auch die Gemeinde, in der das Unternehmen angesiedelt ist, ist
mehr als besorgt. Schließlich war das Unternehmen bisher ein
verlässlicher und guter Arbeitgeber in der Region.

LUDWIG, 49, arbeitet in der Regionalverwaltung mit Schwerpunkt
Wirtschaftsentwicklung. Die Dynamiken der grünen und der digitalen
Wende, die sich in den letzten Jahren entwickelt haben, zaubern
regelmäßig große Fragezeichen in sein Gesicht. Die Europäische
Union erlässt im Zuge des Grünen Deals umfassende Richtlinien,
die nationale Regierung entwickelt ebenso Strategien und versucht,
Akzente zu setzen. Auf der anderen Seite stehen die Betriebe,
die Beschäftigten und die Bevölkerung vor Ort, die mit der
bisherigen wirtschaftlichen Struktur arbeiten müssen.
In Ludwigs Region liegt der Schwerpunkt auf der chemischen
Industrie, hauptsächlich auf Grundlage von Erdgas und
anderen Gasen. Für Ludwig und seine Abteilung stellt sich
die Frage, wie sie die unterschiedlichen Stoßrichtungen und
Initiativen von EU, Bund und Land mit der Situation vor Ort
zusammenbringen sollen, und was es darüber hinaus spezifisch
in ihrer Region braucht. Keine einfache Aufgabe!

Bereits über fünfzig Jahre ist es her, dass der Begriff des „gerechten
Übergangs" bzw. der „Just Transition" in die politischen Debatten
und in die Politikgestaltung Eingang fand. In den 1970er-Jahren
kam es in den Vereinigten Staaten zu einer zunehmenden Regulierung umweltverschmutzender Industrien. Die Befürchtungen in
den Industrieregionen waren groß, dass die Regulierung über neue
Umweltgesetze die Arbeitslosigkeit in den Regionen hochschnel-
len lassen würde. Die Beschäftigten in der Kohle-, Öl-, Chemie-
und Nuklearindustrie plagten zu dieser Zeit nicht nur Sorgen um
den eigenen Arbeitsplatz, sondern auch bezüglich fehlender oder

zumindest nicht sichtbarer Alternativen. Besonders betroffen waren ehemalige Kohlereviere beziehungsweise die Menschen, die in den Kohlerevieren lebten. Der Niedergang der Kohleförderung führte zu Arbeitsplatzverlusten, Perspektivenlosigkeit und grassierender Angst in diesen Regionen. Die örtlichen Gewerkschaften setzten sich daher vehement für Umschulungen der betroffenen Mitarbeiter:innen, die Unterstützung der Gemeinden und die Entwicklung umweltfreundlicher Produktionsmethoden ein.[207] Man nimmt heute an, dass der Begriff „Just Transition" eher als Notlösung denn als strategische Überlegung entstand. In Anlehnung an das damalige US-Bundesprogramm zur Beseitigung von Umweltgiften wurde die Idee geboren, ein ähnliches Programm für betroffene Arbeitnehmer:innen aufzusetzen. Dazu wurde ein „Superfund for Workers" von den Gewerkschaften vorgeschlagen. Dieser Fonds sollte Arbeitnehmer:innen, die während ihrer Berufslaufbahn giftigen Chemikalien ausgesetzt waren, mit einem Mindesteinkommen und Bildungsleistungen unterstützen. Beide Instrumente sollten betroffenen Arbeitnehmer:innen bei einem Ausstieg aus ihrer gefährlichen Tätigkeit helfen.[208] Da der Begriff „Superfund" jedoch rasch Kritik von Umweltaktivist:innen auf sich zog, wurde der Name zu „Just Transition" geändert.[209]

Seitdem ist viel passiert und der Begriff „Just Transition" ist auf dem Weg, zu einem breit genutzten politischen Konzept zu mutieren. Während die Klimakrise und die Umweltbelastungen immer weiter voranschritten, veränderte sich weltweit aber auch die wirtschaftspolitische, soziale und technologische Lage drastisch. Davon blieben auch die Vorstellungen eines gerechten Übergangs nicht verschont. In den 1990er-Jahren erfuhr das Konzept politisch einen enormen Schub, da Gewerkschaftsorganisationen bestrebt waren, Bündnisse mit Umweltgerechtigkeitsgruppen einzugehen. Durch die Zusammenarbeit verbreitete sich die Bedeutung von „Just Transition": Neben die Frage nach wirtschaftlicher Absicherung und ökonomischen Perspektiven traten die Dimensionen der nachhaltigen Entwicklung und der gezielten Entwicklung grüner und guter Arbeitsplätze. Im Jahr 2009 erhielt der „gerechte Übergang" einen weiteren politischen Schub: Am Kopenhagener Klimagipfel verband der internationale Gewerkschaftsbund den Begriff erstmals mit den Debatten rund um die Klimakrise.[210]

Seitdem hat das Konzept seinen Erfolgskurs weiter fortgesetzt, sich weiterentwickelt und in immer mehr Bereiche und Politikfelder ausgedehnt. Neben Gewerkschaften und Umweltbewegungen greifen internationale Organisationen und auch Akteure aus der Privatwirtschaft den Begriff auf. Mit der Aufnahme des Konzepts in die Präambel des Pariser Klimaabkommens im Jahr 2015 gelang der endgültige Durchbruch und der Begriff zog in die globalen, nationalen und regionalen politischen Diskussionen ein.[211]

„JUST TRANSITION" - EIN KONZEPT GEHT UM DIE WELT

Zu dem Zeitpunkt, als das Konzept der Just Transition entstand, war der Begriff wie oben erläutert in seiner ursprünglichen gewerkschaftlich geprägten Auslegung auf die Herausforderungen von Beschäftigten in Phasen wirtschaftlicher Umbrüche ausgelegt. So beschreibt Judson Abraham von der Virginia Tech Universität in den Vereinigten Staaten Just Transition als Programme, die „angemessene, gut bezahlte neue Arbeitsplätze oder Vorruhestandsregelungen für Arbeitnehmer garantieren, die aufgrund von Umweltvorschriften entlassen wurden".[212] Von diesem Startpunkt ausgehend verbreitete sich der Begriff nicht nur innerhalb der internationalen Gewerkschaftsbewegung, sondern weit darüber hinaus. Das Konzept erfuhr ein „Mainstreaming". Der ungarisch-österreichische Wirtschaftshistoriker und Sozialwissenschaftler Karl Polanyi formulierte in Bezug auf Gerechtigkeitsüberlegungen in der Gestaltung von Wandelungsprozessen treffend, dass das Geheimnis des Erfolgs oft darin liegt, ob Gruppen in der Lage sind, die Interessen anderer als der eigenen zu vertreten, indem sie sie in ihre eigenen einbeziehen. Damit dies gelingt, müssen sie das eigene

Interesse an das der größeren Gruppe, zumindest ein Stück weit, anpassen.[213] Damit ist auch klar, dass sich das Konzept einer Just Transition durch seine zunehmende Verbreitung in Politik und Wirtschaft auch verändert. Denn die verschiedenen Gruppen interpretieren einen gerechten Übergang selbstverständlich aus ihrer eigenen Perspektive heraus. Gewerkschaften, Umweltorganisationen, Wissenschaft, internationale Organisationen, Parteien, Regierungen und sogar Unternehmen griffen das Konzept auf und passten das Konzept an ihren Blickwinkel an.

Die Verbreiterung ist sowohl ein Zeichen des politischen Erfolgs des Konzepts als auch ein potenzieller Fallstrick. Die leichte Übersetzbarkeit des Konzepts in die eigene politische Perspektive ist jedenfalls einer der wichtigsten Gründe für die rasche Verbreitung und Beliebtheit. Gleichzeitig führten die Verbreitung und unterschiedliche Deutungen zu einer Unbestimmtheit in den politischen Debatten und einer daraus resultierenden mangelnden Umsetzbarkeit in der Praxis. So finden sich unter den verschiedenen Perspektiven auch Widersprüche, die oft nicht aufgelöst werden, sondern nebeneinander stehen.[214] Die Forscher Dimitris Stevis von der Colorado-State-Universität und Romain Felli von der Universität Genf weisen in ihren Arbeiten darauf hin, dass wegen dieser Widersprüche zwischen den Perspektiven auf den unterschiedlichen Umsetzungsebenen Strategien für einen gerechten Übergang auf einer Ebene zu ungerechten Ergebnissen auf einer anderen Ebene führen können.[215] Beispielsweise geht die Transformation von Produktion, Konsum und Infrastrukturen in den westlichen Industrienationen auch mit einem enormen Ressourcen- und Energieverbrauch einher. Benjamin Sovacool, Professor für Energiepolitik an der Universität Sussex, analysierte dahingehend die Literatur der letzten zwanzig Jahre. Er zeigt auf, dass die Klimaschutzbemühungen an anderen Orten zu Diskriminierung, Verstärkung von Ungleichheiten, Einmischung und Gewalt führen können. Die Umsetzung von Klimaschutzmaßnahmen kann somit zu Konflikten zwischen gesellschaftlichen Gruppen wie Arm und Reich oder zwischen Klima-schutz und sozialer Vitalität führen. Sovacool führt zur Veran-schaulichung das Beispiel armer kongolesischer Kobaltminenarbei-ter:innen an, die ein Leben im Elend führen, damit kohlenstoffarme Technologien für arme Haushalte in westlichen Industrienationen erschwinglicher werden.[216]

Wie in den vorangegangenen Kapiteln beschrieben, braucht es zur Vermeidung negativer Nebeneffekte eine bewusste politische Anstrengung durch die Einbindung der betroffenen Akteure. Dem Design dieser Einbindung kommt damit eine große Bedeutung zu, da ohne proaktives Handeln Maßnahmen auch ausgrenzend, pola-risierend und sogar zerstörerisch wirken können. Essenziell sind daher eine qualitätsvolle Politikgestaltung („Good Governance"), ein gerüttelt Maß an koordinierter gemeinsamer Planung der rele-vanten Akteure sowie eine Zielkontrolle. Diese Voraussetzungen müssen sich jedoch an einem Rahmen oder einem Leitbild orien-tieren können. Trotz all der Widersprüchlichkeiten und Fallstricke des vielfältigen Konzepts eines gerechten Übergangs birgt es in sich das Potenzial, diese anleitende Funktion zu übernehmen – zu-mindest als Behelfsinstrument und Orientierungshilfe.

FOKUS UND DIMENSIONEN EINES GERECHTEN ÜBERGANGS IN DER WIRTSCHAFTSPOLITISCHEN GESTALTUNG

Durch den weltweiten Gang durch internationale Organisationen, politische Ebenen und zivilgesellschaftliche Initiativen hat sich das vormals sehr stark auf arbeitsmarkt- und bildungspolitische Unter-stützungsmaßnahmen fokussierte Konzept des gerechten Über-gangs verbreitet und gewandelt. Je nach Perspektive der jeweiligen Akteure setzt das Konzept andere Schwerpunkte. Die Internatio-nale Arbeitsorganisation (ILO) hat in einer ihrer Analysen eine Übersicht über die unterschiedlichen Schwerpunktsetzungen in den Just Transition-Debatten erstellt. Grundsätzlich lassen sich in den Debattensträngen drei Schwerpunkte identifizieren:

SCHWERPUNKTE EINES „GERECHTEN ÜBERGANGS"

AUSWIRKUNGEN AUF

ARBEIT & BILDUNG

Beschäftigungs- niveau

Arbeitsbedingungen

Arbeitnehmer:innen

WIRTSCHAFTLICHE ÖKOSYSTEME

Regionalentwicklung

Innovation und Technologie

Wertschöpfung

Sozio-technische Systeme

GESELLSCHAFT & SOZIALES

Gesellschaftlicher und sozialer Wandel (z. B. Verhaltens- änderung)

Machtstrukturen

Globale Verantwortung

Quelle: Molina 2022,[217] Krawchenko und Gordon 2021[218]

- Arbeitsmärkte und Bildung
- wirtschaftliche Strukturen
- Gesellschaft und Soziales

Die ursprünglich von den US-amerikanischen Gewerkschaften ge-
starteten Just Transition-Initiativen fokussierten sich auf Arbeitsmärkte und Bildung – ein klassisches gewerkschaftliches Politikfeld. Der zweite Schwerpunkt beschäftigt sich mit der Frage des
Übergangs zu einer klimaneutralen Wirtschaftsstruktur, verfolgt
einen sozio-technischen Ansatz und untersucht Produktions- und
Verbrauchsmuster. Der dritte Schwerpunkt ist thematisch am
breitesten ausgelegt und stellt den gesellschaftlichen Wandel in
den Mittelpunkt. Veränderungen von Verhalten, Normen und Wer-
ten spielen in diesem Ansatz eine große Rolle. Machtstrukturen
und deren Einfluss auf den Übergang werden ebenso zum Thema
gemacht wie die Rolle und Bedeutung globaler Verantwortung.

Neben diesen unterschiedlichen Schwerpunkten unterscheiden sich die Konzepte des gerechten Übergangs auch hinsichtlich der Rolle der Gerechtigkeit. Dimitris Stevis und Romain Felli
betonen zu Recht, dass selbst gestaltete Übergänge nicht zwangsläufig gerecht sein müssen.[219] Im Gegenteil können sie soziale
Schieflagen und Ungleichheiten erzeugen oder bestehende vertiefen. Der Politik muss es ein zentrales Anliegen in der Gestaltung
des Übergangs sein, dass dieser gerecht stattfindet. Dazu braucht
es ein politisches Bekenntnis und den Willen, dieses Bekenntnis in
der Gestaltung der Maßnahmen auch tatsächlich zu berücksichtigen. Geschieht dies nicht, werden Transformationsprozesse aufgrund der mit ihnen einhergehenden Unsicherheiten und Transformationslasten berechtigten politischen Widerstand aus der Bevölkerung erfahren. Viele politische Dokumente, Initiativen und
Gremien, die sich der Gestaltung der Transformation verschrieben
haben, betonen aus diesem Grund die Gerechtigkeitsdimension besonders deutlich. So mahnt die Europäische Kommission im Zuge

des Europäischen Grünen Deals eindringlich, dass beim Übergang zur Klimaneutralität niemand am Weg zurückgelassen werden darf.[220]

Doch Gerechtigkeit ist ein vielschichtiger Begriff, wird unterschiedlich interpretiert und hat viele Facetten. Die wissenschaftliche Literatur, die sich mit der Gestaltung eines gerechten Übergangs beschäftigt hat, sich deshalb immer wieder an die Definition eines gerechten Übergangs gewagt. Ausgangspunkt der Überlegungen ist der Befund, dass in der Gesellschaft ungleiche Voraussetzungen und Möglichkeiten existieren, um mit großen Veränderungsprozessen auf individueller Ebene umgehen zu können. Ökonomische Voraussetzungen, der Zugang zu Information und die Möglichkeiten zur Mitsprache stellen unterschiedliche Dimensionen von Fragen der Gerechtigkeit in Transformationsprozessen dar. Mit Blick auf diese unterschiedlichen Ausgangspunkte und Voraussetzungen wird versucht, das „Gerecht" im Übergang zu definieren. Man spricht von Verteilungs-, Anerkennungs- und Verfahrensgerechtigkeit.[221]

So zielt die Dimension der Verteilungsgerechtigkeit auf eine Reduktion ungleicher ökonomischer Voraussetzungen und eine Stärkung der individuellen Handlungsmöglichkeiten ab. Ein Mangel an Kaufkraft, prekäre Lebenssituationen und Armut beeinträchtigen die individuellen Möglichkeiten, mit Veränderungen umzugehen. Arbeitsplatzverlust oder Perspektivenlosigkeit erschüttern Lebensentwürfe und beschränken die Möglichkeiten, mit Veränderungen Schritt zu halten, sei es durch mangelnde Weiterbildung, fehlende Zugänglichkeit der neuen Technologien oder nicht vorhandene finanzielle Rücklagen. Auf der anderen Seite können sich finanzstarke Personen neue Alternativen leisten und diese besser für sich in der Veränderung nutzen. Die Frage einer gerechten Gestaltung der Transformation wird damit auch zu einer Frage, welche notwendige Umverteilung es in einer Gesellschaft braucht, um allen die Möglichkeit zu bieten, mit den erforderlichen drastischen Veränderungen Schritt halten zu können.

Die Dimension der Anerkennungsgerechtigkeit stellt auf die unterschiedlichen Ausgangslagen von sozialen und benachteiligten Gruppen in Übergangsprozessen ab. Stoßrichtung ist, die unterschiedlichen Betroffenheitslagen besser in den politischen Prozessen und in der klima- und transformationspolitischen Maßnahmenumsetzung zu berücksichtigen. Dies soll unter anderem durch eine Stärkung der Mitsprache von besonders betroffenen Personen und Gruppen und durch eine eingehende Analyse negativer Nebeneffekte auf deren Lebenssituation erreicht werden.

Doch nicht nur die Verteilung von Transformationslasten, Möglichkeiten und Mitsprache spielt in Übergangsprozessen eine tragende Rolle. Damit diese Prozesse gerecht ablaufen, braucht es auch einen gleichberechtigten und niedrigschwelligen Zugang zu Rechtsverfahren und Anfechtungsrechten. Nur dann ist es betroffenen Personen auch tatsächlich möglich, ihre Rechte und Ansprüche geltend zu machen, wenn diese im Zuge der Transformation verletzt werden. Dem Zugang zu Information und der Beratung für die Betroffenen kommt hierzu auch eine nicht zu unterschätzende Rolle zu.

Im Sinne eines gerechten Übergangs geht es daher nicht um die Durchsetzung einer einzigen spezifischen Form von Gerechtigkeit, sondern um die Behandlung verschiedener Gerechtigkeitsdimensionen in der Planung und Umsetzung von klima- und transformationspolitischen Maßnahmen. Damit wird deutlich, dass es sich nicht um eine einzige Just Transition handelt, sondern um mehrere gleichzeitig ablaufende Just Transitions, die jede für sich berechtigte Aufmerksamkeit in der Gestaltung des Übergangs brauchen. Der Anspruch liegt darin, vielfältige, voneinander abhängige und manchmal auch widersprüchliche Übergangsprozesse so zu gestalten, dass Ungleichheiten und negative Nebeneffekte vermieden werden. Damit der Übergang in der uns verbliebenen

Zeit gelingt, müssen diese unterschiedlichen Gerechtigkeitsdimensionen in die wirtschaftspolitische Gestaltung einfließen.

LEITLINIEN FÜR EINE WIRTSCHAFTSPOLITIK EINES GERECHTEN ÜBERGANGS

Aus den vorangegangenen Abschnitten wird deutlich, dass Übergangsprozesse vielschichtig und anspruchsvoll in der Gestaltung sind, wenn man möchte, dass sie auch gerecht ablaufen. Über die gesellschaftspolitische Dimension hinaus stellt dies auch neue Anforderungen an die Wirtschaftspolitik – eine Wirtschaftspolitik, deren Aufgabe es ist, die Strukturen in Richtung der Klimaneutralität weiterzuentwickeln und Unternehmen und Menschen Sicherheit in Zeiten großer Verunsicherung zu bieten. Dabei ist die Veränderung nicht nur Bedrohung, sondern gleichzeitig auch Chance auf Neues. Die Wirtschaftspolitik hat die Aufgabe, den Bedrohungen des Übergangs für Einkommen, Wertschöpfung und Beschäftigung aktiv entgegenzutreten und gleichzeitig die mit der Veränderung verbundenen Chancen zu nutzen.

Wie man sich anhand der Vielfältigkeit und Komplexität des Übergangs in eine postfossile Zukunft gut vorstellen kann, gibt es keine Blaupause für eine Wirtschaftspolitik einer gerechten Transformation. Das heißt aber gleichzeitig nicht, dass es keine Möglichkeit zur Orientierung im Prozess des Übergangs geben kann. Der Wirtschaftspolitik selbst wird es in der Transformation zur Aufgabe, diese Orientierung in stürmischen Zeiten zu bieten. Die Leitplanken, die eine Wirtschaftspolitik der Transformation zur Orientierung einziehen kann, könnten eine gerechte Ressourcenverteilung, Tempo, Planung und Klarheit, Kooperation und Koordinierung und Glaubwürdigkeit sein.

Gerechte Ressourcenverteilung: Der US-amerikanische Umweltökonom James Boyce formulierte sinngemäß, dass der Kampf gegen Umweltzerstörung und Klimakrise gleichzeitig auch ein Kampf für mehr Verteilungsgerechtigkeit und politische Mitbestimmung sein muss. Wir müssen nicht nur lernen, die Grenzen

ABBILDUNG 11: LEITLINIEN EINER WIRTSCHAFTSPOLITIK DER TRANSFORMATION

Gerechte Ressourcenverteilung

Tempo

Planung & Klarheit

Kooperation & Koordinierung

Glaubwürdigkeit

Quelle: Eigene Darstellung

der Natur zu respektieren, sondern gleichzeitig die Beziehungen zu unseren Mitmenschen neu ordnen. Das heißt: Wir müssen unterschiedliche Betroffenheiten gegenüber den Übergangsprozessen und der Klimakrise sowie die damit verbundenen Transformationslasten gemeinsam schultern. Alle müssen zur Umgestaltung unserer wirtschaftlichen Strukturen unter Anerkennung der individuellen Möglichkeiten und Handlungsspielräume beitragen. Es geht nicht nur darum, die Geschäftsmodelle zu dekarbonisieren und unsere Infrastrukturen umzugestalten. Es muss auch darum gehen, die mit der Veränderung verbundenen Chancen für Einkommen, Wertschöpfung und Beschäftigung zu nutzen. Die Kosten, die durch die Umorganisation der wirtschaftlichen Strukturen entstehen, sei es für die Produktionsmittel, sei es für das Wissen, das es in einer klimaneutralen Wirtschaft braucht, dürfen nicht einseitig, wie meistens, einkommensschwachen oder politisch wenig durchsetzungsstarken Gruppen aufgebürdet werden. Ein gut finanzierter Sozialstaat ist das wesentliche Instrument, um große gesellschaftliche Risiken abzufedern. Die Transformation ist eine Gemeinschaftsaufgabe, und alle müssen sich daher entsprechend ihrer finanziellen Leistungsfähigkeit an der Finanzierung beteiligen. Das inkludiert selbstverständlich nicht nur Einkommen aus Arbeit, sondern ebenso Vermögen. Schließlich sind Eigentum und Vermögen nicht nur ein persönliches Recht, sondern sie verpflichten auch gegenüber der Gesellschaft. Bei der direkten Übernahme von Geschäfts- und Investitionsrisiken durch den Staat, aber auch bei Risikoübernahme mittels Förderungen, Haftungen und Beteiligungen, müssen daraus entstehende Gewinne auch wieder an die Steuerzahler:innen zurückfließen. Die Risikoübernahme kann nicht eine Einbahnstraße darstellen, sondern wir müssen die daraus entstehenden Vorteile möglichst breit in der Gesellschaft teilen. Darüber hinaus brauchen wir als Gesellschaft Raum zum Experimentieren, Entdecken und Lernen. Das gelingt nur dann gut, wenn man sich nicht ständig um das Auskommen am Ende des Monats sorgen muss. Es gilt also, in die Fähigkeiten, Kapazitäten und Möglichkeiten der Menschen zu investieren, um ihnen zu ermöglichen, die Chancen, die sich mit der Transformation ergeben können, auch zu ergreifen. Sozialer Ausgleich und aktive Teilhabe am Übergang werden damit zur Voraussetzung für ein Gelingen des Umbaus der wirtschaftlichen Strukturen. Gelingt uns dies nicht, droht die Transformation am berechtigten politischen Widerstand der Bevölkerung zu scheitern. Oder anders gesagt: Ein Strukturwandel wird nicht von uns aktiv gestaltet, sondern von der Klimakrise verursacht und findet chaotisch und ungeordnet statt – mit allen daraus erwachsenden negativen Konsequenzen für den gesellschaftlichen Zusammenhalt.

Tempo: Die Entwicklungen rund um den Globus, z. B. Temperaturrekorde, Hitzewellen, Stürme und Fluten, zeigen deutlich: Die Klimakrise liegt nicht weit in der Zukunft, sondern sie ist bereits da. Es stellt sich daher schon lange nicht mehr die Frage nach dem Ob, sondern nur noch danach, wie und in welchem Ausmaß sich die Klimakrise weiterentwickeln wird. Unser Kampf gegen die Klimakrise und für eine Neuorganisation unserer wirtschaftlichen Strukturen ist vor allem auch einer gegen die Zeit. Umso mehr Zeit verstreicht und mit Nichtstun ins Land zieht, umso schlimmer werden die Konsequenzen ausfallen. Deshalb müssen wir das Tempo des Umbaus hin zur Klimaneutralität ordentlich erhöhen. Bei diesem Marathon geht es nicht nur um Durchhaltevermögen, sondern auch um Tempo. Wir müssen viel schneller als bisher erwartet die Strukturen verändern.

Die geforderte Schnelligkeit trifft aber, wie wir bereits wissen, auf eine ungleiche Gesellschaft mit unterschiedlichen Ausgangspunkten und individuellen Voraussetzungen, mit Veränderungen umzugehen. Während die einen lautstark der notwendigen Beschleunigung des Wandels das Wort reden, sind für andere Veränderungsprozesse Bedrohungsszenarien. Diese Ängste müssen wir ernst nehmen und mit dem politischen Ehrgeiz verbinden, die sich abzeichnenden dramatischen Auswirkungen der Klimakrise abzumildern. In der Gestaltung wirtschaftspolitischer Maßnahmen, die zum Ziel haben, die Transformation zu beschleunigen, müssen wir diesen Aspekt berücksichtigen. Gleichzeitig muss das Ambitionsniveau unserer Ziele hoch sein und wir müssen an vielen Stellschrauben gleichzeitig drehen. Vielleicht kippt das System damit schneller in einen Zustand, der die Grenzen der Natur berücksichtigt.

Planung und Klarheit: Um das Tempo der Transformation zu erhöhen, müssen wir an vielen kleinen Stellschrauben gleichzeitig drehen. Im Idealfall in einer strategischen und koordinierten Weise, damit die Maßnahmen sich gegenseitig ergänzen und unterstützen. Für wirtschaftlich handelnde Akteure, seien es Unternehmen oder Haushalte, sind für ihre Entscheidungen Klarheit und Verlässlichkeit des Rahmens, in dem sie ihre Entscheidungen treffen, unumgänglich. Eine erratische Regulierung, ein Hin und Her, erschwert die Entscheidungen massiv. Wenn unklar ist, wie sich der CO_2-Preis entwickeln wird, ob ein Ausstieg aus fossilen Heizsystemen Priorität hat oder nicht, und wenn der Staat Förderungen erhöht, um sie gleich darauf wieder abzuschaffen, wird die Entscheidungssicherheit beeinträchtigt. Manche Entwicklungspfade werden sich über Marktentscheidungen herstellen, und manche muss der Staat regulieren. Ziel muss es sein, Planungs- und Investitionssicherheit sowohl für Unternehmen als auch Haushalte herzustellen.

Bisher war die gängige Lehre der Ansicht, dass der Staat nur aktiv in den Markt eingreifen sollte, wenn dieser versagt. In der Transformation muss der Staat plötzlich mehr leisten als nur die Behebung von Marktversagen. Er muss nicht nur Fehlentwicklungen korrigieren, sondern auch Märkte strategisch schaffen, entwickeln und regulieren. Markt und Staat gelten nicht mehr als Held und Bösewicht wie in den alten griechischen Heldenmythen oder den modernen Superheldenfilmen, sondern sie müssen eine harmonische Paarbeziehung eingehen. Markt und Staat als das neue „Power Couple". Koordinierte Planung und Strategieentwicklung feiern ein Comeback und ihre Bedeutung wächst. Für manche droht damit die Rückkehr in die Planwirtschaft oder der Weg in die Knechtschaft, doch bedeuten diese Entwicklungen keinesfalls den Weg in eine Planwirtschaft.[222]

Vielmehr bedeutet dieses neue Verständnis von Planung und Strategie, das in die Regierungen und Verwaltungsapparate einzieht, eher ein Festlegen von klar definierten Zielen, fachsprachlich genannt als „Missionen zur Lösung gesellschaftlich wichtiger Herausforderungen". Diese Ziele sollen die Richtung (Direktionalität) der Wirtschaftsentwicklung bestimmen, indem sie strategische Investitionen tätigen und neue vielversprechende Industrien fördern, die der Privatsektor weiterentwickeln kann. Dies fördert sektorübergreifendes Lernen und damit neue Innovationen und erhöht die wirtschaftliche Stabilität. Der Vorwurf der Planwirtschaft zielt dabei ins Leere: Eine Missionsorientierung ist keine „Top-down"-Planung des Staates, sondern eine Festlegung der Entwicklungsrichtung mit dem Ziel, Erwartungen von Unternehmen hinsichtlich künftiger Wachstumsbereiche zu beeinflussen und dadurch Investitionen und Aktivitäten zu befeuern.

In der großen Transformation, in der wir uns bereits befinden, ist es angesichts des Ziels der Gestaltung eines gerechten Übergangs erforderlich, dazu nötige Missionen zu definieren, Ziele festzulegen und Investitionen und Regulierung glaubhaft zu gestalten und zu kommunizieren. Entwicklungs- oder Transformationspfade müssen klare und nachvollziehbare Zielvorgaben und überprüfbare Zwischenschritte aufweisen. Der Wirtschaftspolitik kommt die wichtige Aufgabe zu, möglichst frühzeitig Transformationspfade festzulegen, diese laufend anzupassen und zu verfeinern. Ein solcher missionsorientierter, strategischer und planerischer Zugang zur Rahmengestaltung für die wirtschaftliche Entwicklung kann dann ein enormer Beschleuniger für wirksame Maßnahmen sein und Unternehmen, Haushalten und Regionen helfen, sich frühzeitig und vorausschauend auf die Veränderung einzustellen.

Kooperation und Koordinierung: Doch Zielvorgaben und ein Rahmen allein reichen noch nicht aus, um die Transformation tatsächlich zu bewerkstelligen, agiert man doch trotzdem noch unter enormen Unsicherheiten. Unsicherheiten darüber, welche Geschäftsmodelle, Qualifikationen und Fähigkeiten in Zukunft gefragt sein werden, welche Auswirkungen die Klimakrise regional entfalten wird und was die Zunahme an Extremwetterereignissen für die Verlässlichkeit von Lieferketten bedeutet. Auch bedeutet die rasche gesellschaftliche Durchdringung von grünen Technologien nicht nur eine große Kraftanstrengung, sondern bringt auch die

Notwendigkeit von sektorübergreifendem Lernen und einer engen Kooperation mit der Forschung mit sich.

Daraus wird deutlich, dass eine Vielzahl von Akteuren unter einem gemeinsamen Rahmen und einer gemeinsamen Zielrichtung ihre Pläne und Entscheidungen koordinieren und abstimmen muss. Unternehmen, Haushalte, Gebietskörperschaften, Infrastrukturbetreiber:innen und Beschäftigte brauchen eine Klarheit und Verlässlichkeit des Rahmens, um davon ihre eigenen Entscheidungen ableiten zu können. So müssen Unternehmen ihre Umsetzungs- und Investitionspläne auf diesen Rahmen ausrichten, dies mit ihren Lieferant:innen abstimmen, frühzeitig in Forschung und Entwicklung investieren sowie die eigenen Beschäftigten für neue Aufgaben qualifizieren. Dem Staat kommt hier eine unterstützende Funktion zu. Durch ein regelmäßiges Monitoring der Fortschritte und das Verschärfen oder Setzen von Maßnahmen bei Nichterreichung kann er die individuellen Entscheidungen von Unternehmen und Haushalten anleiten, zum Beispiel über Förderprogramme oder Veränderungen im Steuersystem.

Glaubwürdigkeit: Zu guter Letzt muss über Ziele, Transformationspfade und Rahmen nicht nur Klarheit geschaffen werden, sondern der Weg, der eingeschlagen werden soll, muss für die Akteure, die sich auf diesen Weg begeben sollen, auch glaubwürdig sein. Wir haben zuvor unter der Leitplanke des Tempos schon gesehen, dass es nur erzielt werden kann, wenn der Weg und die wirtschaftspolitischen Handlungen, die gesetzt werden, um das Ziel zu erreichen, glaubwürdig und gleichzeitig stabil sind. Können sich die wirtschaftlichen Akteure nicht auf mittelfristig verlässliche und planbare Entwicklungspfade einstellen, erhöht dies die Unsicherheit und bremst damit den Weg in die Klimaneutralität gewaltig. Denn wenn sich die Bedingungen ständig ändern, kann man nicht davon ausgehen, dass sich Investitionen, die ich heute tätige, in einem veränderten Umfeld in ein paar Jahren noch als richtig erweisen. Grundsätzlich wird man dieses Risiko niemals gänzlich ausschließen können, doch die Wirtschaftspolitik muss danach trachten, vermeidbare Risiken zu reduzieren und diese nicht noch zusätzlich durch wankelmütiges Verhalten in der Regulierung erhöhen. Das ständige Bezweifeln von Klimazielen, der Notwendigkeit der Transformation oder das Hin und Her beim Aus vom Verbrenner erzeugen alles andere als Planungssicherheit und behindern damit die für die Transformation notwendigen Investitionen. Auch wenn die Politik Ziele ausgibt, anschließend aber keine ausreichenden Maßnahmen zu deren Erreichung setzt, nagt das an der Glaubwürdigkeit. So sehen wir immer wieder, dass zwar auf europäischer Ebene Klimaziele vereinbart wurden, die Umsetzung und das Herunterbrechen auf nationalstaatliche Beiträge aber nicht glaubwürdig darstellt, wie diese Ziele zu erreichen sind. Ein Beispiel dafür ist der österreichische Nationale Energie- und Klimaplan, der nationale Zielpfade zur Erreichung der Klimaziele festlegen soll und verpflichtend der Europäischen Kommission zu melden ist. Hauptkritikpunkt der Wissenschaft und anderer Stakeholder am österreichischen Energie- und Klimaplan war, dass er von zu optimistischen Annahmen ausgeht und eine Lücke zur Zielerreichung bestehen bleibt. Das Climate Change Centre Austria (CCCA) untersuchte daraufhin die Rückmeldungen der Stakeholder zum Entwurf des nationalen Energie- und Klimaplans, um zu zeigen, wie die Ambitionslücke geschlossen werden kann.[223] Erschwerend kam hinzu, dass Österreich aufgrund politischer Divergenzen bis zuletzt bei der Übermittlung des letzten Entwurfs des Nationalen Energie- und Klimaplans säumig blieb. Die österreichischen Medien berichteten Ende April 2024, dass Österreich das einzige Land in der Europäischen Union war, das noch keinen Entwurf an die Kommission übermittelt hat.[224] Eine Situation, die der Glaubwürdigkeit der Transformation sicherlich nicht zuträglich ist.

INSTRUMENTE EINER WIRTSCHAFTSPOLITIK DES GERECHTEN ÜBERGANGS

Vor dem Hintergrund der Schwerpunkte, Gerechtigkeitsdimensionen und potenziellen Leitplanken eines gerechten Übergangs stellt sich die Frage, was das für die wirtschaftspolitische Umsetzung bedeutet. Zuerst geht es darum, in raschem Tempo unsere wirtschaftlichen Strukturen in Richtung Klimaneutralität umzugestalten. Das umfasst die Fragen, mit welchen Technologien, Geschäftsmodellen und Produkten wir was zu welchen Bedingungen herstellen, wie wir Investitionslücken schließen und die benötigten Fachkräfte für die Transformation bereitstellen.

Dazu braucht es in einem ersten Schritt eine verlässliche, glaubwürdige und gemeinsame Planung auf den unterschiedlichen politischen Ebenen. Eine Mehr-Ebenen-Politik der Transformation. Mittel dazu sind regionale und sektorale Just Transition-Pläne, die gemeinsam durch die betroffenen Stakeholder erarbeitet und schließlich politisch getragen werden. Solche Pläne können Ziele zur Verringerung der Treibhausgasemissionen, Strategien zur Entwicklung und Verbreitung grüner Technologien sowie soziale Ausgleichsmaßnahmen für im Prozess anfallende Transformationslasten beinhalten. Darüber hinaus helfen sie den Akteuren, Handlungsoptionen entlang des Pfades, das notwendige Ausmaß von Investitionen und Qualifizierungsbedarfe gemeinsam festzustellen.

Der Kooperation und Koordination zwischen den Akteuren kommen in der Entwicklung und Umsetzung von Transformationspfaden große Bedeutung zu. Der Staat hat nicht die Aufgabe, planwirtschaftlich Angebot und Nachfrage durchzugestalten, sondern wirkt eher als Dirigent eines Orchesters. Er setzt das Orchester zusammen und orchestriert das Zusammenspiel. Jeder wirtschaftliche Akteur konzentriert sich zwar auf sein eigenes Spiel, orientiert sich aber auch am Dirigenten und am Spiel der anderen Akteure. Natürlich können in diesem Stück auch Misstöne oder Widersprüche zwischen dem Spiel der einzelnen Akteure auftreten. Insbesondere Interessenskonflikte spielen hier eine wichtige Rolle. Aus diesem Grund gilt es, für eine Wirtschaftspolitik der Transformation den sozialen Dialog zwischen Arbeitgeber:innen, Arbeitnehmer:innen und Zivilgesellschaft zu stärken. Ein starkes Element eines sozialen Dialogs kann dazu beitragen, gegenseitiges Verständnis, Vertrauen und damit Konsensfähigkeit zu stärken sowie ein Gefühl der Eigenverantwortung zwischen den verschiedenen Interessensgruppen schaffen.

Damit die Transformation gelingt und die vom Wandel negativ Betroffenen auch Perspektiven im Übergang entwickeln können, braucht es die entsprechend gewidmeten Geldmittel. Das Konzept eines Just Transition-Fonds zielt genau auf diese Dimension der Transformation ab. Ein Just Transition-Fonds soll die notwendigen Finanzmittel bereitstellen, zum Beispiel um negativ vom Wandel betroffene Arbeitnehmer:innen in der Einkommenssicherung, Umschulung oder Weiterbildung zu unterstützen oder um im Sinne einer nachhaltigen Regionalentwicklung den Aufbau neuer Wirtschaftszweige in der betroffenen Region zu unterstützen. Dies beinhaltet auch Investitionen in den Auf- und Ausbau regionaler Infrastruktur, von erneuerbaren Energien bis hin zu Konzepten des nachhaltigen Verkehrs.

Doch Just Transition-Pläne, seien sie regional oder auf einen spezifischen Sektor bezogen, können nicht losgelöst vom restlichen wirtschaftspolitischen Rahmen bestehen. Im Gegenteil muss sie die Politik passend in eine grüne Industrie- und Strukturpolitik einbetten. Eine grüne Industriepolitik hat zum Ziel, eine grüne Industrie nachhaltig aufzubauen, zu entwickeln und durch Forschung und Entwicklung zu unterstützen, all das zielgerichtet und abgestimmt im Sinne einer wirtschaftspolitischen „Mission". Eine grüne Industriepolitik kann den großen Rahmen schaffen, an dem sich Regionen und Sektoren in ihrem Geflecht aus wirtschaftlichen Akteuren am Weg zur Klimaneutralität orientieren können, und soll ihnen helfen, vorausschauend die Handlungsfelder für sozialen Ausgleich zu identifizieren.

WOHIN WIR GEHEN …

JUTTA und ihre Kolleg:innen haben neue Hoffnung geschöpft. Der Betrieb erhielt über eine neue Förderschiene Mittel für Forschungsprojekte, die dem Unternehmen dabei helfen sollen, sich in neuen Geschäftsfelder zu entwickeln. Diversifikation ist das geflügelte Wort im Management geworden. Gleichzeitig werden mit den Belegschaftsvertreter:innen Qualifizierungspläne erarbeitet, die über einen Verbund von Unternehmen in der Region mit Unterstützung der Regionalregierung sowie den betroffenen Gemeinden finanziert und inhaltlich gestaltet werden. Erstmals fassen alle wieder gemeinsam Mut und sehen einen Weg, den es lohnt, gemeinsam weiterzugehen.

Der Druck, die Wirtschaft der Region zukunftsfitter umzugestalten, nahm immer weiter zu. Für **LUDWIG** und die Mitarbeiter:innen in der Verwaltung nahm damit auch der arbeitstechnische Aufwand zu. Immer mehr Fragen wurden an sie herangetragen. Da traf es sich gut, dass Bund, Länder und Gemeinden beschlossen hatten, in jenen Regionen mit Spezialisierung auf fossile wirtschaftliche Strukturen verstärkt auf Wissens- und Informationsaustausch zu setzen und in die Zusammenarbeit an maßgeschneiderten Lösungen zu intensivieren.

Es wurden Koordinierungsuntergruppen eingerichtet, und die neu gegründete Bundesagentur für Transformationsfragen stellte Beratung und Unterstützung für die Analyse und den Abruf von Mitteln aus unterschiedlichen Förderprogrammen bereit. Zusätzlich wurde in der Region ein eigenes Förderprogramm zur Eingliederung von armutsbetroffenen Personen von Region und Bund gemeinsam beschlossen. Ein großer Beteiligungsprozess mit den Betroffenen oder ihren Vertretungen wurde gestartet, um passgenaue Maßnahmen zu entwickeln.

FÜR EINE WIRTSCHAFTS- POLITIK DER GRÜNEN REVOLUTION

*This is not about saving our planet,
it's about saving ourselves.
The truth is, with or without us,
the natural world will rebuild. ...
We've come this far because we are
the smartest creatures that have ever lived.
But to continue, we require more than intelligence.
We require wisdom.*[225]

David Attenborough

*Klimaschutz ist keine Bedrohung, sondern eine große Chance.
Wenn wir jetzt klug die politischen Weichen stellen,
schlagen wir drei Krisen mit einer Klappe:
die Wirtschaftskrise, die Energiekrise und die Klimakrise.*[226]

Claudia Kemfert, deutsche Ökonomin

Wie wir unsere wirtschaftlichen Strukturen gezielt und rasch genug so verändern, dass sie im Einklang mit unseren Ökosystemen stehen, ist keine einfache Aufgabe. Auch haben wir kaum Erfahrung im Umgang mit so grundlegenden Veränderungen. Die energetische Basis unseres Alltags haben wir schließlich in unserer gesamten Geschichte erst zweimal gewechselt. Das bedeutet aber nicht, dass große Veränderungen nie stattgefunden haben. Im Gegenteil ist eigentlich die beständige Veränderung die Konstante unserer Entwicklungsgeschichte. Doch lehrt uns der Blick zurück in die Vergangenheit, dass große Umbrüche in der Geschichte oftmals ungeplant und chaotisch stattgefunden haben. Sie haben neben der Hoffnung auf Neues auch Schmerz, Ungerechtigkeit und Leid mit sich gebracht. Die große aktuelle Herausforderung, vor der wir stehen, ist, einen fundamentalen Wandel hin zu einem nachhaltigen Umgang mit der Natur, unseren Mitlebewesen und uns selbst zu gestalten, und zwar geordnet und nicht chaotisch.

Eine schwierige Aufgabe, denn nicht nur die natürlichen Systeme, in denen wir leben, sind komplex. Soziale, politische und wirtschaftliche Zusammenhänge, aber auch die Technologien, derer wir uns bedienen, sind ein eng verwobenes Geflecht von Beziehungen und Dynamiken. Sie beeinflussen sich gegenseitig, stärken oder schwächen einander. Dieses Geflecht müssen wir in seiner Komplexität so ausrichten, dass es nicht mehr die Grenzen der Ökosysteme sprengt. Wir sehen uns dadurch mit einer Aufgabe konfrontiert, die wir weder in ihrem Ausmaß noch in ihrer Komplexität oder ihrer Dringlichkeit bisher kannten.

Komplexe Probleme haben keine einfachen Lösungen. Dies liegt in der Natur der Sache. All die Zahlen, Modelle, Grafiken und Charts, mit denen wir in Wirtschaft und Politik hantieren, sind nur Mittel, um die Komplexität der Realität für uns handhabbar zu machen. Damit ist aber klar, dass die bereits am Tisch liegenden vielfältigen Maßnahmen und Lösungen für sich allein niemals der Weisheit letzter Schluss sein können. Der US-amerikanische

Schriftsteller und Satiriker Henry Louis Mencken hat einmal geschrieben: „Für jedes menschliche Problem gibt es immer eine bekannte Lösung – plausibel, einleuchtend und falsch".[227] Die Hoffnung auf einfache Lösungen für komplexe Probleme ist absolut unbegründet. Komplexe Probleme brauchen vielfältige Lösungen. Die Strategie zur Lösung des Problems funktioniert nur über ein schrittweises Annähern, Ausprobieren, Korrigieren und Verwerfen. Es braucht einen gemeinsamen Lern- und Suchprozess.[228] Es braucht den Weg in eine lernende Gesellschaft.[229]

Dieser Weg wird kein einfacher. Wir werden am Weg stolpern, wir werden fallen, wir werden über die Geschwindigkeit streiten und wir werden am Weg Wunder vollbringen müssen. Doch wie unwahrscheinlich ist das? Ein Blick in die Vergangenheit hilft. Bisher haben wir es noch immer geschafft, einen Schritt nach dem anderen nach vorne zu setzen. Selbst in dunkelsten Zeiten. Wir haben technologische wie auch soziale Innovation vorangetrieben. Sind zum Mond geflogen, haben soziale Rechte erstritten und allgemeingültige Menschenrechte etabliert. Das, was uns heute selbstverständlich erscheint, war vor nicht allzu langer Zeit noch Stoff der Fantasie oder hat wie Magie angemutet.

Der britische Wirtschaftsjournalist Paul Mason schrieb: „Ökonomen und Ökologen führen sinnlose Debatten darüber, welche der beiden Krisen wichtiger ist: die der Biosphäre oder die der Wirtschaft. Die materialistische Antwort ist, dass ihre Schicksale miteinander verwoben sind".[230] Es gibt keine Möglichkeit, unsere fossil abhängigen Gesellschaften auf Dauer aufrechtzuerhalten. Manche politischen Akteure wälzen daher das Versprechen eines Zurück-ins-Früher. Während die einen die wirtschaftlichen Jahrzehnte des Aufschwungs der 1950er-, 1960er- und 1970er-Jahre versprechen, verklären andere die vorindustrielle Gesellschaft. Beides wird nicht im Rahmen des Möglichen sein. Unter dem Vorzeichen der Klimakrise bedeutet bereits die Bewahrung des Bestehenden drastische Veränderungen. Oder, wie es Katharina Rogenhofer und

Florian Schlederer ausgedrückt haben: „Verändert sich nichts, verändert sich alles."[231] Wir stehen damit auch an einer Weggabelung. Entscheiden wir uns dafür, unsere Zukunft zu gestalten, oder ergeben wir uns den Konsequenzen unseres bisherigen Handelns? Untätigkeit bedeutet chaotische Veränderung. Aktives Gestalten heißt, eine Chance zu haben, die gravierendsten Folgen zu vermeiden und Chancen zu nutzen. Eigentlich ein Treppenwitz der Geschichte: Das Bewahren des Bestehenden muss revolutionär werden und revolutionäre Forderungen nach Veränderung werden mit der Klimakrise konservativ.[232]

Eine aktive Gestaltung der Veränderung bedeutet neben Versuch, Irrtum und Lernen auch Optionenvielfalt mit Stoßrichtung. Was wir brauchen, ist eine Mission, und die Klimakrise zeigt uns die Richtung. Wir müssen vermeiden, verlagern, umbauen und umorganisieren, Investitionen lenken und Neues entdecken. Dazu müssen wir Ängste nehmen und motivieren. Die Ziele dafür haben wir bereits: die Klimaziele. Diesen Weg gilt es gemeinsam zu beschreiten, und alle müssen und können ihren Beitrag dazu leisten. Wie der Autor Jonas Schaible schreibt, wird uns die Transformation nur gelingen, wenn wir die ökologischen Krisen auf grüne Art ernst nehmen, sie sozialpolitisch solidarisch und gerecht aus sozialdemokratischer Perspektive gestalten, Innovation, wie es Liberale möchten, fördern und die Beständigkeit ernst nehmen, die Konservative hochhalten.[233] Wir werden am konkreten Weg zur Klimaneutralität auch unterschiedliche Meinungen haben. Wir werden uns darüber in die Haare kriegen und hoffentlich zusammenraufen. Schließlich steht viel auf dem Spiel.

Es reicht in der Transformation nicht aus, nur auf Technologien zu setzen. Das Versprechen, dass uns Innovation und Technologie allein retten werden, ist sicherlich ein falsches. Doch auf Verhaltensänderungen zu hoffen, reicht ebenso wenig. Wir sind nun mal in einem System mit fossilen Kontexten, Möglichkeiten und Privilegien aufgewachsen. Wir haben all unsere Erfahrungen auf Basis dieser Strukturen gemacht und leben mit den Handlungsgrenzen dieser Strukturen. Es wird zwar dringend Verhaltensänderungen brauchen, doch werden sie länger auf sich warten lassen, als so manche heute hoffen. Damit würden sie zu spät kommen, um die schlimmsten Ausprägungen der Klimakrise zu verhindern.

Für so komplexe Probleme wie jenes der Klimakrise und einer sozial gerechten Transformation als Antwort auf sie gibt es keine einfachen Lösungen. Es liegt an uns selbst, die Puzzlesteine zusammenzutragen und zusammenzusetzen. Einer dieser Puzzlesteine ist eine vorausschauende und fortschrittliche Wirtschaftspolitik. Sie ist ein Instrument in unserer Mission, die Klimakrise zu meistern. Ein Instrument, um die wirtschaftlichen Strukturen, die wir über die letzten Jahrzehnte geschaffen haben, in eine gewünschte Richtung weiterzuentwickeln. Doch auch hier sind die Lösungen kompliziert und vielschichtig. Die Transformation in Richtung Klimaneutralität verlangt von uns das bewusste Einleiten einer grünen Revolution. Eine grüne Revolution, welche die fossile Basis, in und mit der wir leben, vom Kopf auf die Füße stellt, alle Politikfelder gleichermaßen betrifft und kluges Vorgehen erfordert.

Die grüne Revolution, wie wir sie brauchen, ist auch eine industrielle Revolution. Technische und soziale Innovationen werden darin eine große Rolle spielen (Kapitel 7). Eine grüne Industriepolitik ist gefordert, die wirtschaftlichen Ökosysteme gezielt in Richtung Nachhaltigkeit weiterzuentwickeln (Kapitel 6). Damit dies gelingt, müssen wir die finanziellen Rahmenbedingungen schaffen und die notwendigen finanziellen Mittel bereitstellen (Kapitel 9). Gleichzeitig müssen wir Investitionen in Richtung grüner wirtschaftlicher Strukturen umlenken (Kapitel 8). All diese Veränderungen werden Auswirkungen haben. In den Regionen (Kapitel 4) und darauf wie, wo und was wir arbeiten (Kapitel 5).

Doch damit uns die grüne Revolution in unseren Strukturen gelingt, dürfen wir nicht nur auf die wirtschaftlichen und technischen Aspekte der Transformation blicken. Ebenso müssen wir verstehen, dass ein Prozess des Wandels im Kern auch einer der sozialen Veränderung ist. Damit wir die Wirtschaftspolitik einer grünen Revolution umsetzen können, brauchen wir politische Mehrheiten. Unsere gemeinsame Aufgabe wird es sein, Ängste zu nehmen und neue Perspektiven zu schaffen. Dafür müssen wir bestehende soziale und wirtschaftliche Ungleichheiten ernst nehmen. Sie dürfen durch die Transformation nicht weiter vertieft oder gar neu geschaffen werden (Kapitel 3). Wie der Umweltökonom James Boyce nicht müde wird zu betonen, müssen wir nicht nur unser Verhältnis zur Natur, sondern auch unser Verhältnis zu unseren Mitmenschen ins Auge fassen.[234] Auch dürfen wir die Schuld nicht bei den Einzelnen suchen. Die Klimakrise ist keine individuelle Verantwortung (Kapitel 2). Nicht umsonst schreiben die Forscher:innen des Austrian Panels on Climate Change (APCC) in ihrem aktuellen Sachstandsbericht, dass es derzeit in Österreich schwer ist, klimaneutral zu leben.[235] Dieser Befund gilt für die westlichen Industrienationen im Allgemeinen.

Um die fossilen Strukturen zu verändern und unseren Kopf noch haarscharf aus der Schlinge zu ziehen, müssen wir lernen, systemisch zu denken (Kapitel 1). Wir brauchen eine Wirtschaftspolitik, welche die wirtschaftlichen Strukturen von Produktion und Konsum als komplexes Netzwerk begreift, gezielt verändert und weiterentwickelt. Wir müssen unsere wirtschaftlichen Ökosysteme verändern, um unsere natürlichen Ökosysteme zu bewahren. Um uns bei dieser Herkulesaufgabe eine Orientierung zu geben, wird in Forschung und Politikgestaltung seit langem über die Gestaltung gerechter Übergänge diskutiert. Das Konzept einer Just Transition kann als Leitprinzip für die Initialzündung und Gestaltung einer grünen Revolution, wie wir sie brauchen, verstanden werden (Kapitel 11).

Schlussendlich wird das Gelingen der Transformation auch davon abhängen, welche Qualität unsere demokratischen und politischen Prozesse haben. Nur wenn die Veränderungen, die wir anstoßen müssen, auch nachvollziehbar sind und positive Perspektiven bieten, tragen die Menschen sie mit. Auch haben autokratische Systeme bisher keine gute Erfolgsbilanz in Sachen Umweltschutz.[236] Die grüne Revolution wird also nicht nur unsere Wirtschaft verändern, sondern auch unsere Demokratien (Kapitel 10). Mitbestimmung und Teilhabe an den Veränderungsprozessen haben darin einen ebenso großen Stellenwert wie die soziale Sicherheit und der Ausgleich von Transformationslasten.

In diesem Buch habe ich versucht zu zeigen, wie die Wirtschaftspolitik in all ihren Facetten uns helfen kann, unsere wirtschaftlichen Ökosysteme zu verändern: von der Regional- und Strukturpolitik über Arbeitsmarkt, Bildung und Verteilung bis hin zur Lenkung von Innovationen und einer Stärkung der Mitbestimmung. Die Maßnahmen und Beispiele, die in diesem Buch angesprochen werden, sind jedoch kein vollständiger Überblick. Eher sind sie ein Auszug aus den vielfältigen Möglichkeiten. So manche:r wird berechtigt einwenden, dass überhaupt nicht klar ist, ob die Maßnahmen in ihrer Summe überhaupt ausreichen werden, um die Klimakrise zu lösen. Dass wir vielmehr ins Utopische gehen müssen, groß denken und mutig und beherzt das Bestehende umstoßen müssen. Das mag sogar so sein, oder auch nicht. Aus meiner Perspektive heraus bleibt uns aber nicht viel übrig, als mit dem zu arbeiten, was derzeit schon vorhanden ist. Die Zeit drängt und wir leben nun mal in bereits existierenden Verhältnissen und Zusammenhängen. Wir starten nicht an einem leeren Reißbrett und können darauf loszeichnen, wie es uns gefällt. Im Gegenteil ist der Bogen, auf dem wir beginnen müssen umzuplanen, bereits dicht beschriftet. Es gilt daher vom Status quo auszugehen. Wir können ihn nicht einfach wegleugnen.

Und damit stellt sich für mich immer drängender die Frage nach dem „Wie". Wie gestalten wir praktisch und konkret das Bestehende um? Was brauchen wir dazu und an welchen Stellschrauben müssen wir drehen? Eine Wirtschaftspolitik für eine grüne

Revolution braucht meiner Ansicht nach eine Form des „radikalen Inkrementalismus": das gleichzeitige Drehen an vielen kleinen Stellschrauben. Sei es in der Industrie-, der Geld- oder der Finanzpolitik, den politischen Gestaltungsprozessen oder den Anreizstrukturen, die wir im Lauf der letzten Jahrzehnte geschaffen haben. Es ist zu hoffen, dass, wenn wir an vielen Stellen gleichzeitig und zielbewusst drehen, Kipppunkte in unserem Sinne überschritten werden und wir das Ökosystem „Wirtschaft" rasch in einen neuen Zustand der ökologischen und sozialen Nachhaltigkeit „kippen" lassen. Ein solcher Ansatz scheint mir persönlich auch der vielversprechendste zu sein. Warum? Weil er aus meiner Sicht am ehesten Umsetzbarkeit im Angesicht der knappen Zeit verspricht. Vermutlich wird er auch weniger Widerstände hervorrufen als ein viel weitreichender wirtschaftlicher und politischer Wandel. Ein solcher könnte auch eine politische Überforderung darstellen. In diesem Sinne schließe ich mich einem pragmatischen Ansatz und einer realistischen Sichtweise an.[237]

Der Blick in die Vergangenheit zeigt uns, dass bisher große wirtschaftliche und gesellschaftliche Veränderungen meist durch große Krisen entstanden sind. Sie gingen oft mit Chaos, Leid und Zerstörung einher. Um dies zu vermeiden, brauchen wir eine Veränderung unter großer Beteiligung der Allgemeinheit und in Kombination mit einer Stärkung der Demokratie. Viele Instrumente, die wir dazu brauchen, liegen bereits am Tisch. Wir müssen sie nur im Sinne unserer Mission zielgerichtet verbinden und ein wirtschaftspolitisches Programm für eine grüne Revolution unserer Wirtschaft zimmern. Einer zukunftsgerichteten Wirtschaftspolitik kommt dabei große Bedeutung zu. Lasst uns über die konkrete Umsetzung diskutieren, streiten und hoffentlich Gemeinsamkeiten zur Umsetzung finden!

Michael Soder, Juni 2024

DANKE

Ein Buch zu schreiben ist ein großes und intensives Projekt. Vor allem, wenn es das erste Buch ist. Die Chance zu bekommen, ein Buch zu schreiben, ist auch etwas ganz Besonderes, und ganz viele Personen waren direkt oder indirekt an der Entstehung beteiligt. Ihnen gilt mein ganzer Dank!

Die ersten Personen, denen ich danken möchte, sind Iris Kraßnitzer, Michael Mazohl, Marga Achberger, Evelyn Beyer, Markus Zahradnik und das ganze Team des ÖGB-Verlags. Sie waren von Anfang an von diesem Projekt überzeugt, und ohne ihre Unterstützung wäre es nicht zustande gekommen.

Ganz besonderer Dank gilt Timna Holzer für die vielen Tipps, Verbesserungsvorschläge und Korrekturen. Ohne ihre Unterstützung wäre ich aufgeschmissen gewesen und im Buchstabensalat, den ich an vielen Stellen produziert habe, verloren gegangen.

Ferner möchte ich mich bei meiner Familie und meinen Freunden bedanken. Birgit, Noah, Eva-Maria, Gerhard, Andrea, Bettina, Jürgen, Willi, Alen, Sandra, Tizian, Maja, Benny, Hanna und Emma. Nur mit ihrem Zuspruch und ihrer Motivation war es möglich, das Buch zu schreiben, das mir schon so lange als Idee im Kopf herumschwirrte. Danke, dass ihr es auch auf Kosten der gemeinsamen Zeit ermöglicht habt!

Ich stand auf den Schultern von Riesen. Ohne die Inspiration von Christian Berger, Elisabeth Lechner und Judith Kohlenberger wäre die Idee zum Buch nie geboren worden. Dank gilt auch meinen Kolleg:innen in der Arbeiterkammer und den Gewerkschaften für die vielen Diskussionen und die gemeinsame Arbeit an den Lösungen zur sozial gerechten Gestaltung der Transformation. Besonders Danke sagen möchte ich Sandra Matzinger, Christa Schlager, Adi Buxbaum, Joel Tölyges, Dorothea Herzele, Maria Burgstaller, Ulrike Ginner, Helmut Gahleitner, Mathias Grandosek, Susanne Wixforth, Priska Lueger, Christina Brichta-Hartmann, Chiara Pompermaier, Hannes Pluharz, Norbert Templ, Nina Nawara,

Christina Weichselbaumer, Martin Reiter und den Kolleg:innen aus dem ÖGB-Klimabüro und vielen Kolleg:innen mehr.

Und zu guter Letzt allen Kolleg:innen aus der Akademia und meinen Studierenden, von denen ich immer viel lernen konnte.

EINLEITUNG

[1] Raworth, Kate (2019): "A New Economics." In: This is Not a Drill: an Extinction Rebellion Handbook. London, 146–154.

[2] Sloterdijk, Peter (2023): Die Reue des Prometheus: Von der Gabe des Feuers zur globalen Brandstiftung. Frankfurt am Main.

[3] Wissenschaftlicher Beirat der Bundesregierung Globale Umweltveränderungen (2011): Welt im Wandel: Gesellschaftsvertrag für eine Große Transformation. Hauptgutachten. Berlin.

[4] Alber, Gotelind (2014): Die sozialen Dimensionen von Klimawandel und Klimapolitik. In: Schröder, Carolin/Walk, Heike (Hg.): Genossenschaften und Klimaschutz: Akteure für zukunftsfähige, solidarische Städte. Berlin, 109–133.

[5] Görg, Christoph/Madner, Verena/Muhar, Andreas/Novy, Andreas/Posch, Alfred/Steininger, Karl W./Aigner, Ernest (2023): APCC Special Report: Strukturen für ein klimafreundliches Leben. Berlin, Heidelberg, New York.

[6] Welzer, Harald (2011): Mentale Infrastrukturen: Wie das Wachstum in die Welt und in die Seele kam. In: Publication Series on Ecology. Heinrich-Böll-Stiftung; https://www.boell.de/sites/default/files/Endf_Mentale_Infrastrukturen.pdf (abgerufen am 28. 5. 2024).

[7] Saito, Kohei/Wakounig, Gregor (2023): Systemsturz. Der Sieg der Natur über den Kapitalismus. München.

[8] Huber, Matthew T. (2022): Climate change as class war: Building socialism on a warming planet (= Politische Vierteljahresschrift, Band 64). London/New York.

[9] Brand, Ulrich/Wissen, Markus (2017): Imperiale Lebensweise. Zur Ausbeutung von Mensch und Natur im globalen Kapitalismus. München.

[10] Rathi, Akshat (2023): Climate Capitalism: Winning the Global Race to Zero Emissions. London.

[11] Marterbauer, Markus/Schürz, Martin (2022): Angst und Angstmacherei. Für eine Wirtschaftspolitik, die Hoffnung macht. Wien.

DER WEG IN DEN UNTERGANG: VON SYSTEMEN UND KIPPPUNKTEN

[12] Wille, Joachim (2020): „Wir riskieren den Fortbestand unserer Zivilisation". In: klimareporter vom 10. 4. 2020; https://www.klima reporter.de/erdsystem/wir-riskieren-den-fortbestand-unserer-zivilisation (abgerufen am 28. 5. 2024).

[13] Turchin, Peter (2023): End Times: Elites, Counter-Elites and the Path of Political Disintegration. New York.

[14] Gubitzer, Luise (2011): Was tun wir, wenn wir tätig sind? Dienste leisten. In: Kurswechsel 1, 91–105.

[15] Beckert, Jens (2024): Verkaufte Zukunft. Warum der Kampf gegen den Klimawandel zu scheitern droht. Berlin.

[16] Jackson, Tim (2011): Wohlstand ohne Wachstum. Leben und Wirtschaften in einer endlichen Welt. München.

[17] Bardi, Ugo (2017): Der Seneca-Effekt: Warum Systeme kollabieren und wie wir damit umgehen können. München.

[18] Harper, Kyle (2020): Fatum: Das Klima und der Untergang des Römischen Reiches. München.

[19] Moore, Frances C./Lacasse, Katherine/Mach, Katharine J./Shin, Yoon Ah/Gross, Louis J./Beckage, Brian (2022): Determinants of emissions pathways in the coupled climate-social system. In: Nature 603 (7899), 103–111.

[20] Centola, Damon/Becker, Joshua/Brackbill, Devon/Baronchelli, Andrea (2018): Experimental evidence for tipping points in social convention. In: Science 360 (6393), 1116–1119.

[21] Nyborg, Karine et al. (2016): Social norms as solutions. In: Science 354(6308), 42–43.

[22] Beckert, Jens (2024): Verkaufte Zukunft. Warum der Kampf gegen den Klimawandel zu scheitern droht. Berlin, 17.

[23] Alber, Gotelind (2014): Die sozialen Dimensionen von Klimawandel und Klimapolitik. In: Genossenschaften und Klimaschutz: Akteure für zukunftsfähige, solidarische Städte. Wiesbaden, 109–133, 113.

[24] Greenpeace: Gütezeichen-Ratgeber. https://greenpeace.at/ratgeber/guetezeichen/ (abgerufen am 19. 4. 2024).

[25] Bundesministerium für Umwelt, Naturschutz, nukleare Sicherheit und Verbraucherschutz (2021): Produktsiegel – garantiert gut; https://www.bmuv.de/jugend/wissen/details/produktsiegel-garantiert-gut (abgerufen am 19. 4. 2024).

[26] Supran, Geoffrey/Algorithmic Transparency Institute (2022): Three shades of Green(washing). Content Analysis of Social Media Discourse by European Oil, Car, and Airline Companies; https://www.greenpeace.org/static/planet4-netherlands-stateless/2022/09/0ded952d-threeshadesofgreenwashing.pdf (abgerufen am 13. 6. 2024).

[27] Boyce, James K. (2007): Is inequality bad for the environment? In: Wilkinson, R.C./Freudenburg, W.R. (Hg.): Equity and the Environment, Leeds, 267–288.

[28] Anzengruber, Clara (2022): Das massive Lobbying der Energieindustrie beim Thema Wasserstoff. In: A&W-Blog vom 7. 11. 2022; https://www.awblog.at/Europa/lobbying-beim-thema-wasserstoff (abgerufen am 22. 4. 2024).

[29] Europäische Kommission (2022): Corporate Sustainability Due Diligence; https://commission.europa.eu/business-economy-euro/doing-business-eu/corporate-sustainability-due-diligence_en (abgerufen am 19. 4. 2024).

[30] Bruckner, Sarah (2023): EU-Parlament will ambitioniertes EU-Lieferkettengesetz. In: A&W-Blog vom 7. 6. 2023; https://www.awblog.at/Arbeit/eu-parlament-will-ambitioniertes-lieferkettengesetz (abgerufen am 19. 4. 2024).

[31] Bronswijk, Katharina van (2022): Klima im Kopf: Angst, Wut, Hoffnung: Was die ökologische Krise mit uns macht. München.

[32] Soder, Michael/Peer, Stefanie (2018): The potential role of employers in promoting sustainable mobility in rural areas: Evidence from Eastern Austria. In: International Journal of Sustainable Transportation 12 (7), 541–551.

[33] Arbeiterkammer Wien (2022): Preisdschungel bei E-Mobilität: https://wien.arbeiterkammer.at/service/presse/Preisdschungel_bei_E-Mobilitaet.html (abgerufen am 19. 4. 2024).

[34] Bundesministerium für Klimaschutz, Umwelt, Energie, Mobilität, Innovation und Technologie (2022): Einkommensschwache Haushalte – Förderung Heizkesseltausch; https://infothek.bmk.gv.at/einkommensschwache-haushalte-foerderung-heizkesseltausch/ (abgerufen am 19. 4. 2024).

[35] Lechinger, Vanessa/Matzinger, Sandra (2020): So heizt Österreich—Heizungsarten und Energieträger in österreichischen Haushalten im sozialen Kontext. Report. AK Wirtschaftspolitik Standpunkte, 1.

[36] Boyce, James (2007): Is inequality bad for the environment? In: Wilkinson, R.C./Freudenburg, W.R. (Hg.): Equity and the Environment. Leeds, 267–288.

[37] Europäische Kommission (2023): Eurobarometer-Umfrage: Klimawandel ist ein ernstes Problem und sollte schneller bekämpft werden; https://germany.representation.ec.europa.eu/news/eurobarometer-umfrage-klimawandel-ist-ein-ernstes-problem-und-sollte-schneller-bekampft-werden-2023-07-20_de (abgerufen am 22. 4. 2024).

[38] Beckert, Jens (2024): Verkaufte Zukunft: Warum der Kampf gegen den Klimawandel zu scheitern droht. Frankfurt am Main, Berlin.

[39] Willaschek, Marcus (2023): Kant: Die Revolution des Denkens. München.

[40] Mau, Steffen/Lux, Thomas/Westheuser, Linus (2023): Trigger-punkte: Konsens und Konflikt in der Gegenwartsgesellschaft. Frankfurt am Main, Berlin.

[41] Mau, Steffen/Lux, Thomas/Westheuser, Linus (2023): Trigger-punkte: Konsens und Konflikt in der Gegenwartsgesellschaft. Frankfurt am Main, Berlin.

SOZIALE UNGLEICHHEIT, VERTEILUNGSKONFLIKTE UND TRANSFORMATIONS-LASTEN IN DER KLIMAKRISE

[42] Alber, Gotelind (2014): Die sozialen Dimensionen von Klima-wandel und Klimapolitik. In: Genossenschaften und Klimaschutz: Akteure für zukunftsfähige, solidarische Städte. Wiesbaden, 109–133.

[43] Mau, Steffen/Lux, Thomas/Westheuser, Linus (2023): Trigger-punkte: Konsens und Konflikt in der Gegenwartsgesellschaft. Frankfurt am Main, Berlin.

[44] Görg, Christoph/Madner, Verena/Muhar, Andreas/Novy, Andreas/Posch, Alfred/Steininger, Karl W./Aigner, Ernest (2023): APCC Special Report: Strukturen für ein klimafreundliches Leben. Berlin, Heidelberg, New York.

[45] Ritchie, Hannah/Roser, Max (2020): CO_2 and Greenhouse Gas Emissions. In: Our World in Data; https://ourworldindata.org/co2-emissions (abgerufen am 30. 1. 2023).

[46] Club of Rome (2024): https://www.clubofrome.org/ (abgerufen am 13. 6. 2024).

[47] Essletzbichler, Jürgen/Miklin, Xenia/Volmary, Hans/Ornetzeder, Michael (2023): Soziale und räumliche Ungleichheit. In: Görg, Christoph et al. (Hg.): APCC Special Report: Strukturen für ein klimafreundliches Leben. Berlin, Heidelberg, New York.

[48] Chancel, Lucas (2021): Climate change and the global inequality of carbon emissions 1990-2020. World Inequality Database; https://wid.world/news-article/climate-change-the-global-inequality-of-carbon-emissions/ (abgerufen am 29. 5. 2024).

[49] Brunner, Karl-Michael (2014): Nachhaltiger Konsum und soziale Ungleichheit. Arbeiterkammer Wien. Wien.

[50] Hans-Bredow-Institut (2022): Von Aufwärtsspiralen und Abwärtsspiralen: Soziale Vergleiche auf Instagram; https://leibniz-hbi.de/de/blog/soziale-vergleiche-auf-instagram (abgerufen am 29. 5. 2024).

[51] Boyce, James K. (2007): Is inequality bad for the environment? In: Wilkinson, R.C./Freudenburg, W.R. (Hg.): Equity and the Environment. Leeds, 267–288.

[52] Chancel, Lucas/Rehm, Yannis (2023): The Carbon Footprint of Capital. Evidence from France, Germany and the US based on Distributional Environmental Accounts. World Inequality Database; https://wid.world/news-article/the-carbon-footprint-of-capital/ (abgerufen am 29. 5. 2024).

[53] Boyce, James K. (2007): Is inequality bad for the environment? In: Wilkinson, R.C./Freudenburg, W.R. (Hg.): Equity and the Environment. Leeds, 267–288.

[54] Theine, Hendrik/Humer, Stefan/Moser, Mathias/Schnetzer, Matthias (2022): Emissions inequality: Disparities in income, expenditure, and the carbon footprint in Austria. In: Ecological Economics 197.

[55] Ivanova, Diana/Wood, Richard (2020): The unequal distribution of household carbon footprints in Europe and its link to sustainability. In: Global Sustainability 3 (18).

[56] Hsu, Angel/Sheriff, Glenn/Chakraborty, Tirthankar/Manya, Diego (2021): Disproportionate exposure to urban heat island intensity across major US cities. In: Nature Communications 12.

[57] Diekmann, Andreas/Meyer, Reto (2010): Demokratischer Smog? Eine empirische Untersuchung zum Zusammenhang zwischen Sozialschicht und Umweltbelastungen. In: KZfSS Kölner Zeitschrift für Soziologie und Sozialpsychologie, 62 (3), 437–457.

[58] Osberghaus, Daniel/Abeling, Thomas (2022): Heat vulnerability and adaptation of low-income households in Germany. In: Global Environmental Change 72.

[59] Intergovernmental Panel on Climate Change (2022): Sixth Assessment Report. Climate Change 2022: Impacts, Adaptation and Vulnerability; https://www.ipcc.ch/report/ar6/wg2/ (abgerufen am 29. 5. 2024).

[60] Vona, Francesco (2023): Managing the distributional effects of climate policies: A narrow path to a just transition. In: Ecological Economics 205.

[61] Anguelovski, Isabelle et al. (2022): Green gentrification in European and North American cities. In: Nature Communications 13 (1).

[62] Mau, Steffen/Lux, Thomas/Westheuser, Linus (2023): Triggerpunkte: Konsens und Konflikt in der Gegenwartsgesellschaft. Frankfurt am Main, Berlin.

[63] Markkanen, Sanna/Anger-Kraavi, Annela (2019): Social impacts of climate change mitigation policies and their implications for inequality. In: Climate Policy 19 (7), 827–844.

[64] Dechezleprêtre, Antoine/Fabre, Adrian/Kruse, Tobias/Planterose, Bluebery/Sanchez Chico, Ana/ Stantcheva, Stefanie (2022): Fighting climate change: International attitudes toward climate policies. National Bureau of Economic Research.

TRANSFORMATION VOR ORT

[65] Stöcker, Christian (2020): Das Experiment sind wir: Unsere Welt verändert sich so atemberaubend schnell, dass wir von Krise zu Krise taumeln. Wir müssen lernen, diese enorme Beschleunigung zu lcnkcn. München.

[66] Rosa, Hartmut (2022): Beschleunigung: die Veränderung der Zeitstrukturen in der Moderne. München.

[67] Novy, Andreas (2022): Politische Ökonomie der Transformation. In: Berger, Christian/Schlager, Christa/Soder, Michael (Hg.):

In Transformation. Kurswechsel 2. Beirat für gesellschafts-, wirtschafts- und umweltpolitische Alternativen, 11–21.

[68] Karnitschnig, Matthew (2023): Rust belt on the Rhine. The deindustrialization of Germany: If Europe's economic motor stalls, the Continent's already polarized political landscape will shudder. In: Politico vom 13. 7. 2023. https://www.politico.eu/article/rust-belt-on-the-rhine-the-deindustrialization-of-germany/ (abgerufen am 17. 8. 2023).

[69] Europäische Kommission (2020): European Semester 2020: Overview of Investment Guidance on the Just Transition Fund 2021-2027 per Member State (Annex D); https://commission.europa.eu/document/download/d28fd6ef-4363-4d5f-a4c0-370c0aa28b7c_en?filename=annex_d_crs_2020_en.pdf (abgerufen am 7. 5. 2024).

[70] Grillitsch, Markus/Hansen, Teis (2019): Green industry development in different types of regions. In: European Planning Studies 27 (11), 2163–2183.

[71] Froy, Francesca/Heroy, Samuel/Uyarra, Elvira/O'Clery, Neave (2023): What drives the creation of green jobs, products and technologies in cities and regions? Insights from recent research on green industrial transitions. In: Local Economy 37 (2).

[72] While, Aidan/Eadson, Will (2022): Zero carbon as economic restructuring: spatial divisions of labour and just transition. In: New Political Economy, 27 (3), 385–402.

[73] Die Europäische Kommission erlaubt über den „befristeten Krisenrahmen" im Nachgang der Aggression Russlands gegenüber der Ukraine die Ausweitung staatlicher Beihilfemaßnahmen, denn grundsätzlich gilt in der Europäischen Union das Beihilferecht, das verhindern soll, dass staatliche Beihilfen zu Verzerrungen im Wettbewerb führen.

[74] Wixforth, Susanne (2023): Bruderkrieg der Beihilfen – Wettbewerbsfähigkeit ein Nullsummenspiel. In: A&W Blog vom 8. 2. 2023; https://awblog.at/eu-wirtschaftspolitik-bruderkrieg-der-beihilfen/ (abgerufen am 16. 8. 2023).

75 While, Aidan/Eadson, Will (2022): Zero carbon as economic restructuring: spatial divisions of labour and just transition. In: New Political Economy, 27 (3), 385–402.

76 Europäische Kommission. Just Transition Fund; https://ec.europa.eu/regional_policy/funding/just-transition-fund_en?etrans=de (abgerufen am 17. 8. 2023).

77 Revierwende (2023): Lage der Strukturentwicklung – Bilanz nach drei Jahren Strukturstärkungsgesetz. In: Revierwende. Gewerkschaften Gestalten Strukturwandel vom 9. 8. 2023; https://revierwende.de/lage-der-strukturentwicklung-bilanz-nach-drei-jahren-strukturstaerkungsgesetz/ (abgerufen am 17. 8. 2023).

78 Die Websites https://transitionnetwork.org/, https://www.ituc-csi.org/just-transition-centre?lang=en und https://justtransition initiative.org/ (alle abgerufen am 21. 8. 2023) bieten einen vielseitigen Überblick über einige der unterschiedlichsten Formen und Initiativen, die es sich zum Ziel gesetzt haben, den Umbau zur Klimaneutralität lokal, rasch und sozial gerecht voranzutreiben.

79 Ehnert, Franziska/Egermann, Markus/Betsch, Anna (2021): Neue Partnerschaften in der nachhaltigen Stadtentwicklung? Potenziale von Transition-Town-Initiativen. Abschlussbericht 23. Berlin.

80 Steinwender, David (2018): Transition Towns in Österreich: Untersuchungen über die Umsetzung des Konzepts, Erfolge und Schwierigkeiten. Masterarbeit, Karl-Franzens-Universität Graz.

VON GRAUEN ZU GRÜNEN JOBS

81 Die Dokumentation „A New Shift" von Jindřich Andrš zeigt, was ein Arbeitsplatz- und ein damit einhergehender Identitätsverlust für die Beschäftigten in Kohleregionen auf persönlicher Ebene bedeutet. Die oft langjährig Beschäftigten und ganze Regionen sind damit konfrontiert, gänzlich neue (Lebens-)Perspektiven entwickeln zu müssen.

[82] Keil, Anna Katharina (2021): Just Transition strategies for the Austrian and German automotive industry in the course of vehicle electrification, Materialien zu Wirtschaft & Gesellschaft 213. Wien.

[83] UNFCCC – United Nations Framework Convention on Climate Change (2020): Just Transition of the Workforce, and the Creation of Decent Work and Quality Jobs [Technical Paper]. United Nations.

[84] Casano, Lilli (2019): Skills and professions for a "Just Transition". Some reflections for legal research. In: E-Journal of International and Comparative Labour Studies 8 (3), 31.

[85] Soder, Michael (2021): Just Transition und die Anforderungen an einen arbeitsmarktpolitisch gerechten Strukturwandel. In: A&W Blog vom 6. 7. 2021 https://www.awblog.at/Arbeit/just-transition-und-arbeitsmarktpolitisch-gerechter-strukturwa (abgerufen am 5. 12. 2023).

[86] Wasserstoff kann auf Basis unterschiedlicher Energieträger erzeugt werden. Man spricht auch von einer Farbenlehre des Wasserstoffs. Als grünen Wasserstoff bezeichnet man Wasserstoff, der durch die Verwendung von erneuerbaren Energien wie zum Beispiel Windstrom erzeugt wurde. Eine Übersicht findet sich in Berger, Christian/Soder, Michael (2022): Diggin' for Gold: Wasserstoff als voraussetzungsvoller Hoffnungsträger in der Energiewende. In A&W Blog vom 8. 9. 2022; https://awblog.at/diggin-for-gold-wasserstoff-als-voraussetzungsvoller-hoffnungstraeger-in-der-energiewende/ (abgerufen am 19. 7. 2023).

[87] Bezeichnet als Carbon Capture and Storage (CCS), die Abscheidung und Speicherung von CO_2 aus Produktionsprozessen in ehemaligen Gasspeichern, oder Carbon Capture and Utilization (CCU), die Abscheidung und Weiterverwendung von CO_2 als Rohstoff in anderen Produktionsprozessen.

[88] Vogtenhuber, Stefan/Juen, Isabella/Lassnigg, Lorenz (2021): Finanzierung von Erwachsenen-und Weiterbildung in Österreich

und in ausgewählten Vergleichsländern. Research Report. Institute for Advanced Studies. Wien.

[89] Dies zeigt sich zum Beispiel an der Bedeutung der deutschen Kohleregionen und der darauf anschließenden politischen Initiativen der „Reviewwende" oder auch am Fallbeispiel MAN Steyr, bei dem der große Automobilzulieferer in eine Situation der drohenden Werksschließung kam.

[90] Zum Beispiel die österreichische Umweltstiftung „Aufleb", deren Ziel es ist, arbeitssuchenden Personen eine Qualifizierung für klimarelevante Berufe zu ermöglichen.

[91] Die Bundesregierung (2023): Von der Kohle zur Zukunft. In: Die Bundesregierung vom 24. 2. 2023; https://www.bundesregierung. de/breg-de/schwerpunkte/klimaschutz/kohleausstieg-1664496 (abgerufen am 5. 12. 2023).

[92] Schade, Wolfgang/Berthold, Daniel/Mader, Simon/Scherf, Christian/Stich, Meike/Wagner, Udo (2020): Gesamtgesellschaftliche Wirkungen durch die Transformation zu nachhaltiger Mobilität. Hans Böckler Stiftung.

[93] In der wissenschaftlichen Debatte wird das Konzept des Staates als Arbeitgeber in letzter Instanz als „Employer of the Last Resort" (ELR) bezeichnet. Angelehnt ist dieses Instrument an die Reaktionen in der Finanz- und Wirtschaftskrise 2008/2009, bei der der Staat bzw. die Notenbanken als Geldgeber in letzter Instanz aufgetreten sind, um das gesamte Finanzsystem zu stabilisieren.

[94] In Österreich wurde Ende Juni 2017 ein Programm „Aktion 20.000" zur Förderung der Wiedereingliederung von Langzeitarbeitslosen von der Bundesregierung beschlossen. Ziel des Programms war es, im Rahmen der bis Ende Juni 2019 befristeten Aktion insgesamt 20.000 staatlich geförderte und kollektivvertraglich bezahlte Arbeitsplätze für langzeitbeschäftigungslose Menschen über 50 Jahren zu schaffen. Die Bundesregierung aus ÖVP und FPÖ beendete die Aktion 2019 vorzeitig. Vgl. https://arbeitplus.at/lexikon/aktion-20000/ (abgerufen am 5. 12. 2023).

95 IG Metall (2019): Darum brauchen wir das Transformations-Kurzarbeitergeld. In: IG Metall vom 30. 4. 2019; https://www.ig metall.de/politik-und-gesellschaft/wirtschaftspolitik/arbeitsmarkt/ darum-brauchen-wir-das-transformations-kurzarbeitergeld (abgerufen am 5. 12 2023); Brandl, Sebastian/Matuschek, Ingo/Schulze, Michaela (2022): Die Bundesagentur für Arbeit als Krisenakteurin in der Pandemie. In: Soziale Sicherheit 6/2022, 232–236.

96 AMS (2024): Solidaritätsprämien-Modell; https://www.ams.at/ unternehmen/service-zur-personalsuche/foerderungen/solidaritaets-praemien-modell (abgerufen am 5. 12. 2023). Anwendung der Förderung auf zwei Jahre beschränkt. Wird eine Person über 45 als zusätzliche Arbeitskraft angestellt, verlängert sich der Förderzeitraum auf drei Jahre.

97 https://wien.arbeiterkammer.at/interessenvertretung/bildung/ Qualifizierungsgeld_einfuehren.html (abgerufen am 24. 8. 2023).

98 Jeon, Shinyoung/Strietska-Ilina, Olga/Hofmann, Christine/ Durán Haro, Mercedes (2011): Skills for green jobs: A global view. International Labour Office. Genf.

99 Europäische Kommission (2018). A Clean Planet for all. A European long-term strategic vision for a prosperous, modern, competitive and climate neutral economy. Depth analysis in support of the commission; Communication COM (2018) 773.

100 Mirabile, Mariana/Marchal, Virgine/Baron, Richard (2017): Technical note on estimates of infrastructure investment needs. Background note to the report Investing in Climate, Investing in Growth. Organisation of Economic Co-operation and Development (OECD).

101 Mestre, Alain/Morvannou, Philippe (2012): Industrial change, risks, opportunities and social transition to a low-carbon economy and society. In: Galgoczi, Bela (Hg.): Greening industries and creating jobs. European Trade Union Institute. Brüssel.

[102] Engel, Hauke et al. (2020): How a post-pandemic stimulus can both create jobs and help the climate. In: Public & Social Sector and Sustainability Practices. McKinsey Sustainability.

[103] Hennicke, Peter/Rasch, Jana/Schröder, Judith/Lorberg, Daniel (2019): Die Energiewende in Europa: Eine Fortschrittsvision. Oekom Verlag.

[104] Meinhart, Bettina/Gabelberger, Fabian/Sinabell, Franz/Gerhard, Streicher (2022): Transformation und „Just Transition" in Österreich. WIFO Studies.

WIRTSCHAFTLICHE STRUKTUREN VERÄNDERN: GRÜNE INDUSTRIEPOLITIK

[105] Stiglitz, Joseph, E./Greenwald, Bruce C./Aghion, Philippe/Arrow, Kenneth J./Solow, Robert M./Woodford, Michael (2014): Creating a learning society. A new approach to growth, development, and social progress. Columbia University Press.

[106] Kowall, Nikolaus (2024): Für ein grünes Akkumulationsregime. In: A&W Blog vom 29. 2. 2024; https://www.awblog.at/Europa/Fuer-ein-oekologisches-Akkumulationsregime (abgerufen am 7. 5. 2024).

[107] Vgl. dazu zum Beispiel: Kaufmann, Stephan/Müller, Tadzio (2009): Grüner Kapitalismus. Krise, Klimawandel und kein Ende des Wachstums. Berlin.

[108] Kowall, Nikolaus (2024): Für ein grünes Akkumulationsregime. In: A&W Blog vom 29. 2. 2024; https://www.awblog.at/Europa/Fuer-ein-oekologisches-Akkumulationsregime (abgerufen am 7. 5. 2024).

[109] Görg, Holger (2024): Comeback der Industriepolitik? In: Politik und Zeitgeschichte 74 (4–5), 41–46.

[110] Juhász, Réka/Steinwender, Claudia (2024): Mehr als Protektionismus. Industriepolitik und die industrielle Revolution. In: Aus Politik und Zeitgeschichte. Bundeszentrale für politische Bildung; https://www.bpb.de/shop/zeitschriften/apuz/industriepolitik-2024/544581/mehr-als-protektionismus/ (abgerufen am 29. 5. 2024).

111 Hauge, Jostein (2023): The Future of the Factory: How Mega-trends are Changing Industrialization. New York.

112 Allan, Bentley/Eaton, Derek/Meadowcroft, James (2022): Taking a strategic approach to industrial transition: A vision for Canadian Net-Zero Industrial Strategy. Transition Accelerator, Smart Prosperity and the Natural Step.

113 Lindner, Ralf/Wittmann, Florian/Jackwert-Rice, Thomas/Daimer, Stefanie/Edler, Jakob/Posch, Daniel (2023): Deutschland transformieren: Missionsagenturen als innovativer Baustein zur Bewältigung gesamtgesellschaftlicher Herausforderungen. Bertelsmann Stiftung.

114 Hauge, Jostein (2023): The Future of the Factory: How Mega-trends are Changing Industrialization. New York.

115 Stiglitz, Joseph, E./Greenwald, Bruce C./Aghion, Philippe/Arrow, Kenneth J./Solow, Robert M./Woodford, Michael (2014): Creating a learning society. A new approach to growth, development, and social progress. Columbia University Press.

116 Criscuolo, Chiara/Lalanne, Guy (2024): A new approach for better industrial strategies. In: Journal of Industry, Competition and Trade 24(1), 1–26.

117 Europäische Kommission (2023): The Net-Zero Industry Act: Accelerating the transition to climate neutrality.

118 Bundesministerium für Wirtschaft und Klimaschutz (2024): Dekarbonisierung der Industrie; https://www.bmwk.de/Redaktion/DE/Artikel/Industrie/dekarbonisierung-der-industrie.html (abgerufen am 23. 4. 2024).

119 CEOE (2022): Monitoring report on Next Generation funding in Spain. Current situation and recommendation from a corporate viewpoint. Third Report.

VON DER IDEE ZUR REALITÄT: INNOVATION UND TECHNOLOGIE

120 Asimov, Isaac (1950): Der vermeidliche Konflikt. In: Ich, der Roboter. Erzählungen. München, 268–303, 272.

[121] Keynes, John Maynard (1930): Economic possibilities for our grandchildren. In: Essays in persuasion. London, 321–332.

[122] Keynes, John Maynard (1963): Essays in Persuasion, New York, 358–373, 364.

[123] Schumpeter, Joseph (1912). Theorie der wirtschaftlichen Entwicklung. Berlin.

[124] Schaible, Jonas (2023): Demokratie im Feuer. Warum wir die Freiheit nur bewahren, wenn wir das Klima retten – und umgekehrt. Ein SPIEGEL-Buch. München.

[125] Lee, Neil (2024): Innovation for the Masses. How to Share the Benefits of the High-Tech Economy. Berkeley.

[126] Schumpeter, Joseph (1912): Theorie der wirtschaftlichen Entwicklung. Berlin.

[127] Gramke, Kai/Jank, Klaus/Posch, Daniel/Spuck, Jochen (2024): Green Tech made in Germany: Wie zukunftsfit sind wir? Bertelsmann Stiftung.

[128] Soder, Michael/Schlager, Christa (2024): Technologische Unabhängigkeit in der digitalen und grünen Transformation. In A&W Blog vom 14. 2. 2024; https://www.awblog.at/Wirtschaft/Technologische-Unabhaengigkeit (abgerufen am 23. 5. 2024).

[129] Haskell, Lucas/Bonnedahl, Karl J./Stål, Hermann I. (2021): Social innovation related to ecological crises: A systematic literature review and a research agenda for strong sustainability. In: Journal of Cleaner Production, 325.

[130] Schartinger, Doris et al. (2017): Social innovation in environment and climate change: Summary report. SI-Driver EU Project Deliverable. Technische Universität Dortmund.

[131] Goodall, Jane (2018): Jane is a global compassionate citizen – are you? In: Jane Goodall's Good for All News from 1. 10. 2018; https://news.janegoodall.org/2018/10/01/6539/ (abgerufen am 25. 5. 2024).

[132] Mazzucato, Mariana/Dibb, George (2019): Missions: A beginner's guide. In: Policy Brief Series (IIPP PB 09). UCL-Institute for Innovation and Public Purpose.

[133] Mazzucato, Mariana/ Dibb, George (2019): Missions: A beginner's guide. In: Policy Brief Series (IIPP PB 09). UCL-Institute for Innovation and Public Purpose.

[134] Mazzucato, Mariana / Rainer Kattel / Josh Ryan-Collins. (2020): Challenge-driven innovation policy: towards a new policy toolkit. Journal of industry, competition and trade: 421-437.

[135] Kattel, Rainer/Drechsler, Wolfgang/Karo, Erkki (2019): Innovation bureaucracies: How agile stability creates the entrepreneurial state. In: Working Paper Series (IIPP WP 2019-12). UCL-Institute for Innovation and Public Purpose.

[136] Kattel, Rainer/Drechsler, Wolfgang/Karo, Erkki (2022): How to make an entrepreneurial state: why innovation needs bureaucracy. Yale University Press.

[137] Lindner, Ralf/Wittmann, Florian/Jackwert-Rice, Thomas/Daimer, Stefanie/Edler, Jakob/Posch, Daniel (2023): Deutschland transformieren: Missionsagenturen als innovativer Baustein zur Bewältigung gesamtgesellschaftlicher Herausforderungen. Bertelsmann Stiftung.

[138] https://innovayt.eu/funding/vinnova/ (abgerufen am 23. 4. 2024).

[139] https://www.sprind.org/de/ (abgerufen am 26. 5. 2024).

[140] Bundesministerium für Wirtschaft und Klimaschutz (2024): Dekarbonisierung der Industrie; https://www.bmwk.de/Redaktion/DE/Artikel/Industrie/dekarbonisierung-der-industrie.html (abgerufen am 23. 4. 2024).

DER GOLDENE WEG - INVESTITIONEN

[141] Keynes, John Maynard (2008): On Air: der Weltökonom am Mikrofon der BBC; zum 125. Geburtstag von John Maynard Keynes. Hamburg.

[142] Klaaßen, Lena/Bjarne, Steffen (2023): Meta-analysis on necessary investment shifts to reach net zero pathways in Europe. In: Nature Climate Change 13 (1), 58–66.

[143] Boston Consulting Group (2021): Klimapfade 2.0. Ein Wirtschaftsprogramm für Klima und Zukunft. BCG Global; https://www.bcg.com/germany/klimapfade (abgerufen am 17. 11. 2023).

[144] Mehling, Michael/Tvinnereim, Endre (2018): Carbon pricing and the 1.5 C target: near-term decarbonisation and the importance of an instrument mix. In: Carbon & Climate Law Review 12 (1), 50–61.

[145] Baumer, Andreas/Kerler, Michael (2017): Der Niedergang der deutschen Solarwirtschaft. In: Augsburger Allgemeine vom 17. 5. 2017; https://www.augsburger-allgemeine.de/wirtschaft/Energie-Der-Niedergang-der-deutschen-Solarwirtschaft-id41477701.html (abgerufen am 14. 11. 2023).

[146] Fischer, Andreas/Küper, Malte (2021): Green Public Procurement: Potenziale einer nachhaltigen Beschaffung. Emissionsvermeidungspotenziale einer nachhaltigen öffentlichen Beschaffung am Beispiel klimafreundlicher Baumaterialien auf Basis von grünem Wasserstoff. Working Paper 23/2021. IW-Policy Paper.

[147] Klien, Michael/Böheim, Michael/Streicher, Gerhard (2023): Die Rolle des öffentlichen Vergabewesens für eine klimaneutrale Produktions- und Lebensweise. Österreichisches Institut für Wirtschaftsforschung.

[148] Mazzucato, Mariana (2011): The entrepreneurial state. In: Soundings 49 (49), 131–142.

[149] Robinson, Marc L. (2020): Bigger Government: The Future Government Expenditure in Advanced Economies, Arolla Press.

[150] Mazzucato, Mariana (2011): The entrepreneurial state. In: Soundings 49 (49), 131–142.

[151] Staud, Toralf/Reimer, Nick (2021): Deutschland 2050: Wie der Klimawandel unser Leben verändern wird. Köln.

[152] Steininger, Karl W. et al. (2015): Economic evaluation of climate change impacts, Springer 10 (2015): 978-3.

[153] Böckmann, Melanie/Hornberg, Claudia (2020): Klimawandel und Gesundheit: Neue Herausforderungen für Public Health. In: Public Health Forum 28 (1).

[154] Haas, Willi/Weisz, Ulli/Maier, Philipp/Scholz, Fabian/Themeßl, Matthias/Wolf, Angelika/Kriechbaum, Michael/Pech, Michael (2014): Auswirkungen des Klimawandels auf die Gesundheit des Menschen. Climate Change Centre Austria Fact Sheet #6.

[155] Arbeiterkammer Wien (2023): Arbeiten im Klimawandel. Broschüre; https://www.arbeiterkammer.at/service/broschueren/arbeitundrecht/Arbeiten-im-Klimawandel.html (abgerufen am 22. 11. 2023).

[156] Prettenthaler, Franz et al. (2014): Auswirkungen des Klimawandels auf die durch Fließgewässer bedingte Hochwassergefährdung in Österreich. Climate Change Centre Austria Fact Sheet #9.

[157] Pachauri, Shonali/Pelz, Setu/Bertram, Christoph/Kreibiehl, Silvie/Rao, Narasimha D./Sokona, Youba/Riahi, Keywan (2022): Fairness considerations in global mitigation investments. In: Science 378 (6624), 1057–1059.

[158] Taschwer, Klaus (2022): Wie hoch wirklich gerechte Klima-Ausgleichszahlungen sein müssten. In: Der Standard vom 17. 11. 2022; https://www.derstandard.at/story/2000140956718/wie-hoch-wirklich-gerechte-klima-ausgleichszahlungen-sein-muessten (abgerufen am 23. 11. 2023).

[159] Climate Change Committee (2024); https://www.theccc.org.uk/ (abgerufen am 27. 11. 2023).

[160] Boston Consulting Group (2021): Klimapfade 2.0. Ein Wirtschaftsprogramm für Klima und Zukunft. BCG Global; https://www.bcg.com/germany/klimapfade (abgerufen am 13. 11. 2023).

[161] Stöllinger, Roman (2023): Advancing the European Green Deal with industrial policy. In: FIW Policy Briefs. Forschungsschwerpunkt Internationale Wirtschaft (FIW).

[162] Robinson, Marc L. (2020): Bigger Government: The Future Government Expenditure in Advanced Economies. Arolla Press.

[163] Robinson, Marc L. (2020): Bigger Government: The Future Government Expenditure in Advanced Economies. Arolla Press.

[164] Mazzucato, Mariana/Rodrik, Dani (2023): Industrial Policy with Conditionalities: A Taxonomy and Sample Cases. Working Paper 7. Institute for Innovation and Public Purpose.

DAS LIEBE GELD UND DIE TRANSFORMATION

[165] Jaakkola, Niko/van der Ploeg, Frederick/Venables, Anthony (2023): "Big Push" Green Industrial Policy. EconPol Forum 24 (6). CESifo München.

[166] Pekanov, Atanas/Schratzenstaller, Margit (2020): The Role of Fiscal Rules in Relation to the Green Economy, Think Tank European Parliament. Studie für den Wirtschaftsausschuss des Europäischen Parlaments.

[167] Heimberger, Philipp/Lichtenberger, Andreas (2022): RRF 2.0: Ein permanenter EU-Investitionsfonds im Kontext von Energiekrise, Klimawandel und EU-Fiskalregeln. wiiw Forschungsbericht 23.

[168] Darvas, Zsolt/Wolff, Guntram B. (2023): A Green Fiscal Pact for the EU: increasing climate investments while consolidating budgets. Climate Policy 23 (4), 409–417.

[169] Hüther, Michael (2019): Die „Grüne Null" und die „Schwarze Null" sind nicht vereinbar. In: IW-Newsletter vom 21. 9. 2019; https://www.iwkoeln.de/presse/in-den-medien/michael-huether-die-gruene-null-und-die-schwarze-null-sind-nicht-vereinbar.html (abgerufen am 17. 11. 2023).

[170] Bhattacharyay, Biswa Nath (2021): Managing climate-related financial risk: prospects and challenges. In: Chatterji, Madhumita/Gangopadhyay, Partha (Hg.): New Frontiers in Conflict Management and Peace Economics. With a Focus on Human Security. Leeds, 39–56.

[171] Breitenfellner, Andreas/Pointner, Wolfgang/Schuberth, Helena (2019): The potential contribution of central banks to green finance. In: Vierteljahrshefte zur Wirtschaftsforschung 88 (2), 55–71.

[172] McConnell, Andrew/Yanovski, Boyan/Lessmann, Kai (2022): Central Bank Collateral as a Green Monetary Policy Instrument. In: Climate Policy 22 (3), 339–355.

[173] Grauwe, Paul De (2019): Green money without inflation. In: Vierteljahrshefte zur Wirtschaftsforschung 88 (2), 51–54.

[174] Mazzucato, Mariana (2023): Financing the Sustainable Development Goals through mission-oriented development banks. New York.

[175] Nyikos, Györgyi/Kondor, Zsuzsanna (2022): National Development Banks in Europe – A Contribution to Sustainable Finance. Central European Public Administration Review 20, 135.

[176] Miroshnichenko, Olga/Brand, N. A. (2021) Banks financing the green economy: a review of current research. In. Finance: theory and practice 25 (2), 76–95.

[177] European Investment Bank (2022): The EIB Environment Framework; https://www.eib.org/attachments/lucalli/20220213_eib_environment_framework_en.pdf (abgerufen am 1. 12. 2023)

MITBESTIMMUNG, POLITISCHE STEUERUNG UND DEMOKRATIE

[178] Neuste Erkenntnisse über gesellschaftlich verlaufende Konfliktlinien in der Transformation und darüber hinaus bieten Mau, Steffen/Lux, Thomas/Westheuser, Linus (2023): Triggerpunkte: Konsens und Konflikt in der Gegenwartsgesellschaft. Frankfurt am Main, Berlin.

[179] Statista (2024): Was ist Ihrer Meinung nach gegenwärtig das wichtigste Problem in Deutschland? Umfrage zu den wichtigsten Problemen in Deutschland 2019–2024; https://de.statista.com/statistik/daten/studie/1062780/umfrage/umfrage-zu-den-wichtigsten-problemen-in-deutschland/ (abgerufen am 12. 2. 2024).

[180] Umweltbundesamt (2023): 82 Prozent erachten Klimaschutzmaßnahmen in ihrer Region für notwendig. Befragung Klimawandel in Österreich; https://www.umweltbundesamt.at/news230814 (abgerufen am 12. 2. 2024).

[181] Bronswijk, Katharina van: Klima im Kopf (2022): Angst, Wut, Hoffnung: Was die ökologische Krise mit uns macht. München.

[182] Mau, Steffen/Lux, Thomas/Westheuser, Linus (2023): Triggerpunkte: Konsens und Konflikt in der Gegenwartsgesellschaft. Frankfurt am Main, Berlin, 213.

[183] Mau, Steffen/Lux, Thomas/Westheuser, Linus (2023): Triggerpunkte: Konsens und Konflikt in der Gegenwartsgesellschaft. Frankfurt am Main, Berlin, 242.

[184] APCC (2023): Zusammenfassung für Entscheidungstragende. In: Görg, Christoph et al. (Hg.): APCC Special Report: Strukturen für ein klimafreundliches Leben. Berlin, Heidelberg, New York.

[185] Markkanen, Sanna/Anger-Kraavi, Annela (2019): Social impacts of climate change mitigation policies and their implications for inequality. In: Climate Policy 19 (7), 827–844.

[186] Den Transition Management-Ansatz und seine Bedeutung für die gemeinsame Politikgestaltung bei der Verfolgung weit in der Zukunft liegender Ziele und der Notwendigkeit der Setzung kurzfristiger Maßnahmen vor Ort analysieren zum Beispiel Van de Kerkhof, Marleen/van de Wieczorek, Anna J. (2005): Learning and stakeholder participation in transition processes towards sustainability: Methodological considerations. In: Technological forecasting and social change, 72 (6), 733–747.

[187] Vereinte Nationen (o. J.): https://unfccc.int/process-and-meetings/the-paris-agreement (abgerufen am 21. 2. 2024).

[188] Rat der Europäischen Union (2024): https://www.consilium.europa.eu/de/policies/climate-change/ (abgerufen am 19. 2. 2024).

[189] Europäische Kommission (2024): National energy and climate plans, EU countries' 10-year national energy and climate plans for 2021-2030; https://commission.europa.eu/energy-climate-change-environment/implementation-eu-countries/energy-and-climate-governance-and-reporting/national-energy-and-climate-plans_en (abgerufen am 19. 2. 2024).

[190] Ministry of Climate and Industry (2023). Draft updated National Energy and Climate Plan (NECP) for Sweden, 2023-07-10 NAME: KN2023/02494.

[191] Pelling, Lisa (2023): Aus der Traum; https://www.ipg-journal.de/rubriken/wirtschaft-und-oekologie/artikel/aus-der-traum-7032/ (abgerufen am 19. 2. 2024).

[192] Scottish Government (2022): Just Transition Commission; https://www.justtransition.scot/the-commission/ (abgerufen am 19. 2. 2024).

[193] United Nations (2023): Global Climate Litigation Report: 2023 Status Review; https://www.unep.org/resources/report/global-climate-litigation-report-2023-status-review (abgerufen am 19. 2. 2024).

[194] Eine Übersicht über die weltweiten klimabezogenen Klagen findet sich auf der Website https://climatecasechart.com/ (abgerufen am 26. 2. 2024).

[195] https://www.tagesschau.de/ausland/europa/klimaklagen-schweiz-100.html (abgerufen am 18. 6. 2024).

[196] Zur Übersicht: https://www.regionale-energiestrategie.nl/english/default.aspx (abgerufen am 19. 2. 2024).

[197] Für Kanada siehe z. B.: Gürtler, Konrad/Löw-Beer, David/Herberg, Jeremias (2021): Scaling just transitions: Legitimation strategies in coal phase-out commissions in Canada and Germany. Political Geography 88: 102406.

[198] Reitzenstein, Alexander/Popp, Rebekka (2019): The German coal commission—a role model for transformative change. Eur Clim Initiat EUKI E3G, 1–13, sowie Gürtler, Konrad/Löw-Beer, David/Herberg, Jeremias (2021): Scaling just transitions: Legitimation strategies in coal phase-out commissions in Canada and Germany. Political Geography 88: 102406.

[199] Urban, Hans-Jürgen (2022): Gewerkschaftliche Strategiebildung in der ökologischen Transformation. In: WSI-Mitteilungen 75 (4): 337–341.

[200] Mitterer, Karoline/Getzner, Michael/Bröthaler, Johann (2023): Klimaschutz und Klimawandelanpassung im Bundesstaat: föderale Herausforderungen und Steuerungsansätze. Wien.

[201] Lexner, Wolfgang/Novy, Andreas (2024): Regionale Transformationsagenturen. Innovative Mehrebenen-Governance für klimafreundliche Strukturen in österreichischen Regionen, ACRP Transreal; https://www.wu.ac.at/mlgd/home/transformation/transreal-transformative-realism-for-effective-climate-action/ (abgerufen am 23. 2. 2024).

[202] Für die KLAR!-Regionen siehe: https://klar-anpassungsregionen.at/ (abgerufen am 23. 2. 2024); Für die KEM-Regionen siehe: https://www.klimaundenergiemodellregionen.at/ (abgerufen am 23. 2. 2024).

[203] Eine der vielen Beispielsammlungen und Übersichten findet sich auf der Website des Transition Networks: https://transitionnetwork.org/ (abgerufen am 23. 2. 2024).

[204] Ehnert, Franziska/Egermann, Markus/Betsch, Anna (2021): Neue Partnerschaften in der nachhaltigen Stadtentwicklung? Potenziale von Transition-Town-Initiativen. Abschlussbericht. vhw-Schriftenreihe 23; https://www.econstor.eu/bitstream/10419/250277/1/vhw-Schriftenreihe-Nr23.pdf (abgerufen am 13. 6. 2024).

[205] Österreichischer Gewerkschaftsbund (2021): Klimapolitik aus ArbeitnehmerInnen-Perspektive. Positionspapier des ÖGB. https://www.oegb.at/themen/klimapolitik/klima-und-arbeitsmarkt/raus-aus-der-klimakrise/oegb-beschliesst-positionspapier-fuer-einen-gerechten-wandel- (abgerufen am 13. 6. 2024).

[206] Markey, Raymond/McIvor, Joseph/O'Brian, Martin/Wright, Chris F. (2019): Reducing carbon emissions through employee participation: evidence from Australia. Industrial Relations Journal 50 (1), 57–83.

[207] Rosemberg, Anabella (2010): Building a just transition: The linkages between climate change and employment. In: International Journal of Labour Research 2 (2), 125.

[208] Pinker, Annabel (2020): Just transitions: a comparative perspective. Report prepared for the Just Transition Commission.

[209] Eisenberg, Ann (2019): 'Just Transitions'. Southern California Law Review 92 (2), 273–330.

[210] Rosemberg, Anabella (2010): Building a just transition: The linkages between climate change and employment. International Journal of Labour Research 2(2), 125.

[211] Just Transition Research Collaborative (2018): Mapping Just Transition(s) to a Low Carbon World; https://cdn.unrisd.org/assets/library/books/pdf-files/report-jtrc-2018.pdf (abgerufen am 13. 6. 2024).

[212] Abraham, Judson (2017): Just transitions for the miners: Labor environmentalism in the Ruhr and Appalachian coalfields. New Political Science 39 (2), 218–240.

[213] Polanyi, Karl (1934). Marxism Restated. New Britain, 187–188.

[214] Snell, David (2018): 'Just transition'? Conceptual challenges meet stark reality in a 'transitioning' coal region in Australia. In: Globalizations 15, 550–564.

[215] Stevis, Dimitris/Felli, Romain (2016): Green Transitions, Just Transitions? In: Kurswechsel 3, 35–45.

[216] Sovacool, Benjamin K. (2021): Who are the victims of low-carbon transitions? Towards a political ecology of climate change mitigation. In: Energy Research & Social Science 73 (2021), 101916.

[217] Molina, Oscar (2022): The role of tripartite social dialogue in facilitating a just transition: Experiences from selected countries (No. 76). ILO Working Paper.

[218] Krawchenko, Tamara/Gordon, Megan (2021): How do we manage a just transition? A comparative review of national and regional just transition initiatives. In: Sustainability 13(11), 6070.

[219] Stevis, Dimitris/Felli, Romain (2015): Global labour unions and just transition to a green economy. In: International Environmental Agreements: Politics, Law and Economics 15, 29–43.

[220] Europäische Kommission (o. J.): Der Mechanismus für einen gerechten Übergang: Niemand darf zurückgelassen werden; https://commission.europa.eu/strategy-and-policy/priorities-2019-2024/european-green-deal/finance-and-green-deal/just-transition-mechanism_de (abgerufen am 30. 4. 2024).

[221] Upham, Paul/Sovacool, Benjamin/Ghosh, Bipashyee (2022): Just transitions for industrial decarbonisation: A framework for innovation, participation, and justice. In: Renewable and Sustainable Energy Reviews 167: 112699.

[222] Mazzucato, Mariana/Kattel, Rainer/Ryan-Collins, Josh (2020): Challenge-driven innovation policy: towards a new policy toolkit. In: Journal of Industry, Competition and Trade 20 (2), 421–437.

[223] Climate Change Center Austria (2024): Wissenschaftliche Bewertung der in der Konsultation 2023 zum NEKP vorgeschlagenen Maßnahmen; https://ccca.ac.at/wissenstransfer/stellungnahme-nekp-2023 (abgerufen am 2. 5. 2024).

[224] DerStandard.at (2024): Kommission: Österreich einziges Land ohne Klimaplan; https://www.derstandard.at/story/3000000218129/kommission-oesterreich-einziges-land-ohne-klimaplan (abgerufen am 2. 5. 2024).

EINE WIRTSCHAFTSPOLITIK FÜR EINE GRÜNE REVOLUTION

[225] Attenborough, David (2020): A life on our planet: My witness statement and a vision for the future. Random House, 2020.

[226] Müller, Wolfgang (2014): Interview mit Claudia Kemfert, Klimaschutz: Drei Krisen mit einer Klappe schlagen, Focus Online, 30.07.2024; https://www.focus.de/wissen/klima/klimapolitik/wie-deutschland-gewinnen-kann-chancen-des-klimawandels_id_1891003.html (abgerufen am 18. 6. 2024)

[227] Mencken, Henry Louis (2006): Prejudices: A Selection. Baltimore.

[228] Novy, Andreas (2015): A Good Life for all – A European development model. SRE Discussion Papers 2015/03; https://research.wu.ac.at/ws/portalfiles/portal/30932340/sre-disc-2015_03.pdf (abgerufen am 13. 6. 2024).

[229] Stiglitz, Joseph/Greenwald, Bruce (2015): Creating a learning society: A new approach to growth, development, and social progress. Columbia.

[230] Mason, Paul (2016): Postkapitalismus: Grundrisse einer kommenden Ökonomie. Frankfurt am Main, 315.

[231] Rogenhofer, Katharina/Schlederer, Florian (2021): Ändert sich nichts, ändert sich alles. Warum wir jetzt für unseren Planeten kämpfen müssen. Wien.

[232] Schaible, Jonas (2023): Demokratie im Feuer. Warum wir die Freiheit nur bewahren, wenn wir das Klima retten – und umgekehrt. Ein SPIEGEL-Buch. München, 176.

[233] Schaible, Jonas (2023): Demokratie im Feuer. Warum wir die Freiheit nur bewahren, wenn wir das Klima retten – und umgekehrt. Ein SPIEGEL-Buch. München, 183.

[234] Boyce, James (2007): Is inequality bad for the environment? In: Wilkinson, R.C./Freudenburg, W.R. (Hg.): Equity and the Environment. Leeds, 267–288.

[235] Görg, Christoph/Madner, Verena/Muhar, Andreas/Novy, Andreas/Posch, Alfred/Steininger, Karl W./Aigner, Ernest (2023): APCC Special Report: Strukturen für ein klimafreundliches Leben. Berlin, Heidelberg, New York.

[236] Schaible, Jonas (2023): Demokratie im Feuer. Warum wir die Freiheit nur bewahren, wenn wir das Klima retten – und umgekehrt. Ein SPIEGEL-Buch. München, 183.

[237] Beckert, Jens (2024): Verkaufte Zukunft: Warum der Kampf gegen den Klimawandel zu scheitern droht. Der Wegweiser zu einer realistischen Klimapolitik. Frankfurt am Main, Berlin, und Schaible,

Jonas (2023): Demokratie im Feuer. Warum wir die Freiheit nur bewahren, wenn wir das Klima retten – und umgekehrt. Ein SPIE-GEL-Buch. München.

Michael Soder studierte Wirtschafts- und Sozialwissenschaften und Sozioökonomie an der Wirtschaftsuniversität Wien. 2017 promovierte er am Institute for Ecological Economics an der Wirtschaftsuniversität Wien zur politischen Ökonomie der sozial-ökologischen Transformation.

Aktuell arbeitet er in der Abteilung Wirtschaftspolitik der Arbeiterkammer Wien zu den Themen des grünen Strukturwandels, der grünen Industriepolitik, der Gestaltung eines gerechten

Übergangs (Just Transition) sowie zu Forschung, Technologie und Innovation. Außerdem lehrt er an der Wirtschaftsuniversität Wien, der Fachhochschule Campus Wien sowie der Fachhochschule des BFI Wien.

Im Zuge seiner Lehrtätigkeit an der Wirtschaftsuniversität Wien wurde er zweimal mit dem Preis für innovative Lehre ausgezeichnet und 2018 erhielt er den Kurt-Rothschild-Preis für Wirtschaftspublizistik.

Zeitfracht Medien GmbH
Ferdinand-Jühlke-Straße 7,
99095 - DE, Erfurt
produktsicherheit@zeitfracht.de

Druck:
CPI Druckdienstleistungen GmbH
im Auftrag der
Zeitfracht Medien GmbH
Ein Unternehmen der Zeitfracht - Gruppe
Ferdinand-Jühlke-Str. 7
99095 Erfurt